A ERA DOS
DEUSES

A SAGA DOS CAPELINOS

A ERA DOS
DEUSES

Albert Paul Dahoui

VOLUME 2

H
HERESIS

© 1997 by Albert Paul Dahoui

Instituto Lachâtre
Caixa Postal 164 – CEP 12914-970
Tel./Fax (11) 4063-5354
site: http://www.lachatre.com.br
e-mail: contato@lachatre.org.br

PRODUÇÃO GRÁFICA DA CAPA
ANDREI POLESSI

REVISÃO TEXTUAL
Cristina da Costa Pereira
Kátia Leiroz

7ª edição – 1ª reimpressão
Fevereiro de 2016
2.000 exemplares

A reprodução parcial ou total desta obra, por qualquer meio,
somente será permitida com a autorização por escrito da Editora.
(Lei nº 9.610 de 19.02.1998)

Impresso no Brasil
Presita en Brazilo

CIP-Brasil. Catalogação na fonte

D129q   Dahoui, Albert Paul, 1947-2009.
   A era dos deuses / Albert Paul Dahoui – 7ª ed. – Bragança Paulista, SP :
Heresis, 2016.
   v. 2   (A saga dos capelinos, 2)
   240 p.

1.Capela (estrela). 2.Capela (estrela) – evasão de. 3.Ahtilantê (planeta) –
civilizações de. 4.Oriente Médio – civilizações antigas. 5.Literatura esotéri-
ca-romance épico. 6.Romance bíblico. 7.Jesus Cristo, c.6a - C-33.
I.Título. II.Série: A Saga dos Capelinos.

          CDD   133.9   CDU 133,7
                232   232

Prólogo
Capela – 3.700 a.C.

A estrela de Capela fica distante 42 anos-luz da Terra, na constelação do Cocheiro, também chamada de Cabra. Esta bela e gigantesca estrela faz parte da Via Láctea, galáxia que nos abriga. A distância colossal entre Capela e o nosso Sol é apenas um pequeno salto nas dimensões grandiosas do universo. Nossa galáxia faz parte de um grupo local de vinte e poucos aglomerados fantásticos de cem a duzentos bilhões de estrelas, entre as quais o Sol é apenas um pequeno ponto a iluminar o céu. Capela é uma bela estrela, cerca de quatorze vezes maior do que o Sol, com uma emanação de calor levemente abaixo da de nosso astro-rei. É uma estrela dupla, ou seja, são dois sóis, de tamanhos diversos, que gravitam um em torno do outro, formando uma unidade, e, em volta deles, num verdadeiro balé estelar, um cortejo constituído de inúmeros planetas, luas, cometas e asteróides.

Há cerca de 3.700 a.C., num dos planetas que gravitam em torno da estrela dupla Capela, existia uma humanidade muito parecida com a terrestre, à qual pertencemos atualmente, apresentando notável padrão de evolução tecnológica. Naquela época, Ahtilantê, nome desse planeta, o quinto a partir de Capela, estava numa posição social e econômica global muito parecida com a da Terra do século XX d.C. A humanidade que lá existia apresentava graus de evolução espiritual extremamente heterogêneos, similares aos terrestres do final do século XX, com pessoas desejando o aperfeiçoamento do orbe enquanto outras apenas anelavam seu próprio bem-estar.

Os governadores espirituais do planeta, espíritos que tinham alcançado um grau extraordinário de evolução, constataram que Ahtilantê teria que passar por um extenso expurgo espiritual. Deveriam ser retiradas do planeta, espiritualmente, as almas que não tivessem alcançado um determinado grau de evolução. Elas seriam levadas para outro orbe, deslocando-se através do mundo astral, onde continuariam sua evolução espiritual, pelo processo natural dos renascimentos. No decorrer desse longo processo, que iria durar cerca de oitenta e quatro anos, seriam dadas oportunidades de evolução aos espíritos, tanto aos que já estavam jungidos à carne, como aos que estavam no astral – dimensão espiritual mais próxima da material – por meio das magníficas ocasiões do renascimento. Aqueles que demonstrassem endurecimento em suas atitudes negativas perante a humanidade ahtilante seriam retirados, gradativamente, à medida que fossem falecendo fisicamente, para um outro planeta que lhes seria mais propício, para que continuassem sua evolução num plano mais adequado aos seus pendores ainda primitivos e egoísticos.

A última existência em Ahtilantê era, portanto, vital, pois ela demonstraria, pelas atitudes e atos, se o espírito estava pronto para novos voos, ou se teria que passar pela dura provação do recomeço em planeta ainda atrasado. A última existência, sendo a resultante de todas as anteriores, demonstraria se a alma havia alcançado um padrão vibratório suficiente para permanecer num mundo mais evoluído, ou se teria que ser expurgada.

Os governadores espirituais do planeta escolheram para coordenar esse vasto processo um espírito do astral superior chamado Varuna Mandrekhan, que formou uma equipe atuante em muitos setores para apoiá-lo em suas atividades. Um planejamento detalhado foi encetado de tal forma que pudesse abranger de maneira correta todos os aspectos envolvidos nessa grave questão. Diversas visitas ao planeta que abrigaria parte da humanidade de Ahtilantê foram feitas e, em conjunto com os administradores espirituais desse mundo, o expurgo foi adequadamente preparado.

Ahtilantê era um planeta com mais de seis bilhões de habitantes e, além dos que estavam renascidos, ainda existiam mais alguns bilhões de almas em estado de erraticidade. O grande expurgo abrangeria todos, tanto os renascidos como os que estavam no astral inferior, especialmente, aqueles mergulhados nas mais densas trevas. Faziam também parte dos candidatos ao degredo os espíritos profundamente desajustados, além dos assassinos enlouquecidos, os suicidas, os corruptos, os depravados e uma corja imensa de elementos perniciosos.

Varuna, espírito nobilíssimo, que fora político e banqueiro em sua última existência carnal, destacara-se por méritos próprios em todas as suas atividades profissionais e pessoais, tendo sido correto, justo e íntegro. Adquirira tamanho peso moral na vida política do planeta que era respeitado por todos, inclusive por seus inimigos políticos e adversários em geral. Esse belo ser, forjado no cadinho das experiências, fora brutalmente assassinado por ordem de um déspota que se apossara do Império Hurukyan, um dos maiores daquele mundo.

Ahtilantê era um planeta muito maior do que a Terra e apresentava algumas características bem diferentes das do nosso atual lar. Sua gravidade era bem menor, a sua humanidade não era mamífera, e sim oriunda dos grandes répteis que predominaram na pré-história ahtilante. A atmosfera de Ahtilantê era bem mais dulcificante do que a agreste e cambiante atmosfera terrestre. Tratava-se de um verdadeiro paraíso, um jardim planetário, complementado por uma elevada tecnologia.

As grandes distâncias eram percorridas por vimanas, aparelhos similares aos nossos aviões, e a telecomunicação avançadíssima permitia contatos tridimensionais em videofones com quase todos os quadrantes do planeta, além de outras invenções fantásticas, especialmente na área da medicina. Os ahtilantes estavam bastante adiantados em termos de viagens espaciais, já tendo colonizado as suas duas luas. Porém, essas viagens ainda estavam na alvorada dos grandes deslocamentos que outras civilizações mais adiantadas, como as de Karion, já eram capazes de realizar.

Karion era um planeta do outro lado da Via Láctea, de onde viria, espiritualmente, uma leva de grandes obreiros que em muito ajudariam Varuna em sua árdua missão. Todavia, espiritualmente, os ahtilantes ficavam muito a desejar. Apresentavam as deficiências comuns à humanidade da categoria média em que se encaixam os seres humanos que superaram as fases preliminares, sem ainda alcançarem as luzes da fraternidade plena.

Havia basicamente quatro raças em Ahtilantê: os azuis, os verdes, os púrpuras e os cinzas. Os azuis e verdes eram profundamente racistas, não tolerando miscigenação entre eles; acreditavam que os cinzas eram de origem inferior, podendo ser utilizados da forma como desejassem. Naquela época, a escravidão já não existia, mas uma forma hedionda de servilismo econômico persistia entre as nações. Por mais que os profetas ahtilantes tivessem enaltecido a origem única de todos os espíritos no seio do Senhor, nosso Pai Amantíssimo, os ahtilantes ainda continuavam a acreditar que a cor da pele, a posição social e o nome ilustre de uma família eram corolários inseparáveis para a superioridade de alguém.

Varuna fora o responsável direto pela criação da Confederação Norte-Ocidental, que veio a gerar novas formas de relacionamento entre os países-membros e as demais nações do globo. A cultura longamente enraizada, originária dos condalinos, raça espiritual que serviu de base para o progresso de Ahtilantê, tinha uma influência decisiva sobre todos. Os governadores espirituais aproveitaram todas as ondas de choque – físicas, como guerras, revoluções e massacres; culturais, como peças teatrais, cinema e livros; e, finalmente, telúricas, como catástrofes – para levar as pessoas a modificarem sua forma de agir, de pensar e de ser. Aqueles cujo sofrimento dos outros e os seus próprios não os levaram a mudanças interiores sérias foram deportados para um distante planeta azul que os espíritos administradores daquele jardim ainda selvático chamavam de Terra.

Esse processo, envolvendo quase quarenta milhões de espíritos degredados, que foram trazidos à Terra por volta de 3.700 a.C., foi coordenado por Varuna Mandrekhan e sua equipe multissetorial. Os principais elementos de seu grupo foram Uriel, uma médica especializada em psiquiatria, a segunda em comando; Gerbrandom, uma alma pura que atingira a maioridade espiritual em outro planeta e viera ajudar no degredo em Ahtilantê; e Vartraghan, chefe dos guardiões astrais que, em grande número, vieram ajudar Varuna a trazer os degredados. Além desses personagens, havia Radzyel, Sandalphon, Sraosa e sua mulher Mkara, espíritos que muito ajudariam os capelinos, e também a belíssima figura de Lachmey, espírito do mundo mental de Karion, que, mais tarde, rebatizada como Phannuil, seria o espírito feminino mais importante para a evolução da Terra, coordenando vastas falanges de obreiros em permanente labuta para a consecução dos desígnios dos administradores espirituais.

Os capelinos foram trazidos em levas que variavam de vinte mil pessoas até grandes transportes de mais de duzentas mil almas. Vinham em grandes transportadores astrais que venciam facilmente as extensas distâncias siderais, comandados por espíritos especialistas, sob a direção segura e amorosa dos administradores espirituais.

A Terra, naquele tempo, era ocupada por uma plêiade de espíritos primitivos, que serão sempre denominados de terrestres para diferenciá-los dos capelinos, que vieram degredados para aqui evoluírem e fazerem evoluir. Uma das funções dos capelinos, aqui na Terra, era serem aceleradores evolutivos, especialmente no terreno social e técnico. Mesmo sendo a escória de Ahtilantê, eles estavam à frente dos terrestres em termos de inteligência, aptidão social e intelectual e, naturalmente, sagacidade. Os terrestres, ainda muito embrutecidos, ingênuos e apegados aos rituais tradicionais, que passavam de pai para filho, pouco ou nada criavam de novo. Cada geração repetia o que a anterior lhe ensinara, de forma muito similar à que vemos entre nossos silvícolas que repetem seus modos de vida há milhares de anos, sem nenhuma alteração.

Havia entre os exilados um grupo de espíritos que, em Ahtilantê, se intitulavam de 'alambaques', ou seja, 'dragões'. Esses espíritos, muitos deles brilhantes e de inteligência arguta e afiada, eram vítimas de sua própria atitude negativa perante a existência, preferindo ser críticos a atores da vida. Muitos deles se julgavam injustiçados quando em vida e, por causa disso, aferravam-se em atitudes demoníacas. Esses alambaques tinham desenvolvido uma sociedade de desregramentos e abusos, sendo utilizados pela justiça divina como elementos conscientizadores dos seres que cometiam atos cujo grau de vilania seria impossível descrever.

Essa súcia, todavia, era filha do Altíssimo e, mesmo candidata à deportação, deveria ser a artífice do exílio. Como eles dominavam vastas legiões de espíritos embrutecidos na prática do mal, era-lhes mais fácil comandá-los do que aos guardiões astrais, que não existiam em número suficiente para uma expedição expiatória dessa envergadura. Por causa disso, Varuna e seu guardião-mor, Vartraghan, foram até as mais densas trevas, numa viagem inesquecível, para convidar os poderosos alambaques a unirem-se a eles e ajudarem as forças da evolução e da luz triunfarem.

Varuna, por sua atitude de desprendimento, de amor ao próximo e de integridade e justiça, foi acolhido, após algum tempo, pela maioria dos alambaques como o grande mago, o Mykael, nome que passaria a adotar como forma de renovação que ele mesmo se impôs ao vir para a Terra. A grande missão de Mykael era não apenas a de trazer as quase quarenta milhões de almas capelinas para o exílio, mas fundamentalmente levá-las de volta ao caminho do Senhor, totalmente redimidas.

Na grande renovação que Varuna e Lachmey promoveram, muitos foram os que trocaram de nome para esquecerem Ahtilantê e se concentrarem no presente, na Terra. Varuna tornou-se Mykael, o arcanjo dominador dos dragões. Lachmey passou a se chamar Phannuil, a face de Deus. Gerbrandom, Raphael. Vartraghan, também conhecido entre os seus guardiões como Indra, tornou-se Kabryel, o arcanjo. Vayu, seu lugar-tenente, passou a se intitular Samael, que foi, muitas vezes, confundido como o mítico Lúcifer, o portador do archote, o carregador da Luz.

O início da grande operação de redenção na Terra foi na Suméria, quando Nimrud, espírito capelino renascido, conseguiu, entre atos terríveis e maldades tétricas, implantar a primeira civilização em Uruck. Os alambaques, entretanto, que tinham a missão não só de trazer os degredados como também de guiá-los, estavam excessivamente soltos, o que faria com que Mykael ordenasse a alteração dos padrões de comportamento dos dragões para não só fazê-los ser guias de lobos – chefes de matilhas – como também modificarem seu íntimo para tornarem-se cordeiros de Deus.

No grande planejamento, ficou estabelecido que a Suméria seria o primeiro palco de atuação, devido às enormes facilidades para se desenvolver uma sociedade onde a agricultura seria a pedra angular, devido ao fértil vale criado pelo transbordamento dos dois rios irmãos, o Tigre e o Eufrates. Outros locais também foram programados de forma que a vinda dos capelinos influenciasse várias regiões do globo, tais como a Europa, inicialmente com os celtas; a

Índia, na região do vale do Hindu; e, posteriormente, outros povos indo-europeus; e, no Extremo Oriente, a Tailândia e a China.

Uma das regiões que se tornariam de suma importância para o desenvolvimento da cultura, tecnologia e civilização mundial viria a ser o Egito, outra área que fora escolhida para a imersão na matéria dos espíritos capelinos. Seria nessas longínquas plagas que essas almas conturbadas viriam a estabelecer uma civilização monumental de proporções absolutamente grandiosas.

Usaremos os nomes antigos, como eram conhecidos pelos próprios egípcios. O Egito era chamado de Kemet, ou seja, terras negras. O Rio Nilo era conhecido como Iterou. A palavra Nilo derivou da palavra hamita nili, que significa cheia do rio. Nili é, portanto, um dos estados do rio Iterou.

Conheçamos como nasceu a civilização egípcia e a influência dos espíritos degredados, especialmente de alguns alambaques que se tornaram mais humanos em contato com o sofrimento e a angústia do desterro. Entendamos a base daquela civilização e os motivos que a levaram a eleger a pirâmide como seu monumento nacional. Os mistérios do Antigo Egito serão revelados aos poucos, à medida que as almas capelinas, insuladas e infelizes, irão criando uma das mais notáveis civilizações mundiais. Porém, para entendermos o antiquíssimo Egito é fundamental conhecermos algo de sua elaborada e complexa religião.

Daqueles tempos obscuros, dos quais sabe-se muito pouco, pôde-se fazer um quadro pouco claro, pelas lendas e escritos chamados de *Os escritos da pirâmide*, encontrados nas paredes de uma das pirâmides menores dos faraós da V e VI dinastias, somados aos escritos de dois gregos, Plutarco e Heródoto, quase três mil anos depois dos acontecimentos.

O país foi-se constituindo no decorrer de dois mil anos, com muito pouca interação entre os vários vilarejos. O período pré-dinástico apresenta inúmeras lendas e deuses locais, difíceis de serem precisados. As lendas envolvendo Ptah, Rá e o grande mito de Osíris devem ser conhecidas para o melhor entendimento da chamada Era dos Deuses, nome atribuído pelos próprios egípcios ao período pré-dinástico.

Contam as lendas que Ptah e Rá foram dois deuses, sendo Ptah o próprio Deus Criador, e Rá, seu filho, também conhecido como Ré ou Rê. Eles teriam vindo da Planície Primordial – uma espécie de céu –, tendo atravessado o oceano que nos envolve – as águas de cima e as de baixo da Bíblia –, chegando pessoalmente à Terra para ajudar-nos, suas criaturas, a evoluir. Ptah era um deus muito poderoso e domou as águas revoltas do Nilo, utilizando cavernas secretas perto da primeira catarata, em Aswan.

Rá, seu filho, foi um deus libidinoso, que emprenhou uma quantidade enorme de mulheres, podendo transformar-se em qualquer animal. Gerou vários filhos, entre eles Chu e Tefnut, que deram origem a Gueb, a Terra, que engravidou Nut, o Céu, e dela nasceram quatro filhos: Osíris, Ísis, Seth e Neftis. Osíris e Ísis casam-se, ao se tornarem adultos, assim como Seth e Neftis. Seth deseja sexualmente Ísis, todavia não consegue nada com a irmã que ama Osíris. As lendas falam que já se amavam no ventre de Nut, ou seja, no céu.

As lendas ainda contam que Osíris foi infiel uma vez e teve um conúbio carnal com Neftis, engravidando-a. Seth descobriu e jurou vingança. Amaldiçoou Neftis, que gerou Anúbis, uma criatura semi-humana com cabeça de chacal, que é jogada ao léu, no deserto. Ísis descobriu tudo e educou Anúbis como se fosse seu próprio filho.

Seth e seus cúmplices convidaram Osíris para entrar num caixão, alegando que quem coubesse no mesmo ganharia um fabuloso presente. Osíris, infantilmente, entra no caixão. Eles o trancam e jogam o baú no Nilo, afogando-o. O caixão desce o Nilo e vai parar, não se sabe como, em Byblos, cidade da Fenícia. O baú com o corpo de Osíris, quando chega às costas fenícias, transforma-se em um enorme cedro, que o rei de Byblos, impressionado, leva para seu palácio para servir de viga mestra. Ísis, misteriosamente, descobre o fato e vai atrás do seu amor. Chegando a Byblos, Ísis é recebida pelo rei e sua esposa.

Ísis reconhece o defunto e pleiteia ao rei que entregue o corpo de seu adorado marido. Naturalmente, o rei e a rainha, comovidos, enviam o corpo de Osíris de volta para o Egito num navio fenício, acompanhado de um príncipe, filho dos reis. Durante a viagem, Ísis começa a requerer a Rá, que, em muitos casos, é o pai e não Gueb, e em outras lendas é apenas o bisavô, que ressuscite o marido. Rá, com certa má vontade, o faz parcialmente, o suficiente para que possa engravidar Ísis. Osíris se transformara num verdadeiro zumbi. Ele a engravida durante a viagem e ela dá, de imediato, à luz o já feito e perfeito Hórus. Contudo, não pode ficar junto com Osíris, pois, assim que se aproxima, ele vai sumindo, desmaterializando-se.

Ao chegarem ao Egito, Ísis esconde o corpo do marido, numa das muitas charnecas do baixo Nilo, no delta do grande rio, e coloca Anúbis, filho de Osíris e Neftis, criado por ela, para tomar conta do esquife. Nesse período, Osíris torna-se o grande imóvel, o apático. Seth descobre toda a trama e o lugar onde está Osíris. Depois de corromper Anúbis, na única hora em que o chacal pode ser subornado, no alvorecer, encontra o corpo de Osíris desprotegido. Retalha-o em quatorze pedaços – algumas lendas falam de quarenta e dois, coincidentemente, o mesmo número de divisões geopolíticas do Egito – e, secretamente, espalha-os, escondendo-os.

Ísis, desesperada, recorre novamente a Rá, que mais uma vez a atende displicentemente, contrariado e até mesmo obrigado, segunda certas lendas, e dá certos poderes a Ísis para que encontre Osíris em dezoito meses. A procura, com a ajuda de Neftis, é árdua e terrível, não estando livre de perigos e aventuras. Finalmente, Ísis recolhe os quatorze pedaços, menos o falo de Osíris, e os sepulta em Abydus (Abdu em egípcio antigo).

Nesse ínterim, Hórus, filho de Osíris, vai procurar Seth, seu tio, e começam a travar uma extraordinária luta. Os combates são terríveis e começam a incomodar os outros deuses que se queixam a Djhowtey, deus da escrita e da sabedoria. Djhowtey seria conhecido pelos gregos como Thoth e também associado a Hermes Trismegistos, o Hermes três vezes grande. Os romanos o conheceriam como Mercúrio. Djhowtey conversa, então, com os dois contendores e os convida para um combate singular, com a mediação de Gueb, o deus da Terra. A pugna recomeça e, depois de horas sem nenhum resultado, cessa. Nessa hora noturna, as lendas tornam-se confusas; algumas falam que Seth teria praticado coito anal com Hórus; outras, que quase teria praticado, e assim por diante. Para resumir, Ísis entra mais uma vez na história para salvar o filho Hórus da desgraça. No caso das lendas em que é possuído por Seth, ela reverte a situação para que o esperma de Seth saia do corpo de Hórus e o sêmen de Hórus entre no corpo de Seth, secretamente, de tal forma a impregná-lo da seiva de Hórus. Outras lendas não mencionam esse fato e apenas o esquecem ou o consideram como irrelevante.

A luta recomeça no outro dia e Seth consegue perfurar um olho de Hórus, que continua o combate até que castra o tio. Gueb, o juiz da contenda, então, decreta Hórus como o vencedor do combate; em algumas lendas, Seth é expulso; na maioria dos relatos, ele é transformado por Rá em um deus dos trovões, andando em sua barca que atravessa o céu.

Os egípcios também cultuavam um grande Deus único, criador do universo e de tudo o que aqui existia. Acreditavam que Ele era tão ocupado com outras coisas mais importantes do que os simples mortais e seus vícios, que relegou a administração do mundo a outros deuses especializados. Os esoteristas, judeus e cristãos chamariam esses intermediários divinos de Anjos, com todas as suas classificações de Arcanjos, Potestades, Tronos e assim por diante. O grande Deus único era conhecido em vários lugares com nomes diferentes, entre eles, Onkh, Ptah e Hórus, o velho. Havia, portanto, um monoteísmo entre os egípcios, assim como entre todos os povos do mundo. Sempre, em todas as culturas, houve um grande Deus criador e um séquito de deuses especializados.

Todavia, ocorria, em muitos casos, a adoração e, principalmente, a perfeita identificação do crente com os deuses secundários, já que o Deus Principal, o Pai Altíssimo, O Inefável, tornou-se inatingível para os homens que tinham preocupações excessivamente materiais e temiam 'aborrecer' o grande Deus com suas torpezas e vilanias. Os deuses menores, que tinham os mesmos vícios e preocupações que eles, eram mais condescendentes com suas falhas e pequenezas.

Essa atitude torna-se muito mais compreensível quando se observa que os primeiros homens efetivamente inteligentes, que trouxeram profundas modificações à nossa cultura e ao nosso modo de vida, eram espíritos degredados de Capela, portanto, seres que se sentiam relegados e desprezados por um Deus magno, preferindo conviver com deuses menores, que eram mais facilmente compreensíveis. Obviamente, o Pai de imensa bondade jamais os abandonou e os esqueceu. Pelo contrário, destinou os maiores luminares da espiritualidade para reconduzi-los ao caminho da luz.

Capítulo 1
Suméria – 3.600 a.C.

—Este lugar tornou-se insuportável! Não é possível que Entemena tenha morrido nas mãos daquele facínora do Urgar e ninguém tenha feito nada. É um absurdo!

Shagengur gesticulava, furibundo, falando com sua mulher, que o escutava atentamente, sem entender o que se passava. A infeliz era lerda, dura de entender as coisas mais simples. Já Shagengur, com vinte e três anos, era inteligente, arguto e despachado. Sua mulher, grávida de seis meses, bonita para os padrões sumérios, já se mostrava pesada e cansada da enorme barriga que suportava.

Urgar, o chefe de armas de Nimrud, tinha estado na pequena aldeia recrutando homens para o exército. Entemena, forte e metido a valentão, brigara com o psicopata, que o esganara de mãos nuas. Shagengur era amigo de Entemena e ficara revoltado com o brutal assassinato.

As pessoas da aldeia, especialmente os mais jovens, exultaram com a luta e só deram atenção ao vencedor. O corpo do vencido ficou jogado no chão durante um quarto de hora, até que

Shagengur, avisado da contenda, saíra do campo onde trabalhava duro, para recolher os restos mortais de seu amigo.

A aldeia cedera mais da metade do seus jovens ao crescente poderio bélico de Nimrud, contudo Shagengur e mais três amigos não foram. Odiavam a violência, tendo mais medo dela do que outra coisa. Shagengur continuou em sua aldeia de Ur enquanto nascia o terceiro e último filho, um belo menino, um pouco magro, no entanto, que recebera o nome de Urbawa.

Shagengur tinha um irmão e uma irmã, Mebaragesi e Urnina, com vinte e dezessete anos, respectivamente. Todos eram capelinos renascidos. Shagengur fora ahtilante proveniente de Tchepuat, capital do império huruyano, tendo morrido cerca de cento e vinte anos antes de renascer na Suméria. Tinha sido culto, estudara em excelentes escolas de Hurukyan; pervertera-se na madureza, quando encontrara oportunidades de enriquecimento ilícito através da advocacia. Enganara clientes de toda natureza, especialmente viúvas com ricos espólios. Ao morrer, encontrara-se em situação tenebrosa, sendo atacado por alambaques, aprisionado e amargando décadas de sofrimento e angústia.

Mebaragesi, outro capelino deportado pela justiça dos administradores espirituais de Capela, fora um criminoso sem coração, acostumado a assaltar e matar. Já Urnina fora uma espécie de sacerdotisa que mantivera um comércio espiritual tenebroso com os alambaques, ainda em vida, e quanto mais se entretinha na magia negra, mais enredava-se com os temíveis 'dragões' que, após sua morte, passaram a governar sua existência. Urnina enlouquecera sob as torturas morais dos poderosos Senhores das Trevas, tornando-se uma escrava sexual e mental.

Após a deportação, Urnina recebera tratamento psicológico das equipes especializadas e renascera na Suméria, demonstrando, desde cedo, uma profunda instabilidade emocional. Tinha pesadelos constantes, urinava-se na cama até mesmo na adolescência e tinha estranhas visões. Seus poderes, desenvolvidos na época do ilícito comércio espiritual, tinham-lhe conferido exacerbado contato com o mundo espiritual.

Shagengur, com sua arenga de antigo advogado em Ahtilantê, tinha sobre seu pequeno grupo de aldeões uma certa ascendência. Com o decorrer dos meses e das grandes mudanças introduzidas por Nimrud e seu grupo, Shagengur sentiu-se cada vez mais inseguro. Sempre fora um homem de paz. O fato de ser um exilado capelino não significava dizer que se tratava de um ser violento, o que definitivamente ele não era. Tinha sido um crápula, um ser desprezível que avançara impunemente sobre espólios de viúvas e órfãs, contudo não era um assassino. Abominava a violência física. À medida que a brutalidade crescia na Suméria, Shagengur insistia com seu grupo no fato de que deveriam partir daquele lugar, procurando, quiçá, o paraíso perdido que, no fundo d'alma, todo capelino retinha no inconsciente.

A gota d'água viria quando uma das colheitas fora abaixo da expectativa, e as dívidas contraídas no templo do grande deus Anu deveriam ser saldadas. Caso contrário, a opção seria a escravidão. A aldeia tinha sido penalizada, pois, mesmo tendo implementos agrícolas modernos, sua localização em relação ao rio não a favorecia. O vilarejo de Ur estava localizado a cerca de trinta quilômetros da margem direita do rio Eufrates, num local onde, no futuro, os habitantes fariam um grande canal para não só trazer água, mas também favorecer a navegação. Naquele tempo, nada havia que pudesse transportar a água até os campos ressecados por um sol inclemente. Assim como Shagengur, havia mais trinta e duas famílias em situação idêntica. Era hora de fugirem ou tornar-se-iam escravos para sempre.

Havia dez anos que o grande Mykael falara a Oanes e aos alambaques, na planície mesopotâmica, às portas de Erech. Nesta altura dos eventos, os administradores espirituais, dentre os quais Mykael, o antigo Varuna, e Mitraton estavam ansiosos para derramarem sobre o vale e o delta do Iterou as almas dos capelinos exilados. Havia cerca de doze mil espíritos absolutamente prontos para renascerem. Tinham passado por longo processo de tratamento mental, já que a maioria tinha vindo de Ahtilantê completamente fora de consciência e em total bancarrota espiritual.

– Quais são os planos para o Iterou? – perguntara Mykael, ansioso e interessado para conhecer o que Mitraton preparara.

– Achamos que o momento é chegado. Devemos deslocar alguns sumérios em direção ao Iterou e, desta forma, poderemos implementar a civilização naquela região – respondeu Mitraton.

– Mas por que deslocar sumérios por mais de dois mil e quinhentos quilômetros por terras perigosas, se podemos fazê-los renascer de pais locais, sem nenhum perigo ou dificuldade?

A questão era lógica e Mykael estava preocupado. O amável Mitraton respondeu-lhe com muita gentileza. Antes, porém, ajustou um visor que trouxe à tona imagens do vale do Iterou.

– Você entenderá perfeitamente. Acompanhe-me numa incursão ao vale do Iterou. Veja como é a estrutura social e os povos que a compõem.

A imagem ligada à mente de Mitraton retornou cinco mil anos (8.500 a.C.).

– Nesse período, a região por onde passa o rio Iterou começou a ser habitada por uma bela raça negra proveniente da África Central, que se implantou aproveitando as ricas terras de aluvião do Iterou. Sua estrutura social era simplíssima. Os homens caçavam e as mulheres plantavam trigo e algumas plantas nativas do local.

A imagem mudou para mil e quinhentos anos antes (5.000 a.C.) e mostrou algumas tribos diminutas, constituídas de não mais do que sessenta pessoas, passando pelo deserto da Líbia, vindos do Norte da África e estabelecendo-se no Iterou. Em alguns casos, essas tribos harmonizavam-se bem com as tribos negras, mas, em outros casos, houve destemperança e brutalidade. As duas raças tiveram alguns desencontros, sendo que a raça negra, por ser em menor número, acabou sendo dominada pelos grupos de hamitas – norte-africanos de pele marrom, cabelos escuros anelados e imberbes. Além desses fatos, mais nada de grandioso havia acontecido. O vale, com seus dois mil quilômetros de extensão, tinha cerca de duzentos e vinte vilarejos, com mil pessoas em média em cada aldeota. Eram cerca de duzentas mil pessoas habitando aquelas paragens.

– Hoje – prosseguiu Mitraton –, a situação continua igual. A tradição tribal hamita é muito forte. Não podemos contar com um golpe de sorte como tivemos na Suméria, com Nimrud e sua turba. Deste modo, creio que é mais fácil exportar a cultura suméria e adaptá-la no vale do Iterou do que fazê-la nascer a partir da cultura hamita. Como ainda podemos contar com alguns chefes alambaques, eles poderão nos ser úteis em levar pessoas da Suméria para o vale.

– Mas quem nos garante que os sumérios ao chegarem ao vale do Iterou não serão trucidados pelos hamitas ali residentes? – questionou Mykael.

– Os alambaques – respondeu Mitraton.

Mitraton tinha razão, pensou Mykael, realmente, os alambaques poderiam facilmente dominar mentalmente os hamitas. Mas, como não estava muito certo de que esse estratagema funcionaria, voltou a questionar o coordenador terrestre.

– Mitraton, meu amigo, será que não é um pouco temerário deixarmos que um passo importante como este seja dado apenas confiando nos alambaques? Será que irão obedecer? Veja o que está acontecendo na Suméria. Muitos alambaques estão quase soltos, sem nenhum freio a impor-lhes limites, e, como consequência, há um vento de barbárie soprando além do controle dos guardiões. Será que isso não irá acontecer no vale do Iterou?

– Realmente, a situação é preocupante na Suméria, já que além, de os alambaques estarem relativamente soltos, temos também o renascimento dos piores criminosos capelinos. No Iterou, iremos tomar maiores cuidados. Só teremos alguns poucos chefes alambaques, com seus lugar-tenentes e soldados-escravos, todos acompanhados e devidamente monitorizados por guardiões, sob a chefia de mestre Kabryel.

– Fico feliz com isso, pois Raphael e eu temos que nos concentrar nos arianos da vertente oriental, assim como em certas experiências que pretendemos desenvolver com os povos de Thay. Todavia, com a decisão de fazermos renascer os melhores espíritos exilados, a nata da escória, no vale do Iterou, desejo ardentemente que essa experiência seja mais bem-sucedida do que a da Suméria – complementou Mykael.

– Mas a experiência suméria é um sucesso, Mykael! – exclamou Mitraton.

– Com toda essa violência?

– Claro que é um sucesso. Esqueça um pouco a violência, e veja o outro lado da moeda. Os sumérios desenvolveram a escrita, o arado, a roda, o bronze e organizaram a sociedade. Não se pode chamar tudo isso de insucesso.

– Concordo neste ponto. O que me preocupa é o nível de violência, assim como de terror, imposto pelos 'deuses' e a religião estabelecida. É preciso fazer algo para conter isso.

– Você sabe que será feito pela própria ordem, providência e justiça divinas. Tudo está em Suas sábias leis. Todos os abusos serão punidos rigorosamente pelos próprios envolvidos. Esperemos e veremos como resolver os excessos. Voltando ao que efetivamente interessa: Kabryel já está na Suméria à procura de, pelo menos, cinco grupos que possam emigrar para o vale do Iterou. Ele está em plena atividade à procura dos candidatos.

A conversa entre os grandes espíritos continuou, com Mykael mais tranquilo sabendo que Kabryel teria completo controle sobre a operação Iterou e sobre os alambaques. Porém, sem esses seres trevosos, pouco ou nada poderia ser feito; a maioria dos exilados só reconhecia o poder mental dos 'dragões'.

Kabryel aproximou-se do grupo de alambaques que estava à beira de um dos afluentes do rio Eufrates, na Suméria. Alguns chefes de falanges tenebrosas estavam reunidos discutindo os seus assuntos pessoais.

Oanes era o mais importante chefe alambaque, tendo uma ascendência inquestionável sobre os demais. Aceitava a liderança de

Mykael a contragosto. Era bastante inteligente e culto para conhecer seus limites. Tinha, no entanto, um ódio terrível por todos os demais espíritos evoluídos. Oanes era um verdadeiro monstro de egoísmo, ferocidade e brutalidade. Fora sob sua influência que Nimrud arrasara Erech após sua revolta, transformando-a em Uruck. Estava começando a sair dos rumos traçados por Mykael, precisando ser contido.

Levantou-se imediatamente quando viu Kabryel materializar-se a poucos passos dele. Não havia medo nem rancor; estava apenas alerta. "O que o mestre-guardião desejava?"

– Salve, grande Vartraghan, ou melhor dizendo, magnífico Kabryel. O que o traz a estas humildes plagas? – perguntou Oanes, debochado, cheio de mesuras.

– Salve, poderosos alambaques. Trago os cumprimentos de Mykael e de nossos superiores.

– Ah! O grande mago Varuna Mandrekhan. O que nos compete fazer agora? Qual será a nossa próxima missão, nossa próxima corveia? – indagou Oanes com indisfarçável sarcasmo.

Kabryel fez de conta que não ouvira as perguntas e falou com os outros chefes alambaques.

– Preciso de cinco chefes alambaques para conduzir cinco grupos de renascidos a outros sítios. Quero que vocês me ajudem a encontrar, selecionar e levar vários grupos de setenta a cem pessoas para o grande rio Iterou.

Oanes sentiu-se preterido e voltou-se com redobrada raiva para Kabryel.

– Mestre Kabryel, por que devem os alambaques ser os condutores desses homens? E se assim devem sê-lo, por que os superiores não falam comigo que sou o chefe de todos os chefes alambaques?

Kabryel conhecia bem as manhas daqueles seres decaídos na sarjeta espiritual do mundo. Acreditavam ser poderosos e agentes da justiça divina, e procuravam esquecer que seus poderes eram limitados perante os administradores espirituais. Kabryel precisava deles, por outro lado, pois recebera a incumbência de apaziguar um pouco Oanes que estava levando Nimrud ao máximo do paroxismo com sua obsessão, brutalidade e ganância.

– Oanes, você parece esquecer que nem você, nem eu, nem Mykael e Mitraton detém o poder; esse é exclusivo do Pai Amantíssimo. Saiba que as suas atividades brutais caíram nos ouvidos dos administradores espirituais e muito entristeceu-lhes a sua dominação cruel. Outras oportunidades lhe serão dadas, mas, por enquanto, deverá restringir a sua atividade até que sua mente expurgue os excessos que vem cometendo.

Antes que Oanes pudesse dizer algo, um campo de força fez-se presente em torno dele. Quatro guardiões materializaram-se naquele plano astral. Uma forte muralha de luz rodeou Oanes, envolvendo-o com uma malha de força que o fez perder os sentidos imediatamente, após rápido e violento estrebucho, aquietando-o para que pudesse ser transportado para outro plano espiritual, onde seria confinado por alguns meses, permitindo que Nimrud pudesse receber melhores influências.

Os demais chefes alambaques ficaram absolutamente petrificados, não esboçando a menor resistência. Kabryel, muito calmamente, virou-se para os chefes remanescentes e continuou sua exposição.

– Os poderosos alambaques devem seguir as orientações dos administradores espirituais, assim como dos guardiões, dos quais tenho a honra e o prazer de fazer parte como mestre-guardião. Volto a perguntar aos meus amigos se estão dispostos a me ajudar nessa nova e importante empreitada.

A resposta não poderia ter sido mais positiva. Os alambaques sabiam que um dos mais preciosos dons do ser humano é a liberdade e não desejavam colocá-la em risco por qualquer assunto. Todos menearam positivamente a cabeça. Kabryel continuou sua explanação:

– Agora que estamos acertados, precisamos descobrir um grupo de sumérios, preferencialmente de capelinos, que possam ser convencidos a emigrar. O ideal é encontrar pessoas que não estejam satisfeitas com o tipo de vida que estão levando e desejem mudar. Vocês conhecem alguém com essas características?

Após alguns instantes de reflexão, Tajupartak, um dos chefes alambaque presentes, lembrou-se de alguém que correspondia à descrição, e, sorrindo, falou com sua voz de tom cavo e grave:

– Eu conheço exatamente a pessoa de que precisamos.

Todos o olharam, inquisitivamente.

– Só não sei se é capelino. Mas, pela arrogância que demonstra nos menores atos, deve ser.

Kabryel olhou para Tajupartak e lhe disse:

– Leve-me até lá e veremos se serve.

O reduzido grupo de cinco alambaques, três guardiões e Kabryel voaram até a minúscula aldeota de Ur. Desceram perto de onde Shagengur e mais dois homens estavam trabalhando, arando penosamente um solo seco. Tajupartak, astucioso como uma raposa e cruel como um tigre ahtilante, aproximou-se dele e disse a Kabryel:

– Este homem vive reclamando da vida. Conheci-o há certo tempo, quando Urgar matou o seu amigo, com suas próprias mãos. Naquela época, ele fez um verdadeiro escândalo pelo fato de ninguém ter ajudado o companheiro.

Kabryel aproximou-se de Shagengur, colocou a destra sobre a fronte e perscrutou o seu íntimo, logo notando que se tratava de um exilado. Observou cuidadosamente a parte consciente, notando desespero pelas dívidas contraídas, a baixa produtividade de sua gleba e, finalmente, o desgosto de morar em Ur. Seria fácil estimulá-lo a partir para outro local. Kabryel voltou-se para Tajupartak, dizendo-lhe com sua voz calma e melodiosa.

– Trata-se de um irmão capelino. Tem razão! O homem é perfeito para nossos propósitos.

Tajupartak pensou que o destino é uma coisa muito estranha. Quando o vira pela primeira vez, reclamando e vociferando pela morte do amigo, ele, Tajupartak, teve ímpetos de provocar-lhe um ataque apopléctico para impedi-lo de continuar arengando contra

Urgar e Nimrud. Quando aproximara-se de Shagengur, um guardião saído de outro plano astral o impediu de atacar o incauto, obrigando-o a se afastar. Hoje, por outro lado, aquele mesmo homem servia esplendidamente aos seus propósitos.

Kabryel estabeleceu um plano de emergência para retirar Shagengur e mais quem desejasse ir, já que em poucos dias deveriam pagar o empréstimo no 'etemenanki' de Uruck. Se assim não o fizessem, seriam caçados pelos guardas do templo do grande deus Anu, sendo transformados em escravos para saldarem suas dívidas.

Shagengur vinha há anos reclamando de tudo. Aliás, esta era uma característica sua desde a outra existência. Achava que todos deviam-lhe homenagens pela sua inteligência, fluência verbal e argúcia mental, que ele, erroneamente, julgava como uma superioridade sobre os demais. Se, por um lado, Shagengur era efetivamente mais inteligente do que a média, por outro, seu caráter não podia ser pior. Seu espírito de advogado escroque não o deixava em paz, sempre maquinando planos que não conseguia realizar por falta de meios. Imaginava utilizar mão de obra escrava para ampliar seus negócios. Pensava em tomar as terras do seu vizinho por algum ardil. Mas a situação em Ur, no ano 3.600 a.C., era precária. A pequena aldeia ficava distante dos demais centros, muito perto das terras desertas dos caldeus, que excursionavam por aquelas bandas em busca de escravos, gado e mulheres.

Três anos haviam se escoado lentos e enfadonhos, desde a morte de Entemena. Shagengur estava particularmente irrequieto naqueles dias. Sentia que algo de perigoso poderia acontecer. Naquela noite, na pequena choupana dos pais de Shagengur, reuniram-se ele, seu irmão Mebaragesi e sua irmã Urnina, além de seu pai e sua mãe. Os três filhos eram capelinos, enquanto os pais eram terrestres. Urnina morava com os pais, tendo-se recusado a casar por diversas vezes. O pai tinha por ela uma afeição intensa, acabando por fazer tudo o que sua filha desejava. A jovem mulher tinha vinte anos e apresentava uma beleza fora do normal. Os pretendentes locais já tinham sido todos excluídos pela severa moça que desejava o celibato e mantinha a virgindade a todo custo.

Shagengur tinha vinte e seis anos; seu filho mais velho tinha nove anos, enquanto sua mulher, que já lhe dera mais dois varões, morrera logo após o nascimento de Urbawa, o mais novo dos seus filhos, que só tinha três anos, sendo cuidado com grande zelo por sua tia Urnina.

Mebaragesi, seu irmão, também se casara com uma jovem cujas raízes espirituais vinham de Ahtilantê. Formavam um casal unido que, desde cedo, na infância, demonstrava uma atração muito grande um pelo outro. Tratava-se de um daqueles dramas que se desenrolaram em Ahtilantê, em que os dois seres, marido e mulher, cometeram os piores crimes de corrupção, abuso de autoridade e malversação abusiva de fundos públicos, além de assassinato. Juntos, como só deveria ser, tinham sido deportados para a Terra. Juntos deveriam redimir-se e galgarem a senda do Senhor.

Urnina tinha insistido com o pai para que convocasse a reunião com os demais irmãos. Desde o cair da noite, às seis e meia da tarde, que estava irrequieta, recebendo intuições para que reunisse a família. Os pais conheciam-lhe os pendores e sabiam que não era aconselhável recusar nada à geniosa filha. Os irmãos chegaram contrariados; estavam extenuados após um dia de trabalho no campo. Sabendo que a irmã era dotada de poderes mágicos, tendo previsto, em diversas circunstâncias, fatos extraordinários, acabaram indo ao encontro familiar.

Urnina começou a falar, possuída de um grande temor. Sua voz era baixa e seus olhares para a porta, como se esperasse a qualquer momento a invasão de algum inimigo, indicavam seguramente que a moça estava sob grande tensão emocional.

– Estou com o coração angustiado como se pesasse sobre nós um grande perigo mortal. Não sei o que é; só sinto uma opressão no peito como se algo terrível nos aguardasse.

Os presentes procuravam chegar mais perto dela para ouvi-la melhor. Shagengur falou com o mesmo tom intimista.

– Também tenho sentido isso. Só que eu sei o que é! – exclamou Shagengur.

– Diga logo, Shagengur – disse a mãe, preocupada com os filhos.

– Em menos de dez dias, teremos que pagar ao templo de Anu os recursos que tomamos emprestados. Ou seja, as ferramentas novas, como o arado, e os grãos especialmente abençoados pela deusa Ninkilin. Só que a nossa colheita não dá para pagar nem a metade daquilo com que estamos comprometidos.

Mebaragesi comentou o mesmo fato.

– Minha colheita foi pior. A minha parte do terreno é mais seca do que as demais.

O pai também sacudiu a cabeça, sinalizando que sua área não fora muito melhor.

Urnina voltou a falar, sem saber que ao seu lado estava o poderoso alambaque Tajupartak, acompanhado de oito soldados-escravos. Urnina não podia vê-los, mas sentia uma presença forte que parecia conduzir seu pensamento, sem saber de quem se tratava. Sob a influência do alambaque, Urnina interrompeu as lamúrias, antes que se tornassem crônicas, dominando de forma doentia as mentes despreparadas dos irmãos.

– Temos que refletir sobre a situação. O que temos é insuficiente para pagarmos ao templo. Deste modo, ficaremos sem nada, passaremos a ser escravos, sem a menor possibilidade de progresso.

A dura realidade se abateu sobre os presentes como uma enorme canga. Mebaragesi, o mais forte dos presentes, reagiu imediatamente.

– Lutaremos contra os soldados do templo.

– Ridículo. Não passamos de camponeses sem armas contra soldados treinados pelo sanguinário Urgar. O que espera fazer? – reagiu Urnina, sob o comando mental de Tajupartak.

– É melhor morrer do que ser escravo – gritou Mebaragesi, elevando a voz, como se isso fosse espantar os fantasmas da escravidão.

Urnina estava quase totalmente tomada por Tajupartak. Sua mente estava ligada por fios tênues e fortes, que partiam da mente do alambaque, obrigando-a a repetir palavra por palavra o que o espírito tenebroso pensava. As palavras passavam antes por sua mente e, totalmente consciente do que falava, repetia, sem nada distorcer, o que lhe fluía pelo cérebro. Todavia, externamente, continuava a mesma Urnina de sempre.

– Morrer não é solução. Existe uma terra onde novas oportunidades nos aguardam. Podemos fugir com víveres, carroças, arados, bois, onagros e tudo aquilo de que precisarmos. Esse local não fica longe daqui e poderá ser a nossa salvação.

O silêncio reinava, opressor. Shagengur, na sua pusilanimidade, via perigos no caminho para uma terra que ninguém conhecia. Antevia povos perigosos a tocaiá-los, assim como fantasiava em sua mente excitada a morte no deserto. A primeira ideia era recusar totalmente essa loucura.

Mebaragesi, com seu espírito mais atirado, antevia conquistas, dominação de largas partes de terra, de reinados. Deste modo, inconsequente como era, tudo lhe parecia uma espetacular aventura.

– Grande ideia! Podemos partir amanhã mesmo. Nada nos prende a este lugar. – Mebaragesi estava excitado, pondo-se de pé.

– Espere, Mebaragesi – exclamou Shagengur, interrompendo a excitação do irmão – Não há nada ainda decidido. Você não pode partir sozinho. Imagine os perigos de uma viagem assim. Nem sabemos para onde estamos indo. Existem animais perigosos que podem nos atacar, assim como povos estranhos que não conhecemos. Não devemos nos precipitar.

Urnina, ainda tomada pelo alambaque, disse suavemente, com um tom melífluo:

– Irmãos, meus amigos, não discutam. Ouçam o que vou lhes dizer.

Urnina sempre teve sobre toda sua família uma grande ascendência moral, pelo acerto em suas predições. A discussão cessou e os dois irmãos olharam para a irmã.

— Se ficarmos, morreremos. Se sairmos sozinhos, de qualquer modo, morreremos também. A solução é sairmos num grupo grande, bem armado, bem preparado, e com um plano articulado.

Subitamente, os olhos de Urnina velaram-se, pois o alambaque a tinha dominado totalmente, e, com uma voz cavernosa e grave, falou:

— Ouçam. Levarei vocês para uma terra onde um rio corre abundantemente. Onde suas cheias não matam, nem devastam as terras, trazendo apenas vida e felicidade. Vocês serão conduzidos pelos deuses que os levarão para uma terra de redenção.

Shagengur e Mebaragesi nunca tinham visto sua irmã manifestar tamanha empáfia, falando com tamanha arrogância. No subconsciente dos dois, acostumados a verem fenômenos espirituais em Ahtilantê, onde a magia negra, assim como a magia branca eram usadas em diversos rituais, sentiram que a irmã tinha sido tomada por um algum deus. Shagengur, o mais inteligente e arguto do grupo, logo questionou a irmã.

— Precisamos saber mais sobre esse lugar. Onde fica? Como chegaremos lá? Qual a direção?

— Cada coisa no seu tempo. O local é longe o suficiente para não serem importunados pelos guardas do templo nem pelo poder de Nimrud. Levaremos alguns meses para chegar até lá. Eu os conduzirei através de montanhas, desertos e vales, e, quando alcançarmos essa terra, não terão dúvidas de que não teremos viajado em vão.

— Definitivamente, não sei se devo ir. Tenho medo de me enfiar numa aventura e morrer no caminho – disse Shagengur, com receio.

— Alguns poucos morrerão. Todavia, os que atingirem o local prometido terão uma vida magnífica, cheia de luxo e riqueza. Não haverá trabalho para os bravos e sábios, assim como aqueles que souberem louvar o nome dos deuses.

Shagengur calou-se pensativo. O pai, que acompanhara a discussão entre os irmãos, manifestou-se:

– Não entendo nada do que falam. Por que devem partir? Sempre moramos aqui. Esta é nossa terra. Cultivamos a cevada, o trigo, o painço e o sorgo e tivemos dias difíceis no passado. Houve épocas em que o Eufrates encheu de maneira terrível. Nossos pais nos contaram dos dias em que os dois rios irmãos pelejaram entre si, trazendo morte e destruição. Houve uma enchente de lama que soterrou casas, destruiu aldeias, afogou centenas de pessoas. Muitos disseram que era o ódio dos deuses; outros culparam-nos pelos nossos pecados; e outros inventaram lendas. Estive presente nessa enchente e posso lhes dizer que não choveu quarenta dias e noites, nem todos morreram, assim como os que se salvaram não são filhos exclusivos de Ziusudra.

O velho homem voltava-se para seus filhos em súplica, dizendo:

– Não há motivo para partirem daqui. Darei minhas terras, se necessário for, para que fiquem. Ajudarei a pagar o templo de Anu. Ninguém os fará trabalhar como escravos, assim como não perderão suas terras.

Shagengur olhou comovidamente para o pai e lhe disse, segurando-lhe as mãos calejadas entre as suas:

– Querido pai, estas são novas eras. As facilidades da época de nossos avós não existem mais. Os tempos mudaram os costumes e uma nova geração de homens chegou. São homens desprovidos de sentimentos, preocupando-se apenas com o poder e o bem-estar pessoal.

– É uma geração maldita! – exclamou o pai.

– Sim, pode ser que seja maldita, meu pai. Mas sinto que também faço parte dela. Não desejo trabalhar a terra até o fim dos meus dias, assim como acho que fui feito para coisas mais importantes do que simplesmente semear campos e esperar que a terra seja generosa conosco. Desejo outras coisas: casas grandes, escravos para executarem aquilo que meu corpo se cansa em fazer, terras férteis que gerem bastantes grãos para trocá-los por coisas belas que meus olhos possam apreciar. Aspiro a que minha voz seja obedecida, meus desejos satisfeitos e meu nome endeusado.

Estas palavras que saíram em catadupas da boca de Shagengur o assustaram, assim como todos os presentes. Tajupartak incentivara, com um simples comando mental, os centros da mente críptica de Shagengur, e o verdadeiro ser, a essência de sua personalidade, ainda egoísta e cruel, sobressaíra.

O pai, boquiaberto, não entendia, e muito menos a tímida mãe. Sempre sentira os filhos diferentes, mais ousados, mais inteligentes do que os demais. Só que eram dóceis ao seu comando. Agora, não eram mais os mesmos; tornaram-se adultos e independentes. Pareciam estar inclinados a uma aventura perigosa, e ele, pai amoroso, deveria adverti-los.

– Não entendo essa ânsia de partir. Não irei com vocês. Minha terra é o meu lugar. Aqui criei raízes e, como uma palmeira, morrerei de pé no meu rincão. Não partirei para uma aventura perigosa, guiada pelas palavras insanas de uma mocinha.

Era natural que seres espiritualmente mais simples, como o pai e a mãe dos três capelinos renascidos, não entendessem a necessidade de progresso dos filhos.

– Fique e morra como lhe convém; nós partiremos o mais cedo possível – a voz de Urnina fora grossa e repleta de maldade. Podia-se notar que o alambaque estava perdendo o pouco de paciência que lhe restava.

O pai levantou-se e deu por encerrada a reunião. Era um absurdo que sua filha falasse com ele daquele modo. O velho, meigo e dócil, estava indignado, mas não recriminou a moça.

Os filhos dispersaram-se, indo para suas cabanas. Urnina acompanhou Shagengur, pois, desde a morte da esposa deste, passara a residir com o irmão para melhor tomar conta dos sobrinhos ainda pequenos. Mebaragesi, determinado a viajar para terras distantes e viver aventuras, foi para casa, contar tudo detalhadamente para a mulher que tinha ficado tomando conta do filho pequeno.

Shagengur dormiu às nove horas da noite, tarde para quem acordava às cinco horas da manhã, junto com o sol, e trabalhava quatorze horas no campo, carregando água de um poço distante, escavando o solo torrado por um astro inclemente, liderando uma parelha de bois e intermináveis tarefas diárias. Dez minutos depois que adormeceu no catre duro e sujo, seu espírito libertou-se da prisão carnal, flutuou horizontalmente acima do corpo e, finalmente, tomou a posição vertical. Neste instante, na modorra, Shagengur sentiu a presença de Tajupartak. O demônio não se apresentou com todo o seu poder; pelo contrário, escondeu-se nas brumas, refletindo apenas uma imagem idealista de um deus animal, a que Shagengur estaria acostumado.

Uma cabeça humana apareceu acima de um corpo gigantesco de touro alado. O bizarro animal tinha três pares de asas sobre o seu dorso, enquanto que de seu tórax, extraordinariamente forte, apareciam dois musculosos braços e uma cabeça, com olhos que pareciam brilhar no escuro. Shagengur gelou de puro terror. Nunca vira nada semelhante. Tajupartak apenas mentalizava uma imagem, pois não lhe convinha mostrar-se como era. A figura mitológica que externara, mesmo sendo assustadora, era bela e poética. A sua verdadeira imagem era muito mais terrificante e tenebrosa do que a do touro alado.

– Shagengur, saiba que sou um querubim. Um dos deuses de seu povo. Estou aqui para protegê-lo contra seus inimigos e levá-lo a uma terra de fartura e paz, onde seu povo desfrutará de grande prestígio e poder. Saiba, pois, que você será o líder, o 'lugal'. Falarei a você em sonhos ou pela boca de minha sacerdotisa Urnina, sua irmã.

Shagengur estava vivamente surpreso. Quem era para receber tamanha honraria e glória? Tajupartak leu o seu pensamento e respondeu-lhe:

– Você, Shagengur, é o amado dos deuses. Líder de um povo, 'lugal' de uma nova geração.

No fundo de sua alma, o terrível alambaque via Shagengur como menos do que um homem, apenas um ser disponível, na hora certa, no lugar certo. Seria isso o destino? Mal sabia Tajupartak que Shagengur, junto com mais duzentos outros seres, inclusive o seu amigo Entemena, assassinado por Urgar, foram escolhidos por Mitraton e Phannuil, e literalmente 'semeados' na Suméria. De um deles nasceria a liderança para desenvolver a civilização. Nimrud e sua turba de assassinos despertaram mais cedo do que os outros 'plantados'. Desta forma, agora, Shagengur, um dos escolhidos para despertar o desenvolvimento na Suméria, estava sendo conduzido para efetuar o mesmo trabalho no vale do Iterou. O destino será o encontro da experiência com a oportunidade? Ou será o contrário?

Shagengur, gelado de medo, com o coração disparado, desdobrado espiritualmente, escutava a voz metálica do 'deus-touro'. Fora convocado para uma tarefa. Resistiria e declinaria da honra, ou aceitaria? Se recusasse, o querubim encontraria outro candidato. Mas se aceitasse teria todas as honras. A decisão não se baseou em aspectos humanitários, generosos e dignos. Aceitou porque sentiu-se honrado e prestigiado. Neste caso, falaram mais alto o orgulho e a vaidade.

No outro dia, Shagengur acordou com um sentimento de que deveria partir de Ur, unir-se em um forte grupo e conquistar uma nova terra. Era preciso trazer mais pessoas para sua associação. Como faria isto? Qual a forma de agir? Como convencer as pessoas a segui-lo? Enquanto comia um prato de papa de cevada feito por Urnina, uma ideia sobreveio-lhe à mente. Um sonho, algo que sonhara, aflorou-lhe na mente. Um deus, um querubim, um touro alado. Isso! Fora escolhido pelos deuses. Não! Melhor dizer que foram todos escolhidos pelos deuses. Aqueles que lhes obedecessem, naturalmente.

Como falar com o populacho? Reuni-los em praça pública e contar a novidade? Não, muito perigoso! Há espiões de Nimrud por todos os lados. Um a um? Impossível, levaria meses e não tinham este tempo todo. O ideal seria que falasse com os seus amigos mais próximos, convencendo-os a partir, e, no momento em que tivessem aceito sua liderança, cada um abordaria os demais da mesma forma. Desta forma, teria uma turma de chefes liderando outros grupos. O efeito multiplicador dessa atividade faria com que, em alguns dias, todos estivessem prontos para partir. Precisava combinar tudo isso com seu irmão, que era um exímio e corajoso lutador – seria seu chefe de segurança –, e com sua irmã, que parecia ter o dom da profecia, o que era garantia de sucesso numa empreitada daquelas.

Naquele mesmo dia, acompanhado dos irmãos, que concordaram totalmente, Shagengur falou com doze amigos. Todos estavam em situação muito semelhante, devendo muitas sacas de grãos ao templo e com receio de perderem terra e liberdade para os agiotas reais. A ideia de partirem foi razoavelmente bem aceita pela maioria, mas não havia ainda o consenso. Uns achavam que podiam esperar um pouco mais e, caso fossem escravizados, poderiam fugir à noite. Outros achavam que podiam ficar em Ur e aguardarem os acontecimentos. Caso os soldados viessem, poderiam lutar contra eles. Outros achavam que deveriam partir imediatamente. Desta forma, mais dois dias foram desperdiçados em conversas. Provavelmente, perderiam mais alguns meses, se os fatos não se precipitassem, resolvendo por eles o que não conseguiam decidir por si próprios.

Aenepada era um pobre fazendeiro do vilarejo de Ur. Devia muitas sacas de grãos ao templo local, um 'Esagil', construído com recursos dos habitantes de Ur e mais os recursos de Uruck. Os aldeões dependiam dos grãos sagrados de Uruck que os distribuía a partir do templo de Ur. Ora, o simples Aenepada, espírito terrestre ainda muito primitivo, não estava afeto às crueldades da nova civilização. Em sua alma humilde, não antevia que os homens desejassem suas terras, nem muito menos escravizá-lo, pois era um homem de meia-idade com poucas forças a sustentá-lo. Sentindo que não poderia saldar o compromisso, dirigiu-se antecipadamente ao templo de Ur para notificar os sacerdotes do fato e renegociar, em tempo hábil, quiçá, uma moratória.

Os sacerdotes escutaram atentamente a história de insucesso de Aenepada, que se esforçou para contar como o tempo estivera inclemente, conspirando para destruir a plantação, cujos pífios resultados impediam o pagamento total da dívida. Após deliberarem secretamente, os sacerdotes chamaram os guardas e colocaram o infeliz devidamente amarrado na praça central da aldeia, onde foi açoitado dez vezes e levado desacordado para uma espécie de prisão no templo. Deveria servir de lição para desencorajar os demais. Os sacerdotes concluíram que, se fosse dado algum benefício a Aenepada, todos teriam direito, o que levaria o templo de Ur à bancarrota e à provável substituição dos sacerdotes locais por outros mais eficientes vindos de Uruck. A situação deveria ser controlada no início. Aenepada seria supliciado, como exemplo aos demais. Mal sabiam aqueles sacerdotes que por trás de sua decisão estava o dedo de Tajupartak e de seus amigos alambaques. Eles sabiam que Aenepada serviria para consolidar a decisão ainda vacilante dos amigos de Shagengur. Seu suplício não seria em vão, assim como nenhuma vida é desperdiçada e nenhuma morte é inútil. Tudo serve a propósitos maiores.

Os amigos de Shagengur reuniram-se com ele logo após a décima chicotada que desacordara o infeliz Aenepada. Não foi necessário mais do que um par de minutos para decidirem fugir enquanto era tempo. Eles passaram a ter uma atividade aberta e extremamente ativa durante dois dias seguidos. Quase que imediatamente os sacerdotes foram informados de que os habitantes estavam trabalhando redobradamente para conseguir cumprir as metas, e acreditaram no fato.

Shagengur conseguiu juntar cento e vinte e oito pessoas, sendo quarenta e dois adultos e o restante, crianças e adolescentes. Essas pessoas foram montadas em trinta e quatro carroças puxadas por cento e trinta e seis animais. O grupo tinha quinze homens habilitados em combates e mais doze flecheiros, entre os quais Shagengur, que manuseava razoavelmente bem o arco e flecha. Os fugitivos levavam comida em grãos, utensílios, roupas, plaquetas de barro com inscrições registrando alguns fatos e quantidades, assim como uma porção razoável de carne defumada e água em tigelas de barro.

O grupo saiu no terceiro dia após o açoitamento de Aenepada, que viria a morrer em virtude dos ferimentos e da falta de tratamento num dos quartos do templo de Ur.

Eram quatro horas da manhã e a caravana saiu lentamente, indo em direção ao noroeste, margeando de longe o rio Eufrates. Na frente da caravana, montada numa das carroças, ia Urnina que recebia intuições de Tajupartak quanto ao caminho a seguir. Mesmo tendo saído antes da aurora, um grupo tão extenso não poderia passar despercebido. Poucos minutos depois da movimentação dos emigrantes, oito guardas do templo eram chamados aos aposentos do sumo sacerdote para reportarem o acontecido.

– Trata-se de um grupo de mais de cem pessoas que está partindo da aldeia – relatou um dos guardas.

– Mas para onde estão indo? – perguntou o sumo sacerdote.

– Ainda não sabemos. Sem dúvida, quando o pessoal da aldeia despertar, poderá nos dizer.

– Não creio nisso; senão, a esta hora nossos informantes já nos teriam dito tudo – retrucou o sumo sacerdote.

Um dos guardas adiantou-se e falou cuidadosamente:

– Um dos nossos informantes veio conversar comigo anteontem, falando de uma história estranha em que eu não quis acreditar.

Enquanto todos olhavam-no, atentos e surpresos, ele prosseguiu.

– O informante falou-me de uma viagem até uma terra desconhecida, liderada por Shagengur, o falastrão. Falou-me de deuses que apareceram e falaram a Urnina e Shagengur. Não pude levar esta história a sério!

O sumo sacerdote virou-se em direção à janela, como se estivesse pensando em algo vil. Seus pensamentos estavam agitados.

– Se eu mandar os oito guardas atrás deles, há o risco de vê-los mortos e o templo sem proteção. Se for procurar ajuda em Uruck, além de levar dois dias para chegar lá, poderei ser acusado por Antasurra, o supremo sacerdote, aquela víbora, de ter sido descuidado e, sem dúvida, ele irá substituir-me. Entretanto, preciso saber quem partiu para arrestar as terras deles, além de tudo mais que puder tomar. Desta forma, esse episódio ainda poderá render-me lucros.

O sumo sacerdote, virando-se para o chefe da guarda, ordenou:
– Deixe-os partir. Foram amaldiçoados por Shamash, que com seus raios fulgurantes há de queimá-los no deserto. O importante agora é descobrir quem partiu e tomar suas terras. Além disso, descubram se houve algum familiar dos fugitivos que ficou na cidade. Nesse caso, prendam-no e tragam-no a minha presença. Para cada guarda, o templo dará a terra de uma das famílias fugitivas, além de dois escravos e uma escrava para cuidarem de suas casas. Vão e descubram tudo o que puderem.

A notícia foi muito bem recebida pelos guardas que partiram celeremente. As próximas horas em Ur foram de terror. Os guardas descobriram sem dificuldades quem tinha partido. Um terço da cidade havia desaparecido. Os guardas aproveitaram para punir antigos desafetos, tomar as terras deles, além de esconderem o nome de vários que partiram para apropriaram-se de seus bens sem ter que dar satisfação aos sacerdotes. O sumo sacerdote acabou sabendo mais tarde do acontecido, fazendo vista grossa, já que não estava em posição de discutir com os soldados e muito menos com o chefe dos guardas, um truculento homem, grosseiro e notoriamente assassino. Mesmo assim, todos ganharam com a partida dos aventureiros que foram à procura da terra prometida.

Capítulo 2

Shagengur e sua turma de fugitivos iniciaram a longa jornada margeando o rio Eufrates. Como tinham medo de serem perseguidos pelas tropas de Nimrud, evitaram as margens do rio, procurando manter-se a certa distância. O grupo deslocava-se lentamente, andando à velocidade da parelha de bois que arrastavam carroças pesadas de víveres e pessoas. Andavam cerca de seis horas por dia, três de manhã e três de tarde, perfazendo um total de dez quilômetros em média. Nos primeiros dias, Shagengur acelerou o grupo, com medo de represálias dos soldados do templo de Ur, mas, à medida que se afastava do perigo de uma perseguição, refreava a velocidade para não exigir demais dos animais.

Não houve fatos marcantes no primeiro mês, a não ser a aclimatação do grupo a um novo tipo de vida. No fim da segunda semana, a comida trazida terminou, obrigando os homens a irem caçar a maior parte do dia. Procuravam pássaros e outros animais nos pântanos que margeavam o Eufrates. Encontravam esporadicamente algumas gazelas, as quais caçavam com parcos sucessos. Em poucos dias, o grupo começou a passar fome. Alguns começaram a reclamar, obrigando o líder a fazer uma reunião com os homens.

– Não há a menor possibilidade de voltarmos. Nossas terras já devem ter sido tomadas pelos sacerdotes e divididas entre eles. Retornar significa escravidão.

A maioria dos homens concordou e os poucos que discordaram acabaram voltando para Ur, onde foram, efetivamente, feitos prisioneiros, separados de suas famílias e escravizados. O restante que ficou com Shagengur chegava a cento e quatorze pessoas.

No segundo mês, o grupo teve sua primeira vítima fatal; uma mulher foi esmagada debaixo de uma carroça. Alguns dias depois, houve poucos casos de uma gripe que, por sorte, não matou ninguém. No final do quinto mês, o grupo tinha caminhado cerca de mil e duzentos quilômetros, começando a sair do vale do rio Eufrates. Tinham chegado à altura do vilarejo de Mari, que viria a ser, em alguns séculos, uma das principais cidades dos amoritas. Naquela época, Mari não passava de um vilarejo sujo com pouco mais de dois mil habitantes. Os amoritas eram de raça semita, brancos de tez azeitonada, de cabelos negros e encaracolados, de estatura mediana para baixa e bastante selvagens, em comparação com os sumérios.

Esse povo, que vivia às margens do deserto da Síria, era desconhecido por Shagengur, o cuidadoso condutor dos emigrantes sumérios, que evitou que sua caravana passasse muito perto da aldeia. Naquela noite, Urnina teve um sonho estranho. Viu-se andando num deserto abrasador, com sede e muita fome, mas, no final de suas andanças, havia muita água, comida e tendas frescas. Acordou sobressaltada, com a certeza de que deveria levar seu bando para o deserto.

A manhã prenunciava um dia quente, quando Urnina foi falar com Shagengur. Explicou-lhe o sonho em detalhes e disse que deveriam entrar pelo deserto; do outro lado estava a fartura e a tranquilidade que procuravam. Shagengur preferiu, no entanto, continuar margeando o rio Eufrates à procura de um lugar relativamente desabitado onde pudessem instalar-se. A irmã foi categórica; deveriam entrar pelo deserto. Ora, dizia Shagengur, não tinha lógica cruzar o deserto desconhecido para procurar uma terra de promessas, já que deveria haver terras às margens do próprio Eufrates. Shagengur ficou irredutível – continuariam sua jornada à beira do Eufrates até encontrarem terra despovoada.

Subiram mais meio dia e depararam-se com um dos afluentes do Eufrates. Já tinham encontrado alguns riachos, a maioria seca, outros com maior volume d'água, sempre suficientemente rasos para permitir a passagem. Nesse caso, o rio não permitia a passagem naquele local. Era preciso subir um pouco mais e tentar vadeá-lo. A caravana dobrou à esquerda, tomando o rumo sudoeste. Até aquele momento tinham ido em direção noroeste. Se continuassem nesse sentido teriam ido para a Ásia Menor, atual Turquia. Com a guinada para a esquerda, o grupo deslocava-se em direção à atual Síria, com o deserto sírio ao seu lado esquerdo e o rio ao seu lado direito.

Os dias correram sem nenhuma nota digna de menção até que, quinze dias depois, a caravana chegou a um ponto em que o rio era raso, podendo ser vadeado sem perigo. Decidiram que o cruzariam e voltariam em direção ao Eufrates, que estava a cerca de cem quilômetros de distância.

Naquela noite, quem sonhou foi Shagengur. O enorme touro alado, com feições humanas, apareceu-lhe, dando-lhe ordens muito claras para que prosseguisse em direção ao sudoeste. Não deveria retornar em nenhuma hipótese. Shagengur ficou, mais uma vez, gelado de pavor, acordando em extrema agonia.

Ainda de noite, reuniu seus homens e, na primeira luz do dia, saiu apressadamente em direção ao sudoeste. Mal sabia que, se tivesse voltado, teria entrado na terra dos arameus, que, naquela época, ainda eram ferozes e primitivos. Teriam sido escravizados e muitos teriam sido mortos em louvor a estranhos deuses.

Durante dois longos meses, a caravana subiu e desceu morros, entrou por vales até alcançar a poeirenta aldeota de Qatna. Esta localidade não passava de um simples ponto perdido nas franjas do deserto, onde um poço d'água tirava a sede dos habitantes locais.

A caravana tinha abandonado o rio há mais de um mês, vindo de poço em poço pelo deserto da Síria. Parecia extraordinário que Urnina soubesse a localização de todos os poços, mas já era de certo tempo que o grupo a procurava para tirar suas dúvidas e anseios. Urnina tornara-se uma espécie de sacerdotisa do rebanho.

Em Qatna, Shagengur resolveu entrar na aldeia com três homens para investigar qual seria a receptividade dos locais. Encontraram uma aldeia semidesértica. A menos de quinze dias atrás, uma grande febre dizimara a metade da população. Os remanescentes não tinham ânimo para lutas, assaltos ou outra atividade belicosa. O calor, a fraqueza provocada pela forte gripe e o moral baixo não convidavam à guerra.

Shagengur logo inteirou-se da situação. Não falavam a sua língua e, após gesticulação e sons, Shagengur entendeu-se com um homem da localidade. Viu que não existia perigo e trouxe sua caravana para dentro da cidade. Obviamente foi uma temeridade trazer pessoas sadias para um local que tinha sido infectado por uma gripe tão virulenta; no entanto, aqueles homens pouco ou nada sabiam de higiene e doenças. Shagengur precisava de água e comida, e não se preocupou com mais nada.

Ficaram na aldeia de Qatna por seis meses. Aproveitaram para ajudar os residentes a plantar e colher uma magra safra de trigo e sorgo, da qual fizeram jus à metade e a enterrar seus mortos. Shagengur convidou alguns aldeões a acompanhá-los e cerca de vinte e dois seguiram com eles à procura da terra prometida, levando consigo duas dúzias de ovelhas.

O rebanho de Shagengur era constituído principalmente de gado, onagros e algumas ovelhas, que tinham sido parcimoniosamente abatidos durante a longa caminhada. Ao chegarem a Qatna, já não existia mais nenhuma ovelha; as que foram agregadas para a segunda parte da jornada foram muito bem-vindas.

Um dos homens que se aliou ao grupo conhecia o caminho para Gubal, um vilarejo de um povo ainda nômade conhecido como giblitas. Gubal não era nem a sombra da grande metrópole que viria a ser, pois tratava-se de uma humilde aldeia de pescadores às margens do Mediterrâneo. Em um milênio seria conhecida pelo nome de Byblos. O guia chamado Badouia conhecia o vilarejo, pois entre as duas aldeias houvera, há muito tempo, um certo intercâmbio de bens. Gubal vendia peixe seco e salgado, recebendo em troca sorgo e trigo.

Badouia conduziu Shagengur para Gubal em menos de uma semana. A caravana ficou algum tempo nesta cidade, que, à época, era uma das poucas governadas por um rei, pois a maioria das aldeias era dirigida por um conselho de anciões. Um homem com mais de quarenta anos era considerado ancião, já que a média de vida estava em torno de trinta e cinco anos. Gubal tinha estabelecido um regente, um administrador vitalício.

Shagengur foi levado à presença do rei. O palácio real não passava de uma choupana de barro, coberta com uma laje reta de madeira. Não era nenhum palácio. Nada que fosse luxuoso e grandioso como Shagengur vira sendo construído em Uruck por Urnanshê, construtor-mor de Nimrud. Em comparação com Uruck, Gubal era uma aldeia pequena, com um soberano que não chegava nem aos pés de Nimrud. Mas, como todo rei é perigoso, o cuidadoso Shagengur preferiu tratá-lo com respeito e reverência. Lembrou-se de uma visita de Nimrud a Ur e como obrigaram a população a ajoelhar-se à passagem do sanguinário líder. Por via das dúvidas, Shagengur ajoelhou-se perante o primeiro mandatário, inaugurando um costume implementado por Nimrud. O monarca ficou muito lisonjeado com as reverências.

– Quem são e para onde se dirigem? – perguntou o rei com simpatia e curiosidade. Esses giblitas eram semitas e tinham uma língua muito parecida com os de Qatna. Badouia acompanhava Shagengur e mais oito sumérios. Os emigrantes já conseguiam falar razoavelmente bem a língua gutural dos semitas.

Sentira pela voz que o monarca era um homem simples, rude e direto. Poderia responder com franqueza, pois nada lhe aconteceria. Shagengur desejava receber ajuda do rei. Tinha pensado em explicar-lhe detalhadamente os motivos que os levavam a procurar outras terras. A princípio, tinha ficado muito bem impressionado com Gubal. Uma aldeia branca, incrustada junto ao mar, engastada ao pé de uma serra onde florestas de cedro, madeira nobre e bela, espalhavam-se pelas colinas. Depois vira que era inadequada para agricultores como eles. Precisava continuar até encontrar um local apropriado e, para tal, eram necessários víveres, carroças e gado.

– Viemos de Sumer, grande monarca. Trata-se de um reino muito distante daqui, além do grande deserto.

O monarca não conhecia o local nem se mostrara surpreso. Shagengur prosseguiu, cuidadoso nas respostas.

– Recebemos uma ordem de um poderoso deus-touro para procurarmos uma nova terra. Saímos à procura, liderados por esse grande deus.

Falar em deuses com gente simples sempre surtia efeito. O monarca ficou apreensivo. Havia uma infinidade de divindades em Gubal, sendo que a maioria era de deuses telúricos. Mas um deus-touro será benevolente ou terrível? O rei quis saber mais a respeito.

– Como é esse deus?

Shagengur havia fisgado o rei. Com calma, como se tivesse pescado um grande peixe, começou a conduzi-lo a ajudá-lo em tudo aquilo de que precisasse.

– Terrível, meu grande rei. É um deus terrível. Se nós não o satisfizermos, tornar-se-á irascível. Manda-nos pragas e destrói a saúde com um simples sopro. Quando obedecido e saciado, torna-se um deus benevolente, protetor e amigo.

– Como é o nome deste grande deus?

– Chama-se Bel, que significa terra. É um deus da terra, exigindo sacrifícios permanentes. Temos que honrá-lo com nosso suor e nosso sangue.

As palavras são ditas com um sentido e compreendidas de outro. Para Shagengur, o deus-touro só existia em seus sonhos. Mal sabia o infeliz que se tratava de um alambaque – Tajupartak –, que se apresentava como se fosse um touro alado. Para Shagengur, suor e sangue eram figuras literárias para demonstrar esforço no campo, na agricultura. Para o rei de Gubal, passou a ser um deus verdadeiro que exigia tributos em sangue humano, um ser sanguinário.

– Terrível deus! – exclamou o ingênuo monarca. – Precisamos providenciar algo para que se sinta feliz em Gubal.

Voltando-se para seus lugar-tenentes, disse:

– Providenciem que nada falte aos nossos amigos e que uma grande festa seja dada. Que o arameu seja nosso tributo ao deus Bel.

Dois homens saíram da casa real para providenciar a festa, enquanto o rei continuava seu interrogatório.

– Para onde vocês desejam ir?

Shagengur informou ao rei que iriam para o Norte. Na realidade, os sumérios não sabiam para onde deveriam deslocar-se. Estavam indo ao sabor dos acontecimentos. Ao falar que ia ao Norte, quando na realidade iriam para o Sul, Shagengur desejava apenas iludir o rei de Gubal. O rei ainda comentou que, para o Norte, eles teriam que enfrentar tribos muito ferozes.

– E para o Sul, grande rei, o que nos aguardaria se fôssemos para lá? – perguntou de forma ingênua o astucioso Shagengur.

– Pouco se sabe sobre o Sul, a não ser que tudo termina com um deserto imenso, onde certos povos nômades e perigosos costumam atacar as pessoas.

– Deserto?

– Sim, o deserto de Sur.

Shagengur lembrou-se do sonho de Urnina e soube, naquela hora, que era para lá que deveriam marchar.

– E além dessas terras, majestade, o que existe?

– As lendas falam de terras de gigantes e de anões, de homens negros como a noite, de dezenas de grandes rios. Não creio nisso. Tudo não passa de histórias para ocuparem o tempo junto às fogueiras. Os homens falam muito daquilo que desconhecem. Ninguém tem certeza de nada.

Shagengur sorriu e curvou-se perante a empáfia real. Tudo nele era teatral, não havia nada de respeitoso ou sincero em seus atos. Obviamente o rei não sabia disso e via naquelas mesuras e rapapés a expressão de sua importância. A lisonja é uma arma importante contra as pessoas simples.

Shagengur retirou-se cheio de reverências e, de certa forma, satisfeito. Ainda não conseguira tudo o que desejava. Havia, todavia, sido aceito pelo rei.

Naquela noite, os sumérios deliciaram-se com o vinho pela primeira vez. Conheciam a cerveja, porém o vinho era novidade. O rei informou que eles tinham vários deuses importantes, entre eles Baal Hadad, filho de Dagan, o deus da chuva e que se parecia muito com o deus Bel dos sumérios. Além desse, tinham um deus poderoso chamado Moloch e um deus supremo que, respeitosamente, chamavam de El.

No meio do frugal banquete, Shagengur foi convidado para fazer o sacrifício humano. Na realidade, não esperava por isso. Não entendera por que o arameu, um inimigo dos giblitas, deveria ser sacrificado. Quanto mais para um deus que inventara para impressionar o rei. Mas Bel era Baal Hadad para o rei giblita. Agora a farsa estava em estado muito adiantado para voltar atrás.

Shagengur não era um assassino e nunca tinha matado ninguém. Não podia furtar-se ao ato, entretanto, pois todos esperavam por isso. Adiantou-se e recebeu a faca cerimonial para sacrificar o arameu. Suava frio e sentia-se mal. Nunca estivera tão nervoso, quando subitamente sentiu-se invadido por uma força que lhe era desconhecida. Sua cabeça girou e seus olhos saíram de órbita; com uma voz tonitruante, totalmente dominado por Tajupartak, que se incorporara à sua personalidade, gritou:

– Ao grande Bel. Que sua força e poder repousem sobre os giblitas e o grande rei de Gubal!

Os presentes gritaram qualquer coisa que Shagengur mal entendeu. Estava consciente de tudo o que estava acontecendo. Sentia-se, contudo, dominado por algo mais forte do que ele.

O arameu lhe foi trazido amarrado com as mãos às costas. O infeliz falava palavras totalmente desconexas. Eles o tinham embriagado com vinho a tal ponto que não sabia o que se passava. Perante uma pedra bastante grande, o arameu foi seguro por dois homens enquanto que Tajupartak, dominando mentalmente Shagengur, o obrigou a levantar a faca acima de sua cabeça e, num único golpe, decepou o pescoço do prisioneiro. A faca degolou o homem num único golpe e o sangue esguichou, molhando Shagengur. Tajupartak sentiu uma força invadir seu corpo astral, uma sensação inebriante, algo parecido com o calor de uma sauna que invade um corpo gelado. Esta energia que lhe penetrava o ser era o fluido vital do infeliz que estrebuchava enquanto a vida se lhe esvaía. O fluido vital, ao se libertar e ser absorvido magneticamente pelo corpo astral do alambaque, dava-lhe a sensação de existência física. Que sensação maravilhosa para um espírito vicioso e cruel como um 'dragão'!

Shagengur voltou a ser o que era quando Tajupartak liberou-o de seu domínio psíquico. Viu-se banhado de sangue humano e quase vomitou. Conteve-se com grande esforço, que não passou despercebido pelo rei de Gubal, que acompanhara desde o início todo o processo. Não era incomum que os espíritos terrestres renascidos na carne tivessem a visão de fenômenos espirituais. Uma das razões de o rei de Gubal ser o monarca era o fato de ser o sacerdote do seu povo, podendo ver o mundo espiritual. Recebia mensagens de parentes mortos e ordens dos 'deuses' que não passavam de espíritos protetores. Quando Shagengur entrou, pela primeira vez, na choupana real, o rei viu que, ao lado do sumério, existia uma mancha extensa e difusa, violeta escura, que o deixou preocupado. Manteve a conversação com Shagengur e imaginou que aquela mancha poderia ser do deus de que o sumério tanto falava. Por isso, não titubeou em mandar sacrificar o arameu. Quando Tajupartak aproximou-se de Shagengur e dominou seus centros cerebrais num processo de subjugação, o rei pôde ver o alambaque em todos os seus detalhes.

O rei viu um espírito que parecia ser um grande réptil de três metros de altura, com a pele parecendo um plástico brilhoso de cor violácea, com roupas parecendo couro opaco negro. O rei gelou completamente. Ficou estático como uma pedra. Nunca vira nada parecido. Shagengur falara num deus-touro e o rei via um 'deus-réptil' e preferia acreditar em suas próprias sensações.

No momento em que o arameu começou a morrer, o rei viu uma substância fluídica luminosa, que saía de quase todos os buracos naturais do corpo do infeliz e era aspirada pelo alambaque. À medida que o demônio recebia mais energia, parecia crescer. No final, o rei olhava para uma figura monstruosa, aterrorizante, de quase quatro metros. Era um gigante.

Um pequeno grupo de sumérios preferiu ficar em Gubal, pois uns estavam cansados, outros doentes e alguns encantaram-se com o aprazível local. Shagengur não se importou com o fato, já que vários giblitas estavam demonstrando interesse em partir com ele. Dos que remanesceram, estava um jovem que partira apressado com os pais, deixando uma bela suméria para trás. Esse homem, ao se tornar adulto, voltaria a Ur, para reencontrar seu perdido amor, trazendo um grupo de sumérios, de quase quinhentas pessoas. Esses sumérios radicados em Gubal teriam filhos que ocupariam Tyro e Sidom, vindo a gerar uma raça híbrida de semitas e proto-indo-europeus que seriam, mais tarde, após se miscigenarem com os cananeus, conhecidos como fenícios pelos gregos.

Duas semanas depois, os sumérios, acompanhados de mais alguns habitantes de Qatna e Gubal, saíam do reino do apavorado rei, que fornecera tudo o que Shagengur pedira. Começava a última parte da longa viagem até o vale do Iterou. Desta vez a caravana estava acrescida de mais trinta famílias giblitas, cerca de noventa e quatro pessoas, que ficaram fortemente influenciadas pelos sumérios.

A Era dos Deuses | 49

A travessia das morros e vales da Palestina até chegarem ao deserto do Sur foi muito cansativa. As carroças vinham muito cheias de víveres, fornecidos pelo rei de Gubal. Algumas carroças novas eram mais pesadas do que as que tinham sido feitas em Ur. Os novos integrantes de Gubal não tinham a prática de longas caminhadas que os sumérios tinham desenvolvido, especialmente, no início, quando fugiram amedrontados. Um trecho que deveria ser coberto em quinze dias acabou durando quase trinta, o que fez rarear a comida. Quando entraram no deserto do Sur, ao Norte da Península do Sinai, beirando o mar, sua ração só dava para quatro dias.

Shagengur conversou com os principais ajudantes, pedindo para que a comida e a água fossem racionadas. Os sumérios, acostumados a quase um ano de peregrinação por terras estranhas, vales verdejantes e desertos tórridos, imediatamente obedeceram, mas os agregados giblitas de Gubal e os semitas de Qatna demonstraram uma falta completa de firmeza, disciplina e obediência. Por muito pouco, não morreram na travessia do deserto. Os sumérios, mais amigos do que se poderia imaginar, ajudaram-nos de forma fraternal com água e comida, quando estas acabaram.

Ao seguirem o litoral, o grupo acabou dando, após uma semana de marcha forçada, numa grande enseada, de onde não podiam ver o outro lado. Tiveram que dirigir-se para o interior por mais alguns quilômetros, margeando um grande rio, passando entre o rio e lagos. Ao penetrarem nesta região, tinham chegado ao delta do rio Iterou.

Tajupartak recebera ordens de Kabryel para levá-los ao Norte, dentro do delta, onde deveriam estabelecer-se. Outros dois grupos, que vinham logo atrás, seriam levados para o Sul. Então, usando a intuição, o temível alambaque levou Urnina a apontar o caminho para o luxuriante e perigoso delta do Iterou.

A viagem tinha levado um pouco mais de um ano, com quatro mortes acidentais – uma por combate entre os próprios participantes; outra devido a um acidente sério que vitimou uma mulher;

e duas outras por complicações no parto. Houve vários casos de pequenos ferimentos, nada que o tempo não curasse. Houve oito nascimentos no caminho. Além de um natimorto, um bebê morreu aos dois meses por desleixo materno e o restante vingou bem. Por outro lado, de um total de cento e vinte e oito pessoas que saíram apressadas de Ur, duzentos e dexoito estavam entrando no vale do Iterou, sendo cento e trinta e duas semitas e oitenta e seis sumérios, já que trinta tinham ficado em Gubal.

O grupo foi beirando um dos braços do Iterou – Nilo – e, após alguns dias de marcha, encontraram alguns grupos de hamitas, de origem norte-africana, espalhados pelas margens. Eram pequenos clãs que sobreviviam da pesca, da caça e de uma agricultura primitiva. As características físicas desses grupos, constituídos de gente magra, rosto encovado e fácies macilenta, demonstravam que o local era insalubre, não sendo capaz de sustentar os habitantes, altos e esguios, de pele marrom, cabelos negros encaracolados e grandes olhos negros, com longos cílios. Os giblitas e qatnenses conseguiram conversar com os habitantes locais. Apesar da distância, a língua era parecida, mas havia muitas palavras novas que os giblitas não conheciam, a maioria referente a fatos locais.

Urnina, sempre fustigada pelas intuições do alambaque, continuava a empurrar o grupo mais para o Sul, cada vez mais distante do mar. Sempre que precisavam atravessar um pequeno rio ou riacho, era montada uma verdadeira operação de guerra. Em Gubal, por sorte ou por argúcia, um dos sumérios sugeriu que levassem alguns barcos de pesca feitos de excelente cedro. Shagengur acabou levando um só, pois ocupava um espaço enorme na carroça. Aquela singular embarcação foi capaz de transportar, ida e volta, durante dois dias inteiros, uma enorme quantidade de víveres, objetos, pessoas e carroças parcialmente desmontadas na travessia do rio Litani, bem antes de chegarem ao deserto de Sur. Agora tinham que atravessar um rio que os locais chamavam de uadi Tumilat, que era mais largo e agitado do que o Litani. Na operação, perderam duas carroças, uma parelha de bois, quatro ovelhas e uma criança, que morreu afogada.

Após passarem pelo rio chamado uadi Tumilat continuaram subindo em direção ao Sul, margeando-o pelo seu lado oriental. Encontraram tantos pântanos e animais selvagens, que Shagengur começou a duvidar de que deveriam seguir as intuições de Urnina. Houve algumas discussões entre os sumérios e os giblitas. Assim, decidiram que iriam andar um pouco mais para saírem daquele pântano.

Após duas semanas de estada no baixo Iterou, o grupo estacionou numa aldeia minúscula – um aglomerado de seis cabanas, chamada de Ahmar. Esta aldeia ficaria perto da moderna Cairo, sendo conhecida atualmente como Gebel el-Ahmar.

O vilarejo estava fora do delta, ficando numa saliência do terreno, a certa distância do rio. Neste ponto, Tajupartak parou de pressionar Urnina, e ela falou para Shagengur que aquele era o lugar onde deveriam acampar.

As primeiras semanas de trabalho foram febris. Construíram mais casas, aplainaram o terreno e começaram a aterrar o pântano. As casas dos moradores locais eram redondas e baixas, enquanto as dos sumérios eram de tijolos assados em fornos e com o formato quadrado, o que era uma inovação para os habitantes primitivos de Ahmar. Os giblitas e os semitas de Qatna mostraram-se bons caçadores, trazendo bastante carne de pequenas aves.

Os sumérios, a maioria composta de espíritos capelinos, iniciaram suas atividades agrárias. Construíram um canal para escoar a água represada de certos lugares e levá-las para outros locais onde seria necessária, assim como prepararam a terra fértil para a plantação de trigo, cevada e sorgo. Os grãos, trazidos de Gubal e da Suméria, estavam em perfeito estado e logo germinariam naquele terreno fértil e dadivoso. Por outro lado, os semitas, além de servirem como intérpretes para os primitivos habitantes locais, eram bons alunos, aprendendo a técnica agrícola com rara facilidade.

Ahmar prosperou de forma impressionante com grandes construções, docas para atracação de pequenos barcos que os giblitas desenvolveram e alguns templos para louvarem os deuses que os trouxeram para aquele lugar de paz. Os giblitas de Gubal, acostumados com transportes marítimos, não encontraram a madeira que queriam. Acabaram por copiar os habitantes primitivos do Iterou e aprimoraram de maneira fantástica o papiro como matéria-prima para embarcações.

Os administradores espirituais são cuidadosos; nunca colocam todos os ovos na mesma cesta. Kabryel recebera ordens de formar pelo menos cinco grupos de futuros emigrantes. Conseguira desenvolver, por intermédio dos alambaques, oito grupos. O grupo de Ur, liderado por Shagengur, fora apenas um dos oito que, num espaço de tempo de três meses, saíram o mais furtivamente possível da Suméria, todos indo em direção ao vale do Iterou.

A proteção dos alambaques foi importantíssima durante toda a viagem. Por várias vezes, eles desviaram a rota dos emigrantes para que não passassem perto de povos perigosos. Outras vezes, eles os levaram por caminhos que desembocavam em poços d'água, verdadeiros jardins, no meio dos desertos do Oriente Médio. Os alambaques, no entanto, não eram deuses que tudo podiam apenas com um gesto ou um pensamento. Houve casos em que não foram capazes de ajudar a coluna de emigrantes. Alguns grupos foram dizimados por ferozes tribos. Dos oito que saíram de Sumer, somente três chegaram ao vale do Iterou. Dois grupos foram totalmente dizimados por gutos e arameus, respectivamente. Os outros três grupos desviaram-se do caminho, indo para a Ásia Menor, instalando-se em vários pontos, com razoável êxito. Alguns descendentes desses grupos acabaram indo, alguns séculos depois, para a ilha de Creta, vindo a formar a civilização Minoica, muitas vezes confundida com a mítica Atlântida.

Os dois outros grupos de sumérios vieram por rotas diferentes. Um viera de Uruck, fugindo de Nimrud e sua turba; e, finalmente, o último grupo viera da aldeia de Sin, por razões muito parecidas com as de Shagengur. Cada grupo veio, em épocas diferentes, mais ou menos pelo mesmo caminho dos emigrantes de Ur. A diferença básica foi a de que o grupo de Shagengur veio por Gubal, enquanto que os demais não vieram margeando o mar. Ao chegarem ao vale do Iterou, depararam-se com o grande rio e resolveram subir para tentar vadeá-lo. Para quem estava acostumado com o Eufrates e o Tigres, o Iterou não constituía nenhuma surpresa. Acharam que provavelmente haveria terra mais fértil do outro lado e começaram a subir, em direção ao Sul, esperando encontrar um local mais raso para atravessá-lo.

O primeiro grupo chegou dois meses após a chegada de Shagengur, não se tendo misturado com ninguém no caminho. O segundo grupo vinha logo atrás, com uma diferença de apenas uma semana. Acabaram encontrando o grupo de Uruck numa localidade bem ao Sul do Iterou, numa aldeia chamada Nubt. Esta cidade seria chamada de Ombo pelos gregos e de Naqada nos tempos modernos, tendo sido um local de grandes explorações arqueológicas.

Shagengur, sempre prudente e ardiloso, conseguia dominar a região e seus habitantes, utilizando para tal o poder econômico. Os pobres acabavam trabalhando para os sumérios, que os sujeitavam a corveias inimagináveis apenas para aplacar a fome, o que aumentava em muito o excedente agrícola, tornando os recém-chegados cada vez mais ricos. Em poucos anos, um sistema de troca foi sendo articulado e os novos senhores do vale do Iterou angariavam cada vez mais poder.

Mas havia coisas boas sendo introduzidas. Shagengur não passara a ideia de que os sumérios eram superiores ou mais importantes. Deste modo, houve, com o decorrer dos anos, muitos casamentos entre eles, proto-indo-europeus, e os nativos, que eram muitas vezes semitas, outras vezes negros de pele escura da África central.

O grupo que se instalara no Sul, em Nubt, era liderado por homens tenebrosos, espíritos egressos de Capela, que traziam a marca do exílio estampada no coração. Eram homens duros que se achavam superiores aos demais e dominaram as poucas aldeias em volta pela força, brutalidade e terror. Escravizaram rapidamente os homens primitivos locais, obrigando-os a trabalhos forçados que logo deram bons resultados.

O convívio de Ahmar e Nubt, nos primeiros decênios, foi praticamente inexistente. Durante mais de quarenta anos, as duas cidades foram crescendo, cada uma por si. Ahmar atingiu dez mil habitantes, enquanto Nubt alcançava um número muito próximo. Com o desenvolvimento dos dois centros, os descendentes dos primeiros emigrantes, que tinham demonstrado uma fertilidade excepcional para a época, começaram a preocupar-se com a falta de espaço disponível nas cidades. Dentro do próprio vale do Iterou, quarenta anos após a chegada dos sumérios, começou uma rápida migração interna.

Perouadjet – casa de Ouadjet – também conhecida como Peruadjit, e chamada mais tarde de Buto pelos gregos, foi fundada por descendentes de Shagengur. Ouadjet ou Uadjit era o nome da deusa naja do local, sendo amplamente festejada, assim como o era Nekhbet no Sul. Os habitantes de Nubt, por sua vez, fundaram outra cidade, Ouaset, também chamada pelos kemetenses de No – a cidade – que seria intitulada de Tebas pelos gregos.

Os sumérios e seus descendentes foram mais prolíficos, porque a mortalidade infantil decaiu, devido ao alto grau de higiene que os sumérios tinham, e pela introdução de uma alimentação mais balanceada e farta. Além disso, as condições de salubridade geral, com o aterro dos pântanos, a melhor escolha da água de beber e a miscigenação racial, especialmente no Norte, trouxeram aprimoramentos genéticos aos habitantes do Iterou. Os habitantes da região de Nubt e de Ouaset procuravam não se misturar com os nativos. Conseguiram por muitos anos manter a pureza racial que tanto prezavam, mesmo que para tal tivessem que desposar primas e irmãs. Esses espíritos capelinos, tão endurecidos na soberba e vaidade, continuavam a demonstrar uma falsa superioridade para com as almas terrestres primitivas, com as quais evitavam qualquer contato mais íntimo.

– É fundamental acelerarmos o processo; temos mais de trinta milhões de almas em profundo desespero. Os nossos superiores desejam que, pelo menos, cinco milhões renasçam no vale do Iterou.

O coordenador do vale do Iterou era Kabryel e estava falando com Tajupartak, mostrando-lhe num grande mapa o que deveriam fazer. Ambos estavam numa construção astral no próprio vale do Iterou, perto de onde seria construído o vale dos Reis.

– Observe bem, Tajupartak, agora é hora de espalhar as pessoas pelo vale. Os que habitam Ahmar devem ampliar suas áreas, assim como os de Nubt.

– Já espalhamos os habitantes de Ahmar e eles ampliaram a cidade de Perouadjet, assim como os de Nubt fizeram em Ouaset. Tanto uma como a outra já têm mais de dez mil habitantes, o que para este tipo de civilização é muito significativo.

– Concordo, mas precisamos ampliar ainda mais, além de darmos uma diretriz mais sólida para os habitantes do Iterou.

O alambaque olhou surpreso para o grande espírito.

– Sim, meu amigo, não adianta apenas espalhar o povo por aquelas terras férteis. É fundamental que sejam liderados para que estabeleçam uma civilização. Observe que, com a morte de Shagengur, houve um hiato de poder. Não havia ninguém para substituí-lo e o Conselho dos Anciões não é o instrumento mais adequado de mudança social, já que é constituído de muitos espíritos de origem terrestre, o que bloqueia qualquer alteração. Por outro lado, os jovens não estão libertando seu vigor na direção certa. A maioria deles é de origem capelina, demonstrando uma audácia mal-dirigida, cometendo crimes, usando de inaudita violência. Não podemos repetir os erros de Sumer, quando deixamos os alambaques excessivamente soltos.

O dragão entendeu o que arcanjo falara. Os capelinos renascidos entre os habitantes do Iterou não tinham mostrado grandes mudanças interiores.

– Meu velho amigo Tajupartak, há quanto tempo nós nos conhecemos? – perguntou amistosamente Kabryel.

O alambaque olhou desconfiado para o belo arcanjo. Kabryel não era dado a essas expansões de apreço. Pelo contrário, sempre fora muito sério, mesmo que fosse justíssimo. Kabryel sorriu, lendo a interjeição estampada no rosto duro do dragão. Colocou gentilmente o braço no ombro do espírito e o levou para o extremo da sala, afastando-o dos demais – guardiões e soldados-escravos – para conversarem.

– Ouça bem, meu amigo Tajupartak, é chegada a hora de grandes reformas. Grandes movimentos de transformação interiores e exteriores devem acontecer. Muitos de vocês vieram forçados e nem sabem a diferença entre Ahtilantê e a Terra. Você veio porque nosso planeta natal tornou-se insuportável ao seu olhar. Veio à procura de um mundo novo, de um mundo que pudesse construir, em que fosse um elemento de real importância. Não apenas mais um ser no meio de uma multidão.

O dragão escutava as palavras de Kabryel sem pestanejar. Seu semblante ficara mais duro. Sabia onde o arcanjo desejava chegar e tinha medo. Sim, ele, o grande dragão que, tantas vezes, fora implacável juiz dos outros, que pronunciara sentenças tenebrosas de aprisionamento e acrisolamento psicológico, agora tinha medo. Kabryel desejava convencê-lo a renascer.

Kabryel calara-se; ao perscrutar o íntimo do alambaque, vira que o velho dragão estava em profundas reminiscências. Sua lembrança voltava-se para Ahtilantê, trezentos e cinquenta anos atrás, em pleno fim da época dos grandes senhores feudais de Hurukyan.

Tajupartak fora um jovem azul, de origem humilde, cujo nome era então Spirtemosh. Seu pai, trabalhador campesino, não pudera dar-lhe uma instrução completa. Mal sabia ler e contar. Trabalhara até os doze anos na enxada, demonstrando ser esforçado e diligente.

A aldeia de Spirtemosh fazia parte do feudo do conde Botrebesh Kramonszeh, um azul despótico e violento, que tinha dois filhos, cada um mais assustador do que o outro. Tinha também uma sobrinha, filha de sua irmã com um senador imperial hurukyan, ambos falecidos num trágico acidente, que a maledicência pública dizia que tinha sido encomendado por Kramonszeh, o perverso, como era conhecido entre seus súditos.

O tempo correu e Spirtemosh, com dezesseis anos, foi requisitado para a guarda do castelo. Os meses correram monotonamente, já que os proprietários não estavam no castelo. Passaram o verão em Tchepuat, bela capital de Hurukyan, e viriam para o inverno na província.

O grupo de nobres e seus convidados chegaram ruidosamente ao castelo para passar algumas semanas, quando a umidade excessiva da capital sugeria que a campanha seria um lugar mais agradável. A princípio, com o tumulto da chegada, ninguém notou Spirtemosh, que pôde divisar a bela moça, transformada numa mulher belíssima. Ela tinha sido prometida ao filho de um nobre senador imperial, dono de vasta fortuna.

Spirtemosh fora destinado a guardar a asa leste do castelo, onde ficavam as moças e os convidados mais augustos. Não foi preciso muito para que cruzasse com a bela moça, que se tomou de amores pelo jovem. Não era considerado de bom tom social que mulheres de classe social mais alta mantivessem contatos físicos com pessoas de situação menos privilegiada. Todavia, uma atração, uma explosão emocional aconteceu entre Spirtemosh e Maínahat.

A mulher, um pouco mais velha, tinha pelo jovem apenas uma atração física, enquanto Spirtemosh a adorava como se fosse uma deusa. As duas semanas de férias correram normalmente. Spirtemosh visitou o leito de Maínahat todas as noites, o que só fez aumentar a sua perigosa paixão. Os convivas partiram com o mesmo alarido da chegada. A bela Maínahat também voltou para a capital, deixando-o cheio de saudades. Obviamente, o jovem não conseguia esquecer a bela azul, que ia desposar o filho de um senador imperial.

Durante dias, remoeu sua condição de servo e a injustiça da vida. O jovem atormentado saiu do castelo fortificado em direção a Tchepuat, disposto a falar com a bela Maínahat. Dir-lhe-ia que a amava e que estava disposto a tudo pelo seu amor. Jovem e ingênuo, sem educação formal, tendo sido bem tratado pela moça por ser fisicamente atraente, Spirtemosh partia para uma aventura grotesca. Naquele instante, achava que seria recebido por Maínahat e, juntos, partiriam para viver seu sonho de amor. O infeliz, além de sonhador, estava obsidiado por forças trevosas que se divertiam às largas, colocando em sua mente imagens distorcidas da realidade.

Maínahat já havia contraído núpcias. Spirtemosh conseguiu encontrar o palacete da jovem esposa do futuro senador imperial, tendo sido atendido pelos serviçais, que o expulsaram, cheios de desdém. Não satisfeito, voltaria à noite, penetrando sorrateiramente na mansão. Furtivamente, examinou os vários aposentos até que encontrou a jovem de seus sonhos em enlace amoroso com o marido. Os dois jovens amavam-se, enquanto Spirtemosh, completamente fora de si, observava a cena, mordido do mais negro ciúme. O riso franco da mulher era traduzido como sendo o deboche por sua própria situação, enquanto que o marido não passava de um usurpador de sua felicidade e do seu leito.

Ele entrou no quarto, surpreendendo o casal na sua legitimidade íntima e, munido de uma faca, rápido como um tigre, degolou o infeliz marido. A mulher gritou, urrando de pavor e dor, enquanto que Spirtemosh, ainda fora de si, rasgava-lhe as tenras carnes com seu punhal duplamente assassino. Os gritos chamaram a atenção dos serviçais que acudiram prestimosos, chegando a tempo para ver Spirtemosh fugindo, molhado do sangue azul que, esguichando das vítimas, cobrira-lhe os braços e o peito. A polícia interveio celeremente, já que se tratava de nobre figura, e, numa caçada memorável, prendeu Spirtemosh, infligindo-lhe brutal surra que quebrou um dos seus braços e esmigalhou os dedos da mão direita. Foi jogado num escuro calabouço à espera de interrogatório e julgamento.

O fato de as pessoas envolvidas serem de elevada estirpe social trouxe um tempero todo especial ao escândalo. A sociedade atlante passou meses discutindo e relembrando as cenas picantes do crime, enquanto o julgamento e a posterior condenação do réu foram acontecendo.

O jovem infortunado foi condenado à morte por esquartejamento. No dia marcado, seus membros foram amarrados a belos cavalos ahtilantes que levaram alguns segundos puxando com toda a força até que conseguiram arrancar membro a membro de Spirtemosh.

A morte física seguiu seu curso, mas o tribunal dos homens é impotente para coibir os abusos do justiçamento espiritual. Assim que morreu, Spirtemosh foi arrancado do corpo físico por demônios tenebrosos e levado, semi-inconsciente, para as profundas trevas. Nessas plagas infernais, Spirtemosh foi submetido aos piores suplícios, torturas e ignomínias que o revoltaram ainda mais.

Vinte e cinco longos anos passaram-se até que Spirtemosh voltasse a ter consciência plena de sua situação. E foi neste ponto que fez sua opção pelo recrudescimento do mal. Ao invés de suplicar ao Altíssimo novas oportunidades, voltou-se para os dragões e pleiteou ser um deles. Ódio, rancor, humilhação e inveja transformaram Spirtemosh num demônio de maldade.

Não encontrava mais prazer com as cenas de beleza como quando fora criança; agora, tudo aquilo não passava de tolices infantis, de sentimentalismo piegas. Tornou-se cada vez mais egoísta, somente pensando em suas próprias necessidades, sendo que a maior de todas era esquecer o passado. Sepultar aquilo que passara e criar uma nova personalidade. Foi nesse misto de dor, ódio e rancor contra tudo e todos que nasceu o tenebroso Tajupartak – infernal dragão –, cujo verdadeiro nome em Ahtilantê – Spirtemosh – seria para sempre esquecido.

Muitas décadas se passaram e o alambaque tornou-se famoso entre seus pares. Conhecia as técnicas de obsessão melhor do que qualquer outro demônio. Ninguém era capaz de engendrar os mais terríveis crimes entre os renascidos do que Tajupartak, o sinistro. Até os outros chefes de falanges alambaques o temiam pois, após décadas de treinamento em fascinação e negra magia, tornara-se imbatível em qualquer torneio feito entre os chefes alambaques. Infligia dores excruciantes a todos os que o desafiavam, sofrimentos esses provocados por descargas mentais nos centros nervosos espirituais. Tornara-se Razidaraka, o Grande Dragão, um título nobiliárquico de duvidosa procedência só dado aos alambaques-mor.

Duzentos e poucos anos se passaram e viram Tajupartak cada vez mais se desestimular perante a maldade. O ato de destruir traz um prazer inaudito. É uma explosão de contentamento. É um sentimento diferente do ato de construir, que é lento e, muitas vezes, maçante. Mas destruir durante séculos, sem nada construir, é desertificar a alma. É jogar areia escaldante em ferida aberta. Ano após ano, Tajupartak sentiu que naufragara no interior de si próprio. Olhava para dentro de si e nada via que pudesse deixá-lo animado e feliz com o porvir. Tinha medo de renascer. Quando pensava nos crimes que cometera, não só durante a existência material como também após, durante o período de erraticidade, quando se transformara num monstro de egoísmo e terror, Tajupartak acovardava-se. Sabia, pois tinha o conhecimento, que teria que passar por tudo o que engendrara. Seria uma folha morta ao vento da justiça divina, levada pelos terríveis vendavais que soprara. Não, renascer nunca!

Um dia, nas trevas densas, recebera o convite de outro chefe alambaque para participar de uma grande reunião, chefiada por um grande espírito. Disseram-lhe que veria magias como nunca vira; aquele chefe dos chefes era um poderoso mago, ordenador da ordem cósmica, mago dos magos, um grande 'Mykael'. Fora ao encontro motivado pela curiosidade e vira, pela segunda vez, Varuna. Lembrara-se de tê-lo visto quando ainda era um tenebroso obsessor de Katlach. Com seu porte majestoso e seu sorriso belo e franco, Varuna cativara Tajupartak.

Ele escutara as palavras de fogo. Haveria um grande expurgo espiritual. A escória espiritual iria para a Terra. Havia opções para quem quisesse ficar; renascer e modificar-se. Aqueles que fossem de bom grado tornar-se-iam guias de povos, forjadores de nações e deuses. O convite era irrecusável. Quem não quer tornar-se um deus, um guia, um profeta? Uma pessoa importante, em suma. Renascer em Ahtilantê era inconcebível, mas a Terra era um doce refrigério para aqueles corações cansados de sofrer.

Doce ilusão! O sofrimento não se abandona num lugar qualquer como roupa velha. É parte do ser. É consequência dos atos humanos, guia que leva o homem a Deus. Vai aonde se carrega a desesperança e a falta de amor. Os alambaques logo descobriram que seriam guias de povos e teriam que renascer para guiar as ovelhas perdidas aos apriscos seguros. Chefes terríveis, como Oanes, que se tornaram lendas vivas em Sumer, logo descobriram que a justiça divina sabe ser um torniquete muito mais apertado do que qualquer ódio humano. Não havia como fugir, apenas retardar. Renascer era um fato compulsório, inescapável.

Kabryel seguiu mentalmente tudo o que Tajupartak rememorou e disse-lhe, carinhosamente, de modo fraternal:

– Tajupartak, o convite para o renascimento é inadiável. É natural que tenha que ter uma existência difícil e árdua, relembrando todas as suas quedas morais. Mas vejo que conhece pouco o inexcedível Amor Divino. Para Ele você é o mais importante de todos os seres. Você é a ovelha perdida no aprisco do Senhor. No dia em que unir seus pensamentos aos d'Ele, será recebido como o maior dos heróis.

O dragão vinha alterando sua aparência nos últimos vinte anos. Antes em Ahtilantê, Tajupartak era um abominável ser, híbrido de réptil com o homem ahtilante. Aos poucos, à medida que modificava seu interior, sua parte externa mostrava-se mais humana, menos animalesca. Ultimamente era capaz inclusive de sorrir; antes, quando muito, podia-se classificar aquele ríctus facial como um esgar. Ao escutar as palavras de Kabryel, Tajupartak começou imperceptivelmente a modificar seu semblante ainda muito animalizado.

— Será que serei obrigado a passar por tudo o que provoquei durante esses anos todos?

O poderoso Tajupartak já não tinha a mesma empáfia ao externar seus receios a Kabryel.

O grande chefe dos guardiões declarou brandamente:

— Meu irmão e amigo Tajupartak, ninguém foge da justiça de Deus; entretanto, o Amantíssimo Pai é rico em oportunidades e não nos cobra a perfeição de uma única vez. Ao renascer aqui no vale do Iterou, você ajudará seus irmãos a unirem este país, transformando-o politicamente. Deverá, no entanto, pagar um preço por este ato político. Existência após existência, irá alterando a sua essência, aproximando-se do Ser Supremo. Cada vez, como se fosse uma roupa velha, gasta e inaproveitável, jogará fora uma parte de seus defeitos, tornando-se quite com a justiça divina.

Tajupartak parecia querer a renovação interna, mas duzentos anos de demoníaca atividade não podem ser descartados num único solavanco da vontade. É preciso mais. Tajupartak lutava interiormente entre seu medo de voltar a falhar e a necessidade de mudança. Fechou as pálpebras numa espécie de prece silente e pensou em Deus. "Que forma haverá de ter Deus? Como se parece?" Para Tajupartak, o ser mais perfeito que vira fora Varuna, o grande Mykael. E deste modo o dragão pensou nele.

Aos poucos, uma luz foi se desenhando perante o grande dragão que, abrindo os olhos, assustou-se com a espécie de nuvem que tomava forma. Em menos de dez segundos, de dentro da nebulosa, apareceu a figura majestosa, ao mesmo tempo, boa e gentil, fraterna e amistosa de Mykael.

— Irmão Tajupartak, você foi escolhido, desde Sumer, para ser o guia dos habitantes do Iterou. Inicialmente, precisarão de seus conselhos, de seu poder e de sua magia. Depois, poderão andar com suas próprias forças. Você deve renascer entre os habitantes do Iterou, sabendo que todos nós o estamos orientando para que cumpra, assim como nós, os desígnios do Altíssimo.

Tajupartak estava abismado com o fenômeno luminoso que presenciava e por isso colocou a mão para o alto, baixou a cerviz e, instintivamente, ajoelhou-se. Submetia-se após dois séculos e meio de descaminhos nas trevas. Mykael, que não estava presente, apenas enviava sua imagem astral, em ondas do mundo mental, continuou sua exposição:

– Querido irmão, você não estará só nessa empreitada. Estaremos acompanhando seus passos, orientando-o e seus companheiros de jornada. Além disso, seus amigos de Capela, exilados também, irão acompanhá-lo. Confie nos superiores e, principalmente, no nosso Pai Amantíssimo, sem O qual todos nós seríamos incapazes de qualquer ato que fosse.

– Sim, que seja feita sua vontade, poderoso Mykael. Tomarei sobre minhas vestes espirituais uma nova carne que esconderá do mundo a minha vilania. Não entendo, contudo, por que os superiores escolheram a mim, um alambaque, para ser guia de um povo. Deveriam ter escolhido alguém à altura para tal tarefa. Não posso crer que, entre os superiores, não exista alguém mais capaz do que eu para fazer o que desejam.

A figura de Mykael cresceu, tornando-se mais nítida, falando com grande docilidade:

– Deus provê, meu amigo e irmão, mas exige que cada um se esforce para conseguir o que almeja. Os que estão acima ajudam os que estão abaixo; entretanto, em momento algum, poderão fazer o que lhes cabe executar. A criança deve fazer os deveres de casa, mesmo que a mãe possa tirar dúvidas e ajudá-la nas primeiras atividades. A mãe que, no entanto, faz tudo pelo filho, prejudica-o; ele nunca aprenderá a se tornar independente, esperando que façam as tarefas que lhe competem executar.

Mykael estava quase 'materializado' naquele plano e transmitia seus ensinamentos de modo muito doce. Tajupartak sabia que aquela docilidade, no entanto, demandava obediência. Mykael prosseguiu sua explanação.

– Temos um sem-número de candidatos que desejam renascer para ajudar os habitantes do Iterou, assim como os demais. Não nos falta o concurso fraterno e amoroso de pais, mães, irmãos, esposas e maridos que desejam, a qualquer custo, ensinar a todos vocês o caminho do amor, da fraternidade e da união. A estes servidores que já superaram as duras provas da vivência carnal, não se podem demandar novos sacrifícios. Esta missão, entretanto, deve ser prioritariamente realizada por aqueles que ainda lutam para vencer suas deficiências internas. Podemos enviar ajudantes, como, aliás, prometi fazê-lo; contudo, o ato de mudança, de aprimoramento, de aperfeiçoamento deverá ser feito única e exclusivamente por vocês.

Tajupartak entendia o que o arcanjo dos arcanjos, o anjo do exílio, falava, mas tinha dúvidas quanto a si. "Seria a pessoa correta?" Mykael, obviamente, percebendo todas as suas interjeições, respondeu-lhe, sem afetação:

– Tajupartak, você demonstrou, durante séculos, um ódio extraordinário e também uma personalidade extremamente lógica, forte e incorruptível. Pode parecer estranho que, dentro dos desvios de personalidade que caracterizam o mal, possamos classificá-lo como um ser lógico e correto. Observamos que jamais atacou os pobres; apenas molestou e desnorteou os ricos. Investiu sobre os nobres e os políticos, levando-os a cometer crimes contra o Estado. Dentro de sua faina assassina, corruptora e má, sempre norteou-se em arruinar aquilo que tinha destruído a sua vida, ou seja, a beleza, o sexo e a riqueza. Não foi como outros de sua espécie que atacam pobres e ricos, altos e baixos, a todos indiscriminadamente. Você, no fundo, foi muito mais um demônio da ordem política do que qualquer outra coisa. E é pela ordem política que deverá pugnar em sua nova existência.

Tajupartak parecia rememorar seus atos. Mykael tinha razão: como ele soubera se concentrar sobre os reis, governantes, ministros e políticos! Como se regozijara sempre que conseguia desviar do caminho correto alguns desses personagens, levando-os à corrupção, ao crime e à sordidez que abominava e das quais, infelizmente, também fazia parte! Como ele conseguira levar seres fracos ao terrorismo político e ao assassinato indiscriminado de civis inocentes! E depois, quando eles faleciam para a vida física, como ele os esperara, fazendo-os sofrer milhares de mortes, rememorando perpetuamente suas quedas morais! Sim, ele era um mestre na tortura! Mas agora isso tudo não o fazia mais encontrar satisfação e paz. Precisava de algo novo.

— Como seus crimes foram basicamente de natureza política, seu soerguimento também o será. E assim, tenho ordenado que Tajupartak renasça e trabalhe para a união do vale do Iterou.

Tajupartak recebera a voz de comando de Mykael e só lhe restava obedecer. Ajoelhou-se e curvou sua fronte até que encontrasse o chão, enquanto a luminosidade em que estava Varuna, o poderoso Mykael, diminuísse até sumir.

Kabryel, que assistira a tudo de perto, acercou-se de Tajupartak, ajudando a erguê-lo, notando que as lágrimas desciam daqueles olhos que não choravam há mais de dois séculos.

Kabryel olhou para seus guardiões que acompanharam de perto toda aquela emocionante cena, dando-lhes um comando mental para explicarem aos lugar-tenentes de Tajupartak o que tinha acontecido, convidando-os também ao renascimento salutar, tranquilizando-os para que continuassem sob os domínios dos administradores espirituais. Os soldados-escravos haviam visto a figura de Varuna e haviam se ajoelhado perante o grande deus.

Kabryel segurou gentilmente o braço direito do dragão com sua mão esquerda e volitou suave e rapidamente para uma grande instituição socorrista. Naquela mesma manhã, Tajupartak dava entrada no Posto Amado Coração Divino que o prepararia para o renascimento. O alambaque Tajupartak já não mais existia. No seu lugar, uma nova e magnífica pessoa iria desenvolver-se. Junto estavam renascendo oito lugar-tenentes e mais de sessenta soldados-escravos que haviam servido em sua legião, todos devotos se**gui-**

dores de sua magnética personalidade. Uma nova era começava a nascer no vale do Iterou: a era dos deuses.

Capítulo 3

O vale do Iterou, o Egito como unidade, Estado e país, nação e povo, ainda não existia. O Egito era chamado por seu povo de Kemet – terra negra – e também de Ta-noutri – terra dos 'neters', deuses – ou de Ta Meri – terra amada. Desde a primeira catarata até o Mar Mediterrâneo, numa faixa estreitíssima de terra, corria placidamente um rio denominado pelos seus habitantes de Iterou, representado pelo deus Hapi, um homem gordo e bonachão, calçado de sandálias. Quando o rio enchia, os habitantes locais chamavam aquele fenômeno de Nili, ou seja, cheia do rio. Mais tarde os gregos chamariam o Iterou de Nilo.

Shagengur havia tido três filhos, sendo que o mais novo fora criado por Urnina. A bela irmã de Shagengur, ainda virgem, tinha um apego muito grande pelo seu sobrinho. O menino era belo, com olhos cor de mel, estranhos para os sumérios. Seus cabelos pretos, longos e levemente encaracolados, davam-lhe a expressão doce e suave. Na realidade, Urbawa não era nada do que se podia imaginar. Tratava-se de um espírito de grande inteligência e saber que enveredara pelo caminho do crime em Ahtilantê.

Urbawa havia sido, em Capela, mais especificamente numa das Repúblicas da Confederação Norte-Ocidental, um grande engenheiro civil, tendo construído prédios belíssimos, estradas maravilhosas e desviado rios caudalosos para canais que, suavemente, serviam de navegação e de irrigação. Todavia, esse engenheiro formidável levara uma vida moral execrável, o que acabou por redundar na sua deportação para a Terra.

Viera junto com o pai e tios de Sumer, quando tinha três anos de idade. Pouco ou nada se lembrava daquela aventura. Crescera em Ahmar e, quando o pai morrera, com quarenta e cinco anos, já era um homem, casado com uma bela jovem, Anukis, descendente também dos emigrantes sumérios e capelina de origem. Urbawa tornara-se um adulto participante na crescente comunidade. Sempre tinha soluções únicas e, aos poucos, à medida que crescia, foi-se tornando um importante membro de Ahmar.

O tio Mebaragesi, com seus filhos e netos, também formava um clã bastante amplo. Mebaragesi mudara-se para o interior do delta do Iterou, tendo aterrado certas áreas e ampliado com seus filhos e outros habitantes a aldeia de Perouadjet. Continuaram a manter estreita relação de amizade entre si. Mebaragesi amava seus sobrinhos, especialmente o menor que parecia ser o mais brilhante e alegre.

O primeiro filho de Urbawa nasceu, trazendo alegria aos pais. Urbawa era muito querido por Mebaragesi e o tinha ajudado muito a aterrar os mangues do delta do Iterou com ideias geniais, de forma a poder não só aproveitar as terras aráveis como a fundar a aldeia de Perouadjet. Com o nascimento do primogênito de Urbawa, Mebaragesi e seu clã foram até Ahmar para um grande banquete de celebração.

Ahmar ficava numa pequena elevação às margens do rio, de tal modo que nunca tinha sido inundada, possuía cerca de quinze mil habitantes e crescera desordenadamente, como só havia de acontecer naqueles tempos primitivos. Urbawa tinha uma casa confortável, com uma grande área externa que dava para o Iterou. Urbawa fizera uma casa bastante grande; adorava espaços abertos.

Sua casa era a única com um grande jardim interno, abrigado do vento que, vez por outra, soprava do deserto da Líbia.

Eram mais de oitenta pessoas, entre familiares, amigos e serviçais, que festejaram por dois dias o nascimento do mais novo dos descendentes dos emigrantes de Sumer. Olhando para aquele bebê rechonchudo, gordinho, cheio de dobrinhas e covinhas deliciosas, de dois meses de idade, dormindo mansamente, ninguém era capaz de reconhecer o terrível alambaque Tajupartak.

No meio da festa, Urnina, ainda viva e bela nos seus trinta e oito anos, ao segurar no colo o belo infante, estremeceu. Seus olhos turvaram-se e, como era de seu hábito, vaticinou. Nesses momentos, sua família e todos os que se congregavam pararam para escutá-la. Ela fora a sacerdotisa do deus Bel que os levara de Sumer para o vale do Iterou onde encontraram a terra de paz. Fora a escolhida dos deuses e seus vaticínios nunca foram em vão. Tudo o que predissera aconteceu.

– Esta criança tornar-se-á um deus famoso, conhecido pelo mundo inteiro nos próximos milênios. Unirá o que está disperso. Alimentará os que têm fome. Tornar-se-á um Sol para os seus súditos.

Os participantes ficaram calados. Que estranha profecia! Qual seria o significado daquilo tudo?

Urbawa, argutamente, bateu palmas e convidou todos para mais uma rodada de uma bebida ácida com um teor de álcool muito alto, que logo deixaria todos alegres e fora de si.

A profecia tinha caído como um raio num dia claro, deixando uma má impressão e muitos dos presentes já demonstravam uma inveja indisfarçável. Urbawa não queria que os demônios da noite fossem atraídos pelas más vibrações mentais dos presentes para o pequeno filhote; por isso, liberou o máximo de bebida disponível.

Durante os anos que se seguiram, a criança cresceu, tornando-se forte e muito alta. O pai, Urbawa, com cerca de um metro e setenta e cinco centímetros, já era considerado alto, e Aha – esse era o cognome do filho – alcançava os dois metros e cinco centímetros. Seu verdadeiro nome era Aha-Horakhty, mas todos o chamavam de Aha. Sua força muscular era impressionante e a rudeza de suas brincadeiras infantis e, posteriormente, de jovem homem, era sobejamente conhecida dos amigos. Mas sabia ser terno e gentil quando desejava, conquistando com afeto e confiança. Nunca traía a palavra empenhada e impedia as injustiças entre os garotos.

Aha tinha alçado a maturidade física e psíquica aos vinte e um anos. Nessa época, seu pai tinha quarenta e dois anos. Aha tinha uma força e tamanho descomunais para a época. Sua musculatura pronunciada e ressaltada era de chamar a atenção de todos. Sua força física era descomunal, mas não era anormal ou sobrenatural, mesmo que, no futuro, as lendas exagerassem seus feitos.

O Iterou nasce no coração da África, recebendo água de vários rios. Era normal que enchesse e transbordasse do seu leito todos os anos. Entretanto, naquele ano em que Aha tinha alcançado a idade de vinte e dois anos, o rio encheu de maneira surpreendente.

Foi uma enchente lenta, gradativa, que, no início, não assustou ninguém. O rio costumava subir de cinco a seis metros, chegando até mesmo a sete metros no delta, o que proporcionava excelente amplitude de alagamento. Naquele ano, quando ainda faltavam três mil e seiscentos anos para que Yeshua Ben Yozpheh nascesse em Beit Lechem, o Iterou abusou de seu poder, subindo quinze metros acima do seu nível normal. No vale, mais ao Sul, chegou a subir mais de vinte metros. A enchente, dessa vez, foi violenta e terrível, não perdoando as aldeias que estavam muito próximas.

Urbawa notou que o rio estava subindo além do normal e, inteligente e prático como era, ordenou que todos se retirassem de casa, procurando os pontos mais altos. Numa distância não superior a dez quilômetros no nordeste, existia uma falésia, que alcançava os sessenta metros e, a partir daquele ponto, o deserto da Arábia, também chamado de Deserto Oriental, tomava conta da paisagem. Ordenou que todos fossem para lá. A sua família obedeceu, já outros acharam que ele era um exagerado e que o rio não chegaria à altura de Ahmar, que ficava a mais de dez metros do nível normal.

O rio encheu até o seu limite e pareceu estagnar por algumas horas, mas, de noite, sem nenhum aviso, continuou enchendo e alcançou Ahmar e outras aldeias com bastante força. Não se tratava de uma correnteza terrível, apenas água a não mais acabar que, com sua força aumentada, arrastava e destruía tudo o que encontrava. Nada de sobrenatural, nem de extraordinário. Todos os grandes rios, vez por outra, manifestam enchentes além do normal. Um fenômeno natural. Para os habitantes do Iterou, porém, era um mau agouro dos deuses. Um castigo tenebroso!

Para Urbawa, a enchente que destruíra Ahmar e Perouadjet, além de outras cidades, não era uma maldição dos deuses. Urbawa não era um crente, na acepção da palavra. Acreditava num único Deus. Não tinha tempo para pensar nesses assuntos ou não se dava ao luxo de pensar sobre a divindade. Prático como era, pensou logo em reconstruir tudo o que perdera.

Mais de quatro mil pessoas acompanharam Urbawa na falésia. À noite, em volta da fogueira, reuniram-se doze homens, todos de origem capelina, para deliberar sobre o futuro. Aha, pelo fato de ser filho de Urbawa, e apenas por isso, participava da reunião. Havia, por parte dos presentes, um certo receio de Aha, tanto pela sua envergadura e descomunal força física como por um indefinível sentimento que todos nutriam por sua pessoa.

O corpo astral dos renascidos emana uma vibração que é captada pelos demais, podendo resultar em simpatia, quando se trata de pessoas que magneticamente se atraem e complementam; ou profunda antipatia, quando acontece o inverso. Com Aha, era a forte vibração de maldade, poder e força mental que emanava de seu ser e deixava a maioria com receio dele. Existiam muitos jovens, todavia, nascidos em épocas próximas do nascimento de Aha, que simplesmente o adoravam como se fosse um deus. Eram todos seus antigos comparsas das falanges alambaques que ele governara no passado.

A reunião começou muito tensa. Todos tinham perdido tudo e Ahmar não existia mais. Era um mar de lama, com muitos mortos, homens e animais afogados. As terras cultivadas foram destruídas. Toda a canalização, que tinha sido desenvolvida durante anos, fora totalmente perdida.

Começaram falando da ira dos deuses, dos azares da vida, da morte de fulano e sicrano. Como homens normais, perderam tempo discutindo o já acontecido como se pudessem fazer o tempo recuar e o desastre ser evitado. Urbawa, como qualquer outro ser humano normal, também lamuriou-se do acontecido; no entanto, foi o primeiro a ir direto ao cerne do problema.

– Precisamos pensar em reconstruir tudo.

Todos concordaram, meneando a cabeça.

– Tenho medo de que, dentro de alguns anos, o rio volte a encher e tudo o que fizermos hoje seja inútil.

Os homens olharam para Urbawa. Havia dúvidas e medo nos seus olhares. Viver é sempre difícil e as incertezas do amanhã levam os homens aos deuses e às superstições.

– Por Anu, esperemos que isso jamais aconteça! – disse um dos presentes, descendente de sumério, adorador de Anu.

– Mas pode acontecer. E aí, o que faremos? – perguntou um dos presentes, mais realista.

Uma discussão iniciou-se sobre tal possibilidade, até que Urbawa interrompeu, dizendo:

– Amigos, não vamos perder tempo. Vamos imaginar que o rio pode transbordar novamente um desses dias. Se estivermos prevenidos, poderemos sobreviver. Se nunca mais transbordar, ótimo! Mesmo assim estaremos prontos para qualquer nova calamidade.

Os homens concordaram, uns grunhindo e outros meneando a cabeça. Era melhor prevenir do que remediar. Como fariam isso? Urbawa coçou o estranho cavanhaque que gostava de cultuar e que já estava cheio de fios brancos, e disse, raciocinando à medida que falava:

– Creio que o melhor modo de descobrir uma forma de prevenção será irmos até onde o rio nasce. Ao subirmos o rio, descobriremos uma forma de desviá-lo ou de represá-lo. Não sei como ainda, mas tenho certeza de que deve existir um modo e temos de procurá-lo.

– O que sugere, Urbawa? – perguntou um dos descendentes dos antigos sumérios.

– Sabe, meu amigo, a melhor maneira de conhecer um problema é ir até a sua fonte. Sugiro que devemos subir o rio e conhecê-lo em toda a sua extensão. O máximo que conhecemos até agora é Nubt. Precisamos ir além. Subir o rio o máximo que pudermos. Quanto mais o conhecermos, melhor.

Os homens olharam para Urbawa com incredulidade. Nunca tinham ido a Nubt; apenas ouviram falar daquela cidade pelos viajantes e mercadores. Ir até lá já seria uma exploração e tanto. Quem ousaria ir além?

– Sua ideia parece muito arriscada. Não vejo como poderíamos fazer esta viagem.

– Não pensei em fazer esta viagem com todos nós. Imaginei que um grupo pequeno iria subir o rio, fazendo as sondagens necessárias. Depois de conhecermos a extensão dos problemas, é que iremos estabelecer um plano de ação.

Os homens olharam uns para os outros. Se Urbawa quisesse ir sozinho, não haveria problemas; não fariam nenhum esforço para acompanhá-lo. Urbawa notou a disposição desalentada dos homens, o mesmo acontecendo com Aha, que tinha ficado calado e resolvera falar naquele instante.

– Irei com você, pitar, e posso levar também uns dez amigos que tenho certeza de que poderão acompanhar-me.

Os descendentes de sumérios chamavam seus pais de 'pitar', palavra suméria para 'pai'. A língua suméria era proto-indo-europeia, levemente parecida com as indo-europeias, como o sânscrito e o latim. Havia, pois, algumas palavras idênticas ou bem parecidas nessas várias línguas de origem comum, entre elas o verbete 'pai', sendo *'pitar'* em sumério, *'pitr'* em sânscrito, *'pedar'* em persa e, finalmente, parecido com o latim – *'pater'*.

– Não sei se será preciso tanta gente, porém sempre será interessante se pudermos formar um grupo bem armado contra animais e ladrões.

Aha, empolgado com a resposta positiva do pai, interrompeu com sua voz grave e alta:

– Acho essa exploração necessária, e até mesmo fácil de ser conduzida. O que me preocupa é saber que não temos sementes para uma nova plantação. Isso sim é terrível. Sem sementes não haverá colheita, e sem ela, morreremos de fome.

Os homens, subitamente, olharam-se e se deram conta de que a enxurrada levara tudo, inclusive os grãos. Aha, sempre prático, muito mais imediatista do que o pai, levantara o pior dos problemas. Sem sementes, não haveria plantação. Além disso, poucos animais foram salvos, o que significava dizer que deveriam ser abatidos para alimentar os seres humanos. Era fundamental que eles encontrassem grãos, tanto para comer como para plantar, enquanto que a maioria dos homens deveria voltar à caça para ajudar na alimentação. Quanto aos grãos, podiam ser adquiridos em Gubal; entretanto, não havia nenhuma mercadoria para trocar. Aha sabia disso, pois, enquanto os homens estavam discutindo a maldição dos deuses, passara o tempo pensando em aspectos mais graves do problema.

– A enchente deve ter sido mais terrível para o Sul. Quanto mais subirmos ao Norte, mais as águas devem ter-se espalhado na planície e, provavelmente, devem existir lugares, pequenas aldeias, que foram pouco ou nada atingidas. Se isso de fato aconteceu, poderemos encontrar grãos nessas aldeias. Devemos procurar esses lugares e tentar negociar grãos e animais. Se não encontrarmos, teremos que ir procurar grãos onde nossos pais e avós encontraram, além do deserto do Sur.

Havia um brilho de orgulho nos olhos de Urbawa quando olhava para Aha. Seu filho era um líder nato.

Ficou estabelecido que dois dos presentes iriam procurar grãos nas aldeias do Norte, especialmente, em Perouadjet. Os outros, com exceção de Urbawa, ficariam para reconstruir Ahmar, refazer os canais, nivelar os campos para uma futura plantação e providenciar tudo o que fosse necessário para a retomada da vida normal. Urbawa e Aha iriam subir o rio em direção ao Sul para descobrir o que fazer para impedir que as águas furiosas do Iterou viessem a destruir novamente Ahmar e os seus ricos campos de trigo, cevada e sorgo.

Aha conversou com os amigos e, muito antes que pudesse escolher ou convidar quem iria, já tinha um grupo de vinte e dois, de idades que variavam de doze a vinte anos. Os pais não puderam refrear os mais velhos, impedindo apenas três garotos de doze e treze anos de viajarem. O rio ainda estava muito alto e era preciso esperar que o nível baixasse. O que naturalmente eles não sabiam era que as chuvas no coração da África, onde nasce o Iterou, tinham caído de forma muito mais pesada do que nos outros anos, e ainda levaria um par de semanas para amainar.

Foram duas semanas difíceis. O grupo estava acampado de modo precário, sem tendas, sem quase nenhum conforto, à espera de as águas baixarem. Quanto mais esperavam, mais Urbawa se convencia de que era preciso encontrar uma forma de impedir que tais fatos viessem a acontecer no futuro. Quando, finalmente, as águas começaram a voltar para seu leito, após quase dezoito dias de enxurrada, os grupos começaram a movimentar-se. Naqueles dias duros, a comida foi basicamente da caça de pequenas aves, de pequenos crocodilos que estavam à beira do Iterou e de um grande elefante que fora morto após dificílima contenda. Até o início do terceiro milênio, especialmente no vale do Iterou, ou seja no delta do rio, existiam algumas manadas de elefantes e hipopótamos. A caça desenfreada fez os elefantes desaparecerem do vale do Iterou já no médio império.

Urbawa, Aha e mais dezenove rapazes robustos e preparados para o que desse e viesse saíram das falésias perto de Ahmar em direção ao Sul. Começaram margeando o Iterou. Logo viram que seria um trabalho insano, já que, até uma distância de duzentos metros do rio, havia lama e detritos misturados, o que fazia da caminhada um longo esforço. Resolveram acompanhar a uma certa distância o traçado do rio. Tornava-se mais fácil andar, mas era mais complicado para beberem água. Não o poderiam fazer diretamente do rio. Então, de tardinha, mandavam dois homens, que se revezavam diariamente com os odres, para buscar água, que depois era filtrada através de dois panos.

No segundo dia, já tendo andado cerca de sessenta quilômetros, encontraram a primeira aldeia, ou o que restava dela. Aproximaram-se cuidadosamente, pois estranho, em lugar nenhum, é bem-vindo. Observaram que a aldeia não mais existia. Umas duas dúzias de homens e mais um tanto de mulheres estavam reconstruindo os miseráveis casebres, com material catado às margens, tais como juncos, cipós, madeiras que flutuaram rio abaixo e todo tipo de objetos que puderam encontrar.

Os aldeões estranharam ver um grupo tão grande de homens armados e rapidamente concentraram-se no centro da aldeota para se defenderem de um possível ataque. Urbawa aproximou-se lentamente, levantando os dois braços em sinal de paz, falando que eram amigos e moravam na cidade vizinha de Ahmar. Com muita cautela, os aldeões os receberam. O que parecia coordenar os esforços dos demais foi logo falando que a comida e a água limpa eram escassas, e que não poderiam compartilhar nada com os estranhos.

Urbawa apaziguou os habitantes locais, dizendo que não precisavam de nada e que, pelo contrário, poderiam dispor de um bom naco de carneiro que tinha sido caçado e abatido pelo grupo no decorrer do dia. Os aldeões ficaram entusiasmados com a oferta de Urbawa. Quanta bondade e generosidade daquele estranho homem! Muito branco, com um cavanhaque, incomum entre os quase imberbes hamitas e africanos, e de razoável altura, Urbawa parecia um deus. Mas quem realmente chamava atenção era Aha, pois com seu porte gigantesco, pele branca queimada do sol, cabelos longos, negros e lisos que iam até os ombros, músculos protuberantes e um olhar glacial, diferia dos demais de modo radical.

Quando Urbawa resolveu dividir a carne do carneiro, caçado com tanto esforço, entre os aldeões, Aha, que não tinha ainda a mente política, virou-se para o pai e disse-lhe, baixinho, alto o suficiente para que alguns aldeões escutassem.

– Pitar, nós vamos precisar desta carne para os próximos dias. Não temos quase nada.

Urbawa sabia que precisava ter a boa vontade dos habitantes locais, sem o que teriam dificuldades em obter as informações de que precisavam. Como alguns dos presentes tinham escutado o que Aha falou, era preciso ser diplomático e filosófico, respondendo-lhe calmamente, com voz melíflua:

– Meu caro Aha, você sabe que nada nos pertence. Tudo são domínios dos deuses e nós temos que compartilhar com todos aquilo que eles, generosamente, nos enviam.

O chefe da aldeia, ou pelo menos aquele que, informalmente, tomava a frente dos assuntos pertinentes à vida comunitária, ajuntou às palavras de Urbawa.

– Sim, Ptah tem razão. Realmente essa carne será bem-vinda, e nós dividiremos com vocês o que tivermos.

Aha chamara Urbawa de pitar, ou seja, 'pai' em sumério. O chefe do clã não conhecia a língua suméria. Para ele, aquela palavra devia ser o nome daquele homem. Pitar, numa língua gutural como o kemetense, derivado do hamita, virou Ptah, sendo o 'h' falado do fundo da garganta como se fosse um 'r', e o 'i' aglutinado ao próprio 'p'. O 'p' e o 'f' eram também pronunciados de forma muito próxima, podendo ser facilmente confundidos.

Deste modo, Ptah ou Ftah passaria a ser alcunha de Urbawa entre os kemetenses.

Naquela noite, junto a uma fogueira, os aldeões e Urbawa, agora chamado por todos de Ptah, comeram o magro carneiro, acrescido de mais alguns legumes e poucos grãos. Ptah, muito curioso, foi perguntando sobre tudo o que existia em volta, além do comportamento do rio, suas subidas, até onde ia. Aha acompanhava a curiosidade do pai, memorizando tudo o que os aldeões falavam.

No outro dia, partiram cedo, aos primeiros albores. Para uma civilização que só tinha o fogo como luz e era conseguido com bastante dificuldade, a claridade era motivo de grande alegria que expressavam sempre deificando o Sol. Andaram durante quatro horas, parando por alguns instantes para beber ou caçar algum animal ou ave.

Perto de meio-dia, viram outra pequena aldeia ou o que sobrara dela. Aparentemente não havia nenhuma pessoa viva por perto. Deram a volta e continuaram andando. Durante vários dias, o grupo encontrou aldeias destruídas e poucas pessoas. Após quinze dias de andanças, sempre beirando o Iterou, Ptah e Aha encontraram um povoado maior, incrustado nas baixas falésias laterais do Iterou.

Tihna era uma aldeia com dois mil e poucos habitantes que escaparam ilesos, já que tinham ficado na parte mais alta das margens do rio. Os habitantes de Tihna receberam Ptah e Aha com reservas, mas nada tentaram contra o grupo. A maioria dos moradores tinha ficado impressionada com o tamanho descomunal de Aha. Nos dias subsequentes iriam correr histórias inverossímeis a respeito dele na aldeia. Esse semideus deveria ser lisonjeado e seu pai, um homem incomum com uma estranha barbicha – um cavanhaque –, deveria ser enaltecido. Nunca se sabe o que os deuses quando estão na terra podem fazer!

Naquela noite, Ptah dialogou longamente com os habitantes de Tihna. Descobriu que, muito antigamente, a aldeia ficava do outro lado do rio e que, por várias vezes, fora arrastada por fortes enxurradas do Iterou, até que a construíram no local mais alto do lado oposto. Ptah soube que no outro lado existia uma caída natural do terreno, pouco antes do grande deserto de areia. Um dos mais antigos dissera que seu avô falara de um lago que surgia e desaparecia de acordo com o nível d'água. Ptah ficou muito interessado e resolveu que iria visitar aquele local na primeira oportunidade.

Na manhã seguinte, após um frugal desjejum feito de papa de cevada, o grupo partiu de Tihna em direção a Nubt.

Durante seis dias, o grupo andou com grandes dificuldades em terreno enlameado e destroços provocados pela inundação excessiva. Subitamente, um dos sentinelas postados mais à frente do grupo, veio correndo para avisar que havia algo muito errado numa aldeia adiante.

Ptah e Aha foram juntos com o sentinela para ver o que estava acontecendo. Esgueiraram-se até um local adequado de onde descortinava-se o que restava da aldeota. Viu-se um grupo de homens, no máximo dez, atacando a aldeota, que não devia ter mais do que oito mulheres e seis homens, além de algumas crianças. O grupo defendia-se galhardamente. A metade já estava fora de combate e o restante impunha forte defesa. Aha, jovem e imprudente, logo quis defender os atacados. Ptah segurou-lhe o braço e disse-lhe, baixinho:

– Vamos voltar e trazer os demais.

Aha reagiu dizendo que poderia derrotar os dez atacantes sozinhos. Ptah olhou com severidade, e o filho concordou agastado. Voltaram rapidamente pelo terreno e juntaram-se aos demais.

Explicaram em poucas palavras o que estava acontecendo e traçaram um plano. Retornaram à aldeia silenciosamente, cercando-a e procurando chegar o mais perto possível, para surpreender os atacantes. Entre o momento em que voltaram ao grupo e que retornaram à aldeia, não havia se passado mais de dez minutos, tempo suficiente para que a pequena população da aldeia tivesse sido dizimada. Quando chegaram, não havia mais aldeia e somente o corpo de um ou outro homem, excessivamente magro jogado no chão. Ptah deduziu que os restantes tinham sido levados como escravos para alguma aldeia vizinha. Aha quis segui-los. Ptah, sempre atento, anuiu. Alertou, no entanto, que deveriam ter extremo cuidado.

Seguiram facilmente o grupo que levava uns cinco minutos de vantagem. Em menos de três minutos, avistaram os dez homens, que andavam lentamente na planície, beirando o Iterou. Aha acelerou o passo e, em menos de um minuto, eles estavam a poucos metros deles. Aha estranhou que os atacantes estivessem carregando os demais. O mais lógico seria fazê-los andar. Por que matá-los e carregá-los?

O sangue gelou nas veias de Ptah. Logo entendeu o que estava acontecendo. O grupo atacara a aldeia à procura de comida. A população da aldeota iria virar o jantar e o almoço dos atacantes e de suas famílias. Eles tinham virado ou estavam para virar canibais forçados pela fome. Ptah chamou Aha que tinha se adiantado alguns metros do pai e explicou-lhe o que estava sucedendo.

– Não os ataque agora. Esses infelizes viraram canibais e precisamos destruir toda a tribo. Não podemos permitir que o canibalismo continue; corremos grandes riscos de voltarmos à mais terrível barbárie.

– Você tem certeza do que está falando? Não é possível que isso seja verdade!

– Vamos segui-los de perto e descobrir o que pretendem. Se forem mesmo canibais, logo descobriremos e os atacaremos. Não podemos permitir essa desgraça nas nossas terras.

Aha chamou calmamente seu grupo e explicou o que estava acontecendo. Ficaram revoltados, desejando destruir imediatamente os invasores. Aha, já mais disciplinado, deu ordem para apenas seguirem cuidadosamente o grupo até a aldeia.

Durante mais de meia hora, o grupo de atacantes com seu fardo macabro foi-se arrastando sob o inclemente sol até umas grutas que estavam incrustadas em falésias altas que margeavam distantemente o rio. Naquele lugar, instaladas de forma improvisada, na entrada de pequenas grutas, estavam umas doze famílias, que receberam os dez guerreiros de forma alegre e descontraída. Era como se o grupo estivesse voltando de uma caçada com belos antílopes. Ptah, que os observava à distância, deduziu que já estavam alimentando-se de carne humana há algumas semanas, já que não demonstravam mais repulsa de nenhuma espécie. As mulheres atacaram os cadáveres com rapidez, destrinchando os corpos, fatiando-os e colocando-os em estacas que seriam levadas ao fogo.

Aha e seu grupo de guerreiros espreitavam com o coração opresso, o estômago revoltado e uma raiva crescente na mente. Ptah conversou com Aha, mostrando-lhe a melhor técnica de atacar o grupo e disse-lhe:

– Vá e mate todos, até mesmo as crianças. Ninguém deve alimentar-se de carne humana e sobreviver.

Aha e seus amigos circundaram o pequeno acampamento e atacaram furiosamente. Não houve efetivamente resistência. Aqueles homens esquálidos e mal-nutridos não eram páreo para o gigante Aha e seus amigos. Gritos de medo das mulheres misturaram-se com o choro das crianças e as imprecações dos homens. Cinco terríveis e longos minutos passaram-se e tudo estava acabado. Os homens e mulheres mortos, assim como as crianças, mesmo as mais tenras.

Seguiu-se, então, um ritual macabro. Todos os corpos foram jogados no Iterou, inclusive os daqueles que já tinham sido destrinçados para ser assados. O rio estava a uns duzentos metros do local, o que exigiu esforço e suor no calor abrasador da tarde. Os corpos seriam devorados pelos crocodilos, peixes e chacais que, muitas vezes, infestavam as margens. A procissão de corpos chacinados, boiando e descendo vagarosamente o rio, não era cena bonita de se ver.

Naquela noite, Aha teve pesadelos. Sonhou com um lugar escuro e tenebroso e se via como Tajupartak. Acordou inundado de suor e não conseguiu dormir mais. Os demais amigos também sonharam e poucos foram os que conseguiram dormir. Ptah foi um dos que dormiu profundamente, sonhando com cenas de Ahtilantê. Via o seu planeta natal com exuberância e os vimanas cruzavam o céu velozmente, transportando centenas de pessoas. Sentiu uma saudade dilacerante, lembrando-se nitidamente de pessoas e lugares. Sonhou também com uma imensa pirâmide, onde guardas armados o obrigavam a entrar, falando de desterro e inferno. Acordou, de manhã, com uma angústia que jamais sentira. Não tinha a lembrança vivida dos sonhos, misturando cenas e pensamentos, sabendo que estivera no paraíso e que o perdera, por algum motivo.

Cruzavam vez por outra com pequenos grupos que tiveram seus vilarejos destruídos e tinham virado nômades. Trocavam objetos e impressões. Ptah, sempre destacando-se pelo seu porte e cavanhaque, e Aha, pela sua altura e força, foram sendo conhecidos por esses pequenos grupos. Os deuses andavam entre nós, diriam mais tarde os habitantes do Iterou.

Durante mais três dias, o grupo deslocou-se rapidamente, não encontrando nada. Ptah, que vinha acompanhando os homens, observava tudo com grande cuidado. Subitamente, no terceiro dia, pouco antes do meio-dia, Ptah parou a coluna principal e chamou Aha para perto de si.

– Observe, meu filho, como o rio faz uma curva estranha.

Aha olhou e não percebeu nada inusitado.

– Não estou entendendo, pitar. Há algo que deveria ver?

– Sim. Você observou que o vale do outro lado do rio apresenta uma certa declividade em relação a este lado?

Aha olhou para Ptah com uma expressão abobalhada. Engenharia, definitivamente não era o seu forte. Ptah não se deu por vencido e, cuidadosamente, explicou tudo para o filho.

– Venho observando, desde que cruzamos o rio, em Tihna, que a margem esquerda, de quem desce o rio, apresenta uma depressão. Ou seja, o lado de lá é mais baixo do que o lado de cá. Entendeu?

Aha meneou a cabeça em sinal de entendimento. Ptah continuou empolgado.

– Quando o rio enche, o lado de lá fica cheio primeiro e, deste modo, podemos criar um canal, um outro rio, no fundo do vale. Entendeu?

Aha assentiu. Pela sua expressão boquiaberta, deu para deduzir que não tinha entendido o motivo de criar um canal no fundo do vale. Ptah observou que Aha continuava sem entender o motivo de seu júbilo.

– Meu filho, entenda o que desejo fazer. Aqui, existe uma saída para o rio. Se abrirmos um canal, o rio escorrerá naturalmente por esta nova passagem. O excesso de água, ao invés de encher o vale, afogando pessoas e animais, destruindo pastos e plantações, irá deslizar pelo canal até o deserto.

Aha, sendo um homem prático, questionou o pai.

– A ideia parece-me boa, mas quem irá trabalhar para abrir esse canal? Diria sem medo de errar que é um trabalho extraordinário que vai tomar um tempo enorme.

– Que nada, Aha. Aí está a beleza da ideia. Basta desviarmos o rio aqui e a própria natureza fará o resto.

Aha olhou para o pai com admiração e disse-lhe:

– Sua ideia parece iluminada. Vamos esperar que esteja certo.

Ptah sorriu para o filho e disse-lhe:

– Vamos marcar este lugar e continuemos nossa marcha.

Aha chamou cinco de seus amigos e, juntos, marcaram com pedras aquele local, para que pudessem encontrá-lo na volta. Após alguns minutos de atividade sob o sol escaldante do meio-dia, tudo foi feito com um empilhamento de pedras. Terminado o trabalho, resolveram prosseguir imediatamente.

Após dez dias de andanças rápidas e muito pouca comida, o grupo, finalmente chegou a Nubt. Esta vila, com pouco menos de dez mil habitantes, tinha sido bastante danificada. A cheia tinha sido terrível, tendo levado todas as casas do lado oeste. Algumas construções do lado leste, mais distante do rio, situadas num ponto mais alto, não foram destruídas. A situação geral não era boa. Faltava, principalmente, comida, além de água adequada. O rio ainda estava muito barrento, mesmo há mais de um mês da grande cheia.

Visitantes não eram bem-vindos. Eram mais bocas para alimentar e não podiam trazer nada de bom. Os habitantes de Nubt, especialmente os descendentes dos sumérios, logo se armaram contra os recém-chegados. Naqueles tempos difíceis, quando grande parte da população voltara à barbárie por falta de comida, estranhos vindos não se sabe de onde eram vistos como um grande perigo.

O grupo já tinha entrado no vilarejo e os seus habitantes corriam para todos os lados. As mulheres e crianças fugiam para dentro das casas, enquanto que os homens foram se juntando para enfrentar aquele grupo. Em poucos minutos, mais de duzentos homens estavam reunidos contra Ptah e Aha. Cercaram-nos numa espécie de confluência de três ruelas que formavam uma praça. O local não era largo o suficiente para um combate e não favorecia os defensores que não poderiam aproveitar-se do seu maior número. Teriam que atacar o grupo de Aha em número mais reduzido.

Ptah, sempre muito calmo e arguto, notou que a maioria da população que os cercava era branca como eles mesmos, não tendo a pele azeitonada dos semitas, nem marrom dos hamitas, nem negra dos africanos do centro do continente. Ele ouvira falar pelos caravaneiros que Nubt era habitada pelo mesmo povo que Ahmar. Valia, pois, a pena tentar um contato amistoso. Ptah, intuído pelo seu guia espiritual, antes de ser atacado, gritou em sumério, língua de que ainda conhecia alguma coisa, uma série de palavras de amizade, paz e boa vontade.

Os descendentes de sumérios e um ou outro mais velho que nascera e viera da Suméria replicaram e logo entenderam que Ptah e seu grupo vieram de Ahmar, aquela cidade mitológica de que os mercadores tanto falavam. Suspenderam o iminente ataque e, cuidadosamente, foram parlamentar com o estranho Ptah.

– De onde vocês vêm? – perguntou o mais velho, cuja idade estava situada em torno dos cinquenta e cinco anos.

– Somos de Ahmar, ao Norte, cidade fundada pelo meu pai, Shagengur.

O velho olhou Ptah com grande desconfiança e perguntou:

– Seu pai veio de onde?

– De uma região distante chamada Sumer, da cidade de Ur.

O velho abriu um sorriso sardônico e disse, jocoso:

– Chamar aquela pocilga de cidade já é demais.

Ptah não alterou sua figura e perguntou-lhe no mesmo tom:

– Vejo que conhece a minha cidade, pois também sou nascido em Ur. Saí de lá ainda muito criança. Será que já era adulto quando esteve em Ur?

Atrás da pergunta existia uma ponta de malícia. Ptah tinha saído de Ur com três anos de idade e o outro teria quantos anos? O homem mais velho entendeu a brincadeira e sorriu ainda mais, descontraindo o ambiente.

– Não conheço Ur. Estava apenas brincando com você. Sou de Lagash. Sejam bem-vindos. Pensamos que eram bandidos. Ultimamente temos tido raptos e roubos. Creio que o dilúvio nos deixou aterrorizados e voltamos à era da selvageria.

As armas foram baixadas e os visitantes levados para uma casa maior, pertencente a Utuhegal, o velho imigrante sumério. A comida estava escassa e os próprios visitantes colaboraram, dando três aves que tinham sido caçadas, o que foi muito bem recebido pelos donos da casa.

Ptah e Utuhegal reuniram-se algumas horas depois para conversar.

– O que o traz tão longe de sua casa?

Ptah explicou que desejava conhecer o rio e domá-lo. Lembrou-se de que o pai falara que tinham feito grandes obras em Sumer, domesticando um grande rio e passando a plantar em áreas que antes eram secas demais para isso.

— A sua ideia é muito boa. Eu mesmo tentei convencer os meus amigos, há alguns anos, de que precisamos controlar esse rio. Nunca consegui reunir uma equipe tão formidável como a sua. Sabe que atualmente andar no vale é um perigo. Existem grupos de pessoas que raptam e matam os humanos para devorá-los. O canibalismo é um mal que se alastrou perigosamente nesses últimos dias.

— Sim, sabemos desse fato. Outro dia nós exterminamos um grupo de canibais.

Utuhegal demonstrou assombro.

— É mesmo!? Muito bom! Muito bom, mesmo! Não se pode deixar esses grupos proliferarem. Infelizmente, aqui em Nubt não temos um líder militar como aquele gigante que os acompanha.

— É meu filho Aha.

— Formidável. A mãe dele é de Sumer?

— É nascida aqui, mas descende diretamente de Sumer.

— Parece ser muito forte.

O velho parou de falar e coçou o queixo. Após alguns instantes, sob o olhar inquisitivo de Ptah, perguntou:

— Acha que poderíamos fazer uma força militar conjunta?

— Não vejo dificuldades, só não entendo para que serviria.

— Veja bem, meu amigo Urbawa — o velho não o chamava de Ptah como os habitantes do Iterou costumavam chamá-lo, e sim, pelo seu nome sumério. — Temos tido problemas com algumas aldeias mais ao Sul. Nós construímos uma nova aldeia, Ouaset, que também tem sido atacada constantemente.

Ptah olhou surpreso e o homem não se fez de rogado e contou com detalhes o que estava acontecendo. A situação mais ao Sul era mais grave. A enxurrada matara muitas pessoas, deixando seus corpos apodrecendo. Os sobreviventes estavam sem grãos para plantar, sem comida, sem abrigo e muitos com estranhas doenças que os matavam rapidamente. Então, não tendo mais o que fazer, atacavam as aldeias que estavam em locais mais altos ou que conseguiram sobreviver e roubavam comida, raptavam mulheres e crianças para devorar suas carnes num canibalismo medonho.

– É uma situação calamitosa! Só vejo uma saída. É preciso que todos se unam num objetivo comum, que é o de destruir completamente o canibalismo! – comentou Ptah.

– Concordo! Se nós não fizermos uma força armada e destruirmos aqueles que se acostumaram com o canibalismo, não conseguiremos a união que é necessária.

Ptah não era um guerreiro, mas sabia que suas ideias de domesticar o rio para que corresse num curso tranquilo simplesmente não poderiam existir enquanto grupos de canibais ou esfomeados estivessem correndo soltos, saqueando e matando as pessoas. Nesse caso, ninguém melhor do que Aha para constituir uma força armada e disciplinada.

Ptah relembrou-se da infância de Aha. Lembrou-se de como, desde pequeno, liderava as brincadeiras infantis. Por mais bruto que fosse, nunca feria seus amigos, nem atacava as pessoas mais fracas. Recordou-se de como ficava enfurecido quando via uma injustiça, procurando sempre intervir para proteger o mais fraco.

– Realmente, meu caro Utuhegal, você tem razão. Meu filho Aha poderá treinar e comandar uma força de combate. Quantas pessoas imagina que possa ter aqui?

– Entre jovens e adultos, uns duzentos homens. Não se esqueça de que os homens precisam trabalhar. Creio que o ideal seria liberar os jovens para que possam treinar e lutar. Neste caso, temos uns oitenta rapazes disponíveis.

Ptah coçou sua barbicha que tanto atraía a atenção dos habitantes do Iterou e disse:

– Uma força formidável! Cem homens.

Utuhegal ficou surpreso com Ptah. Contara oitenta mais os seus vinte homens com uma velocidade espantosa. Ele mesmo, Utuhegal, levava algum tempo contando nos dedos e marcando no chão. O anfitrião sumério era um dos muitos espíritos capelinos degredados e enviados à Terra. Não tendo recebido educação formal, grande parte dos seus conhecimentos de ordem técnica continuava embotada, aflorando apenas aquilo que era exigido pelas atividades diárias.

Só existia um inconveniente; Aha era de Ahmar, e a maioria de sua força de combate seria de Nubt. Dificilmente, os habitantes de Nubt aceitariam o comando de alguém de fora para defendê-los, pois, bem ou mal, tinham conseguido proteger-se de ataques externos naqueles dias difíceis. Não teriam, portanto, necessidade de nenhum estrangeiro para protegê-los. O astuto Utuhegal tinha outras coisas em mente. Começou externando sua preocupação quanto à aceitação dos seus amigos de Nubt e, depois, expôs uma ideia que lhe pareceu original.

– Tenho uma neta com pouco mais de treze anos que já está praticamente na idade de casar. Poderíamos fazer uma aliança proveitosa. Casaríamos Aha com a menina e ele passaria a ser também de Nubt. Qual é a sua opinião?

A natureza humana é complexa. Utuhegal tivera uma vida difícil e muito cansativa no campo. Após muitos anos, conseguira ter campos extensos, inclusive de vários servos habitantes do Iterou que perderam a terra e tornaram-se seus escravos. Com o passar do tempo, tornara-se muito rico para os padrões locais. Casara-se e tivera filhos. Quando um dos seus filhos adultos morrera, deixando dois meninos e uma menina, acabou por criá-los como se fossem seus próprios filhos. Os netos já estavam adultos e casaram-se, deixando a casa do avô, indo morar em Ouaset. A menina, no entanto, era um suplício para Utuhegal. Por razões que não sabia definir, não tinha grandes amores pela neta. Ao propor uma aliança, queria desfazer-se de uma adolescente que não lhe era cara ao coração e pesava-lhe no bolso.

Ptah, por sua vez, conhecedor da forte personalidade de Aha, não queria comprometer-se pelo filho; sabia que, se o gigante não quisesse, nem ele, nem ninguém mais conseguiria fazê-lo obedecer. Ptah respondeu ao velho:

– Sua ideia é magistral. Mas há um pequeno inconveniente que temos de superar.

Utuhegal olhou-o, inquisitivamente. Ptah continuou:

– Aha é um jovem de grande personalidade. Será preciso preparar sua mente para que aceite esta aliança. Se, por outro lado, recusar, não há nada que o obrigue.

Utuhegal questionou:

– Ué! Você é o pai! Será que não lhe obedece?

Ptah olhou severamente para Utuhegal e replicou:

– Vá você, então, obrigá-lo.

O velho relembrou-se do tamanho colossal, dos músculos saltados e do olhar gelado de Aha e disse, após soltar uma estrepitosa gargalhada:

– Realmente, tem razão, meu caro Urbawa. Aha é muito grande e forte para ser mandado por alguém. Mas tenho certeza de que gostará de minha neta; ela é muito bonita e prendada. Sabe cozinhar muito bem e descende diretamente de Sumer. Tem sangue bom nas veias!

Os dois homens combinaram, então, que cada um iria conversar com as partes e de noite, durante a papa de cevada que iriam comer juntos, fariam as apresentações de praxe.

Ptah não teve muita dificuldade em convencer Aha de desposar a mocinha. Foi direto e objetivo, mostrando-lhe as vantagens do consórcio, da força organizada que iria possuir e, ciente do grande apetite sexual do filho, afirmou-lhe que o casamento não o impediria de ter quantas mulheres quisesse.

Por sua vez, Utuhegal, não precisou convencer a neta; apenas informou-lhe, por intermédio da mãe, sua nora, que ela iria casar-se com Aha.

Atrás daquela urgência toda, estavam dois guias espirituais que desejavam a aliança. Nenhum dos presentes sabia que a neta de Utuhegal era Maínahat, a amante assassinada de Tajupartak, portanto um espírito capelino altamente endividado com Aha.

Maínahat, após sua violenta morte, renascera novamente em Ahtilantê, após extenso período de recuperação no astral inferior. Devido a sua falta de firmeza, novamente sucumbira aos encantos do sexo fácil, tornando-se uma famosa cortesã. Envolvera-se em tramas escabrosas na área política e financeira, com o que só aumentou suas dívidas com a justiça divina. Maínahat fora desterrada, espiritualmente, e agora renascia como neta de Utuhegal para reencontrar o vigoroso Tajupartak, renascido como Aha, para juntos construírem uma vida salutar na esperança de redimirem-se dos crimes do passado.

Utuhegal, por sua vez, não passava do capcioso Botrebesh Kramonszeh, antigo parente de Maínahat, que desde eras passadas não a suportava. Ele também recebera excelentes oportunidades em vários renascimentos, mas só conseguira piorar sua situação espiritual, tendo sido um político corrupto, um financista desonesto, quando o espírito de Maínahat fora corrompido por ele.

Os guias espirituais locais, guardiões da falange de Kabryel, conheciam os detalhes da escabrosa história passada, e suas ordens tinham sido diretas e objetivas: reunir Aha e Neith.

A jovem, mal saída do início de sua puberdade, era alta para uma habitante do Iterou da época, atingindo um metro e setenta e cinco centímetros. Cresceria até um metro e oitenta. Tinha a pele branca, olhos castanhos claros muito grandes e tristes, com grandes cílios naturais e uma sobrancelha relativamente fina. Seu rosto era bonito, ainda infantil, e seu corpo mal demonstrava que já se tratava de uma mulher, virgem, é verdade, mas feminina e sensual na sua adolescência. Ainda era magrinha, e seus longos cabelos castanhos bem escuros, lisos e muito bem tratados, demonstravam que se tratava de uma pessoa que não trabalhava em excesso no lar, tendo ajudantes para fazer o trabalho mais estafante. Sua mãe a instruíra sobre os deveres caseiros, tornando-a uma mulher prendada, mormente no que tangia à culinária, sabendo e tendo desenvolvido pratos que logo se tornariam favoritos de Aha.

O gigante iria ser apresentado à noiva de noite. Por ordem paterna, lavara-se da melhor maneira possível, vestindo, no entanto, o mesmo saiote suado e surrado. Aha, bem ensaiado por Ptah, entrou na sala, cumprimentando o avô da moça e sentando-se no chão, já que móveis eram um luxo desconhecido dos habitantes do Iterou. Os mais abastados, como o anfitrião, tinham alguns panos grossos que eram dispostos no chão onde as pessoas ajeitavam-se o melhor que podiam.

Duas belas hamitas, seminuas, trouxeram-lhe uma cerveja forte e amarga como fel que foi muito bem aceita. Uma mulher, muito magra e precocemente envelhecida, trouxe três pratos de papa de cevada que comeram sem prestar muita atenção. A comida não era e não tinha sido nunca motivo de grande alegria dos habitantes do Iterou naqueles tempos. Após engolirem rapidamente a papa, Utuhegal olhou inquisitivamente para Ptah, como se lhe perguntasse em que pé ficara o assunto do casamento. Ptah meneou a cabeça em sinal de assentimento, confirmando que os arranjos estavam adequados. Provavelmente, este era o primeiro casamento arranjado para assegurar uma aliança política e militar, com a finalidade precípua de unificar duas correntes, se não antagônicas, pelo menos paralelas.

O velho mandou chamar a neta que esperava nervosamente num dos quartos da casa. Entrou assustada e nervosa. Não vira ainda o noivo, não lhe conhecendo a índole nem as expressões faciais. Seria bonito? Seria amoroso? Seria paciente? Com essas dúvidas, a bela e ainda infantil Neith entrou na sala.

A primeira pessoa que viu depois do avô foi Ptah que, conhecedor da alma feminina, adiantara-se para acalmar a moça. Naturalmente, Neith achou que Ptah seria o noivo e não pôde esconder uma ponta de decepção por achá-lo muito velho. O mal-entendido desfez-se rapidamente quando Ptah, estendendo-lhe as mãos, disse-lhe:

– Minha querida filha, quero que conheça meu filho Aha, que irá honrá-la como uma bela rainha que de fato é.

Com essas palavras tranquilizadoras, apresentou Aha, que se levantou lentamente. Estivera observando-a desde que entrara no recinto, alguns segundos atrás. Comparou-a com outras mulheres com que, desde os doze anos, estivera relacionando-se mais intimamente e concluíra que Neith era a mais linda pessoa que conhecera, mas era também a mais franzina e a mais delicada.

Para aqueles tempos primitivos, mesmo com os capelinos renascendo entre os terrestres, as pessoas eram rudes, mal-educadas, obrigadas a uma vida de sacrifício e trabalho braçal exaustivo. Para Aha, acostumado a mulheres mais brutas que se jogavam aos seus braços, já que o ex-alambaque exsudava masculinidade, Neith parecia uma frágil criança. Todavia, existia algo nela, uma sensação, quiçá uma força latente, escondida e não revelada, que lhe dizia que aquela menina-mulher, além de ser bela e delicada, era perigosa e matreira. As mulheres normalmente eram dissimuladas, na opinião de Aha, e essa era pior. Tinha algo de terrificante e, não sabendo por quê, Aha sentiu seu sangue gelar ao ser apresentado a Neith. Ela o agradou e o assustou. Explosiva mistura!

Por sua vez, após o rápido e passageiro desapontamento de imaginar-se casada com Ptah, velho demais para seu gosto, Neith viu-se envolvida por diversos sentimentos conflitantes. Inicialmente, ao ver o olhar gelado, porém másculo e belo, de Aha, sentiu-se sexualmente atraída por aquele homem gigantesco. Imaginou num átimo o que seria ser possuída por aquele semideus e uma forte crispação atacou-a no baixo ventre, uma sensação jamais sentida antes, gostosa e quente. Depois desse primeiro impacto favorável, a moça sentiu-se invadida de um certo receio, indefinível e vago. De uma forma ou de outra, entre atrações físicas e sensações conflitantes de repulsa e atração, pode-se concluir que os dois noivos ficaram encantados um com o outro.

Ptah ajudou a moça a sentar-se sobre os duros e desagradáveis tapetes rústicos, enquanto analisava, satisfeito, o efeito que os noivos experimentaram entre si.

– O casamento pode ser celebrado dentro de alguns dias – disse o avô, como que querendo arrancar uma confirmação dos dois.

Ptah não esperou pelo "de acordo" do filho e respondeu que quanto mais cedo melhor. Marcaram para dentro de sete dias. Havia uma certa astúcia de Utuhegal nesse sentido, pois daria tempo de divulgar a notícia entre os habitantes de Nubt, formar a turma de combate de Aha com os habitantes locais e de observar se era, de fato, um poderoso guerreiro e um líder como o velho suspeitava que fosse. Se a comunidade não o aceitasse, ou se Aha fosse apenas um homem grande sem a fortaleza interior que prenunciava, os visitantes, até então muito bem recebidos, seriam chacinados enquanto dormissem. Ptah e, mais do que ele, Aha desconfiaram da armadilha do velho e dormiram sempre com as armas de cobre à mão e com dois sentinelas revezando-se constantemente.

Aha tinha uma forma intuitiva de liderar. Não era somente sua força descomunal, mas como lidava com as pessoas. Era franco e objetivo, dizendo o que esperava de cada um. Não ridicularizava nem deixava que o fizessem, mesmo que a pessoa em pauta demonstrasse ser digna de alguma brincadeira ou fato jocoso. Uma falta de habilidade era compensada com palavras de estímulo e um cuidado maior no treinamento daquela pessoa. No terceiro dia, houve uma incursão de três miseráveis que entraram furtivamente para roubar víveres e, quando foram surpreendidos, foram mortos por Aha com alguns golpes de espada. Esse fato só fez cimentar a liderança de Aha entre seus novos companheiros de batalha de Nubt.

O plano era continuarem a treinar a nova força de oitenta novos homens e, dentro de quinze dias, partirem para o Sul, para destruir qualquer sinal de canibais e descobrir tudo o que pudessem sobre o rio Iterou. Nesse período, Aha casaria com Neith, que ficaria aguardando o marido na casa do avô.

O casamento deu-se com uma cerimônia simples, sem os exageros que, no futuro, iriam caracterizar as comemorações de bodas no Oriente. Houve pouco tempo para comida e Aha retirou-se para um quarto, uma espécie de recinto com paredes, tendo o céu estrelado como teto.

Os dois jovens estavam visivelmente nervosos. Aha continuava com aquele sentimento indefinível de suspeita daquela mulher, como se esperasse a qualquer momento ser apunhalado pelas costas. Não houve namoro nem noivado. Antes da cerimônia, Aha a vira no jantar quando da apresentação e depois disso, na hora da cerimônia, que fora oficiada pelo próprio avô, na presença de uma centena de pessoas, numa casa que servia de templo, às margens do Iterou.

Aha pegou na mão de Neith, conduzindo-a para o recinto onde deveriam consumar o matrimônio. Sua mão tremia e transpirava um suor frio, gelado, pegajoso, desagradável. Aha não estava à vontade. Tinha larga experiência com mulheres, todavia nunca com uma virgem. Num dos cantos do recinto, havia alguns tapetes rústicos jogados no chão de terra batida e, ainda totalmente vestidos, Aha levou Neith para lá. Procurou acomodá-la o melhor possível. Sabia que tinha que ser paciente. Aquela mulher, ainda menina, era sua primeira esposa. Merecia, portanto, grande consideração. Além do que, com seu olhar triste e aparentemente doce, excitava-o mais do que as mulheres fáceis que costumavam agarrá-lo. Após acomodá-la, Aha sentou-se ao seu lado e perguntou-lhe:

– Você está bem?

A menina assentiu, meneando a cabeça. Não tendo muito o que falar, Aha olhou para o céu e disse-lhe.

– O céu está muito bonito, não acha?

Mais uma vez a moça sorriu timidamente.

– Gosta de olhar o céu? – perguntou Aha, já não tendo mais assunto.

– Não. Fico muito triste quando olho o céu.

Aha ficou surpreso. "Todo mundo gosta de olhar o céu", ele pensou. A moça tinha falado algo e isso era bom para quebrar o gelo.

– Por que fica triste?

– Não sei. Tenho a impressão de que vim de lá.

Aha olhou espantado. Então existiam outras pessoas que pensavam da mesma maneira? Sempre sentira, desde pequeno, que o vale do Iterou não era seu lugar. Agora, aquela moça dizia o mesmo. Será que todo mundo tinha esse sentimento?

– Como assim?

– Não sei. Deve ser bobagem minha.

– Não, não é. Sei do que está falando. Tenho uma sensação parecida.

– Verdade?!

– Verdade. É uma sensação esquisita. Como se fosse uma outra pessoa, com um outro corpo, outro nome e fizesse coisas diferentes.

A moça sorriu e disse-lhe que era essa a sensação que também sentia. Aha continuou expondo seus sentimentos.

– Tenho essa sensação desde quando era pequeno. Às vezes, sinto uma tristeza muito grande e me dá vontade de chorar.

A moça olhou espantada para aquele ser. Um homem daquele tamanho poderia chorar? Será que chorar não era só para mulheres e crianças? Nunca vira um homem adulto chorar, nem mesmo quando quebrava uma perna ou era furado por uma adaga ou espada.

– Já chorou? perguntou a moça.

– Não, mas que dá vontade, dá.

Neith aprendeu naquele dia que os homens também têm sentimentos, mesmo que os escondam das mulheres. Tomada de certa doçura, aquela moça, tão retraída e assustada, passou a mão na cabeça do gigante.

Ele sentiu a mão miúda e delicada afagar-lhe os cabelos e, gentilmente, segurou-a, beijando-a ternamente. Neith estremeceu levemente com o toque da boca semiaberta de Aha na sua mão e fechou os olhos. O homem interpretou como um assentimento a maiores intimidades e avançou lentamente. Inicialmente, beijou-a no rosto e depois na boca. Procurou dar um beijo suave nos lábios, sem entreabri-los excessivamente. Neith voltou a sentir a sensação estranha e gostosa no baixo ventre e uma languidez começou a invadi-la.

Aha tocou no ombro, que acabara de desnudar, com sua mão enorme e, lentamente, explorou o braço e depois o colo de Neith, enquanto a beijava, contendo ao máximo a sua sofreguidão. Havia algo nela que lhe dizia que aquele gigante não a machucaria, podendo ser o mais delicado dos homens. Sentiu-se segura com o homenzarrão. Queria ser a sua mulher e nada a impediria de concretizar seu desejo. Por sua vez, Neith para Aha deixava-o arrebatado. Não sabia se era a cor da pele, o seu cheiro, as formas ainda infantis ou se a soma de tudo isso. Ele apaixonara-se violentamente, tendo uma sensação avassaladora, um desejo insaciável e um carinho extremo.

Capítulo 4

A semana que se sucedeu ao casamento de Aha voou celeremente. A tropa estava pronta e as notícias de ataques de canibais assustavam cada vez mais os habitantes de Nubt. Pessoas vindas da aldeia de Ouaset davam conta de atos bárbaros entre os ouasetianos e aldeias vizinhas. A fome, sendo má conselheira, levava as pessoas ao canibalismo e ao vandalismo. Uma expedição punitiva foi montada com o intuito de reorganizar o Sul e extirpar o câncer do canibalismo do vale do Iterou.

Aha deslocou sua turma em direção ao Sul, em três grupos distintos. Um pequeno grupo ia mais à frente, procurando encontrar comida e, eventualmente, pessoas. O grosso da tropa ia no centro, enquanto que o restante ia fechando a retaguarda.

No terceiro dia, encontraram um grupo de oito pessoas que tinham se tornado canibais. De longe, pelo cheiro que exalava da fogueira, podia-se sentir que estavam preparando um pernil humano. O grupo atacou, após as devidas manobras, e matou em pouco menos de um minuto os oito seres que tinham se desviado da senda humana. Os cadáveres foram jogados no rio junto com o que restara de uma perna humana.

Continuaram à procura de mais canibais; porém, a princípio, não parecia existir muitos, havendo alguns poucos seres solitários, ensandecidos, que sobreviviam às custas de um canibalismo passivo, ou seja, comiam restos de cadáveres humanos que encontravam.

Chegaram a Ouaset, após dois dias de marcha, sendo recebidos como heróis pelos habitantes. Muitos dos guerreiros de Aha haviam vindo daquele lugarejo e apresentaram o chefe como um poderoso neter. Houve festas e Aha regalou-se com cerveja, marrecos e carneiros. Após dois dias, retomaram a marcha, acrescidos de oito enormes ouasetianos que vieram reforçar a guarda pessoal de Aha.

Caminharam mais dez dias. À medida que andavam, ouviam a terra tremer e um rugir que vinha de longe. No início, era um som baixo, contudo, no último dia, o barulho aumentara grandemente. Os homens estavam nervosos e curiosos. "Seria algum grande deus ou um mau espírito o causador de tamanho barulho?"

No décimo dia, viram a grande catarata. A água jorrava como nunca e o espetáculo era deslumbrante. Havia um arco-íris magnífico e cheio que pegava de um lado ao outro da queda d'água. Todos foram se aproximando com extremo cuidado. Ptah tranquilizou todos, explicando o motivo daquela cachoeira.

Naquela tarde, os homens ficaram acampados aos pés da queda d'água, enquanto Aha e um pequeno grupo foram fazer um reconhecimento do terreno. No final da tarde, o grupo voltou com quatorze pessoas, aparentemente apavoradas, esquálidas, falando um idioma estranho e arcaico. Aha estava carregando um criança pequena, que parecia não ter forças para caminhar.

Os soldados ajudaram, prestimosamente, os infelizes que, naquela noite, após muito tempo, puderam saborear uma comida decente. Eles contaram que pertenciam a uma aldeia chamada Sounou. A aldeia tinha duzentas e poucas pessoas e todas, com exceção daquelas quatorze, tinham perecido na terrível enxurrada. Aha perguntou por que não tinham morrido também e disseram que tinham recebido uma mensagem de um deus para que saíssem

e fossem orar no deserto. Somente aqueles que acreditaram foram salvos. Ptah perguntou quem recebera a mensagem e um dos presentes riu um riso amargo e respondeu:
— Foi uma mulher que também morreu no desastre. Ela nos avisou de seu estranho sonho e nós acreditamos nela. Já o marido não quis ir até o deserto e a proibiu de nos seguir. Todos morreram e nossa aldeia desapareceu completamente tragada pela enxurrada.
— Alguém viu a enxurrada? — perguntou Aha.
— Não, grande senhor. Estávamos longe no deserto e tudo aconteceu de noite. Depois disso, quando retornamos, não vimos mais nada a não ser água e destruição. Quando o rio voltou para seu leito, não havia mais nada.
— O que esperam fazer agora? — perguntou Ptah, preocupado com aqueles infelizes.
— Não sabemos ainda, grande senhor Ptah. Quem sabe o que nos reservam os grandes espíritos?
— Realmente, os espíritos são nossos governadores, só que também temos vontade própria e devemos decidir nossos destinos.
Esta resposta, em tom malcriado, fora dada por Aha.
O infeliz que falava com Ptah e Aha era uma alma terrestre, primitiva e que mal sabia viver da terra. Incapazes de tomar uma decisão que fugisse à tradição tribal, esses homens apenas aguardavam que espíritos mais brilhantes os orientassem na senda evolutiva da vida. Ao receber a reprimenda de Aha, o infeliz apenas levantou os ombros em sinal de impotência e retrucou, com grande cuidado e humildade:
— Grande Aha, pelos poderes que lhes foram conferidos, você pode discutir com os deuses de igual para igual. É um neter enquanto que nós somos pequenas gotas d'água do Iterou.
Ptah olhou severamente para Aha, como se dissesse para não ferir a suscetibilidade daqueles infelizes. O guerreiro entendeu e retrucou, mais calmo, colocando o braço enorme no ombro do infeliz:

– Todos somos deuses. Mas o amigo tem razão. Temos que ser humildes e aceitar o destino que os deuses nos oferecem. Estamos sendo testados e precisamos estar atentos aos desejos superiores dos deuses.

O homem olhou para Aha, que parecia estar tomado de súbito fervor, e até Ptah, que conhecia bem o filho, ficou surpreso; essas não eram palavras usuais. Realmente, atrás dessas frases de efeito, havia os guias espirituais que preparavam o terreno para obras bem maiores. Aha continuou inflamado e disse:

– Os grandes deuses desejam formar um grande país nas terras negras – Kemet. Para isso, deixarei com vocês cinco dos meus melhores soldados, além de grãos que trouxemos. Vocês plantarão e seguirão as ordens dos chefes que eu destinar aqui. Montaremos uma nova aldeia com o mesmo nome da antiga que foi destruída, para que este nome lembre sempre aos homens que é com suas obras que eles se engrandecem e que é por não acreditar nos deuses que perecem.

Aha, um homem gigantesco para a época, no alto dos seus dois metros e cinco centímetros, com músculos à mostra e uma voz tonitruante, dando ordens diretas com o olhar mais gelado que se pode imaginar, só poderia ser obedecido. Os homens de Sounou, mais tarde chamada de Assuã, sequer discutiram de quem seria a terra, como deveriam devolver os grãos e quem seria o chefe. A decisão de Aha era irrecorrível. Ficou tacitamente aceito que a terra era de Aha, os grãos e suas vidas também. Os homens simples não discutem assuntos complexos. Muitos anos depois, lembrar-se-iam com gratidão do deus Rá, que em pessoa dera aquelas terras para os líderes – aqueles cinco que ficaram –, e para os pais de família dos quatorze remanescentes. Uma terra dada por um deus poderoso não pode ser retirada por ninguém.

Até Ptah ficou surpreso com a reação de Aha. Nunca o vira assim. Como homem racional que era, imaginou que aquela atitude fora apenas para impressionar a plebe. Mal sabia que os guias espirituais os acompanhavam e, muitas vezes, intuíam fortemente Aha e Ptah. O gigante, mais maleável psicologicamente, reagia como um possesso, o que vindo de um homem hercúleo era motivo de assombro entre a população. Já para Ptah, mais inteligente e racional, as intuições vinham mais brandamente, como a ideia do canal e outras que o assaltariam no futuro.

Ptah, homem mais inteligente e sofisticado do que o filho, percebeu algo muito mais profundo no que Aha propusera e, chamando o gigante de lado, disse-lhe:

– Sua ideia é muito boa e podemos lucrar muito com isso.

Aha olhou-o inquisitivamente. Já estava acostumado com as elucubrações paternas e sabia que coisa boa vinha por aí.

– Olha só o que podemos fazer.

Ptah aproximou-se do ouvido de Aha e contou-lhe a sua ideia.

Deveriam deixar os cinco ou mais guerreiros em Sounou, dando-lhes todos os direitos sobre a terra, os homens e os animais. O chefe deles ainda deveria estabelecer certas cotas de trabalho e cobrá-las dos felás – camponeses. Ptah mandaria alguns trabalhadores de Ahmar e de Nubt ensinarem as técnicas agrícolas para melhorar a produtividade dos habitantes locais. Todos, no entanto, estariam trabalhando para o chefe Aha e deveriam mandar uma parte bastante significativa da produção para Nubt e Ahmar.

Aha gostou da ideia e, sendo um homem prático, disse logo que aquele esquema só funcionaria se o excedente fosse enviado para outra cidade. Ahmar é muito distante e entregar em Nubt seria dar muita força à cidade. Deveriam escolher uma cidade mais central e a escolha inicial recaiu sobre Ouaset. Aha, sempre insuflado pelos guias espirituais, prosseguiu:

– Sounou pode ser uma região que governe uma área maior. Sounou seria o centro de um hesep – divisão. Na volta, poderemos ir deixando nossos homens de confiança, formando vilarejos, reformulando aldeias, estruturando heseps e, com isso, todos esses lugares ficarão nos devendo grãos e outros utensílios de que precisarmos.

102 | A Saga dos Capelinos

Por mais que um ser esteja sob a influência de um espírito, seja guia espiritual, seja um obsessor, ele tem relativa liberdade de agir e de decidir. No fundo, Aha ainda trazia o estigma de Tajupartak, o dragão, e suas ideias não eram de um idealista que age por amor ou por um nobre sentimento. Agia por desejo de poder, de reconhecimento pessoal, de grandeza de si próprio. Os guias espirituais usavam isso a favor de sua grande obra: criar uma civilização no vale do Iterou e obter um local apropriado para o renascimento de milhões de exilados de Capela.

Ptah estava radiante. Estavam desenvolvendo novas ideias e o processo criativo é sempre muito excitante.

– Concordo. Além disso, devemos estabelecer algumas obras de contenção do Iterou. Precisamos desviar o rio naquele local que marcamos. Vi vários locais onde precisamos represá-lo, canalizá-lo e levantar barreiras e diques.

Todas essas técnicas eram sobejamente conhecidas dos sumérios. Novas tecnologias tinham sido desenvolvidas pelos capelinos em Sumer e foram trazidas pelos emigrantes que se instalaram em Ahmar e Nubt. Ptah as conhecia bem e gostava dessa hidroengenharia, assunto em que fora mestre em Ahtilantê. Colocar em prática, por outro lado, era tarefa gigantesca.

Pai e filho continuaram conversando sobre quem deveriam deixar e quais as instruções a serem dadas. Após a escolha do chefe do grupo, conversaram longamente com o eleito, que não só se mostrou participante e interessado, como também acrescentou novas ideias às originais.

Cinco dias depois, o grupo resolveu voltar pelo caminho com um plano em mente: criar regiões administrativas, denominadas heseps, mais tarde conhecidas como nomos, pelos gregos. O treinamento dos homens era dado durante o caminho. Até chegarem a Ouaset, criaram mais seis divisões, deixando no caminho mais de trinta homens, com a promessa de enviarem mulheres, comida, felás e utensílios.

Cada grupo era composto de um chefe e mais três guerreiros. Dois guerreiros ficaram com os chefes nas aldeias e o terceiro ia com o grupo principal para poder voltar com o grupo de apoio. As poucas aldeias remanescentes receberam muito mal aquelas bocas suplementares. Já há muito as aldeias relacionavam-se umas com as outras, ajudando-se nos tempos difíceis. Tudo era feito informalmente. Agora, Aha e seu grupo de soldados desejavam fazê-lo formalmente, com leis, regras e tributos.

Em Ouaset, Aha encontrou um terreno fértil para suas ideias. Os ouasetianos tinham um certo complexo de inferioridade em relação a Nubt. A maioria tivera que sair da cidade porque não existiam terras suficientes. Normalmente, tratava-se dos filhos mais jovens que, de certa forma, foram desterrados. Ao chegar a Ouaset, desta vez com ideias de lá permanecer, encontrou uma aldeia com mais de cinco mil pessoas dispostas a apoiá-lo.

Aha mandou buscar imediatamente a esposa em Nubt. Sentia uma saudade terrível dela e, desde que Neith tornara-se sua mulher, ele não tinha colocado nenhuma outra em sua cama. Pouco antes de Neith chegar de Nubt, Aha e Ptah conseguiram uma casa um pouco afastada da aldeia, perto das falésias que margeavam distantemente o Iterou, e ampliaram-na com melhoramentos interessantes. Quando a esposa chegou, encontrou a casa em plena ebulição, com Ptah dando ordens aos empregados que, sob um sol causticante, ampliavam as instalações. Ptah recebeu a nora como uma princesa. Eles se davam muito bem. Ele era o pai que Neith perdera quando ainda era criança.

Ptah, ansioso e excitado como um menino, contou-lhe em detalhes o que queria fazer da nova casa. A jovem mulher ficou agradavelmente surpresa com os melhoramentos introduzidos. Havia um grande salão, com quartos privativos, uma grande varanda que dava para um jardim que ainda não estava acabado, prenunciando que viria a ser muito agradável.

Aha estivera fora, dando ordens para a implantação de três novos heseps, todos vizinhos de Ouaset. Um deles era o hesep de

Nubt, o que criara um certo mal-estar entre os habitantes daquela aldeia. Eles se achavam superiores a todo mundo e acreditavam que deveriam ser o centro de todas as atenções. Aha, que naquele dia parecia estar possuído da maior paciência que um homem poderia ter, explicou, durante horas a fio, que tanto fazia ser Nubt ou Ouaset, pois ambas eram iguais, sendo heseps sob um mesmo governo central. Aí nesse ponto, os delegados de Nubt, anciões da cidade, dos quais fazia parte seu sogro, diziam então que o governo central deveria ficar em Nubt e não em Ouaset. A discussão continuou por horas a fio, até que Aha, usando de um artifício de retórica, disse que ele não era nem de Ouaset nem de Nubt, mas de Ahmar, cidade mais ao Norte, e nem por isso ele escolhera sua cidade para ser o centro das decisões. Pelo contrário, escolheu uma cidade nova, construída pelos filhos de Nubt. Ele mesmo se casara com uma filha de Nubt. A lembrança do casamento de Aha para festejar uma nobre aliança esfriou um pouco os ânimos. Ele aproveitou para dizer que Nubt seria sempre importante, assim como todos os heseps da terra negra – o Kemet. Aos poucos, Aha foi descobrindo que poderia fazer mais conquistas com as palavras do que com as armas.

Além disso, não poderia mobilizar seus guerreiros contra Nubt, já que a maioria vinha de lá. Muitos dos habitantes de Nubt pensavam com que autoridade Aha se metia a ser o chefe que estava promovendo essas inovações administrativas. Uns pensaram em questioná-lo, mas a sua imensa envergadura desestimulava confrontos físicos. Outros pensaram que essa história de dividir as terras em regiões administrativas era uma tolice sem propósitos. Esta aparente sandice foi apresentada como sendo uma forma de todos se protegerem contra canibais – o grande terror do momento –, assaltantes, os fora-da-lei e perigos externos. Além de tudo isso, Aha, literalmente, 'vendia' a ideia de que a divisão em heseps, regiões administrativas, iria ser de grande utilidade em casos como enchentes, calamidades e outros perigos. Aha soube utilizar o recente dilúvio que atacou o vale do Iterou, dizendo que, se já existissem os heseps, um poderia ter ajuda dos outros, de tal forma que nunca teria havido casos de canibalismo. Isso foi o ponto final em qualquer reticência dos anciões de Nubt; a ideia foi aceita e aprovada pelo poder político local.

Enquanto Aha discutia com os anciões de Nubt para conseguir aprovar que aquela aldeia fosse o centro de um hesep e este fosse governado a partir de Ouaset, Mykael, Mitraton, Phannuil e Kabryel reuniam-se informalmente no mundo mental.

– Tenho o prazer de lhes informar que o expurgo terminou em Ahtilantê. Foram mais de oitenta e quatro anos em que retiramos nossos irmãos que não se adaptaram à vida espiritualizada, trazendo-os para a Terra.

O comentário de Mykael foi muito bem recebido por todos que o cumprimentaram pelo término da primeira parte da missão, sabendo que agora viria a parte mais difícil: a regeneração dos exilados.

– Tenho acompanhado o renascimento da maioria dos capelinos e observado que o ritmo de imersão na carne está indo muito bem. Porém, parece que as coisas estão um pouco lentas no vale do Iterou. O que tem havido naquelas paragens?

A pergunta de Mykael fora dirigida a Kabryel, responsável pelos povos destinados àquela região.

– Tivemos uma grave catástrofe na região. Houve chuvas torrenciais na nascente do Iterou, no grande lago, e todo o vale foi inundado, com consequências medonhas para a população.

Os espíritos superiores já tinham sido avisados pelos administradores espirituais da região de que, naquele ano, haveria chuvas torrenciais nas nascentes do Iterou. Desse modo, eles haviam mobilizado vários guias espirituais e guardiões astrais para alertar a população pela intuição e pelo sonho. Por outro lado, eles sabem que, em toda hecatombe, o mal trabalha para o bem, despertando a compaixão, a fraternidade, a solidariedade dos envolvidos. Além disso, um cataclismo telúrico sempre obriga a uma renovação global da região atingida, exigindo amplas reformas de costumes e construções.

Mitraton interveio, dizendo:

– Uma tenebrosa infelicidade. Mais de cento e vinte mil mortos, seja em razão direta da enxurrada, seja em função de doenças, fome e canibalismo.

– O que estamos fazendo para contornar essa situação? – perguntou Mykael. A razão de sua preocupação era que, desde o final do expurgo, o fluxo de renascimentos na Terra passaria a exigir uma quantidade crescente de corpos físicos. Havia mais de trinta milhões de capelinos para renascer.

– Estamos acelerando a organização política e cultural do povo. Inicialmente, estamos dividindo o vale do Iterou em regiões administrativas para, posteriormente, unificá-lo. Não queremos correr o risco de estabelecer uma civilização desmembrada.

Todos sabiam que a primeira experiência na Suméria não tivera êxito total; ao invés de haver a tentativa de unificação, estava começando a acontecer o esfacelamento em várias cidades-estados. Uruck ainda predominava, mesmo após a morte de Nimrud, mas outras cidades estavam começando a se desenvolver. Ur já estava atingindo os vinte mil habitantes. Eridu ultrapassara os trinta mil. Lagash, Sin, Umma, Kish, Shurupack e outras variavam dos vinte e cinco mil aos quarenta mil. Com isso, a Suméria era o principal escoadouro de espíritos capelinos. No entanto, as coisas não corriam bem. Tudo indicava que a guerra entre as várias cidades-estados transformaria a Suméria num permanente campo de batalha.

Para complicar o quadro já nefasto, a magia negra entre os sumérios estava se desenvolvendo a um ritmo alarmante. A quantidade de espíritos degredados fazia com que os renascidos e os que estavam em estado de liberdade no astral mantivessem um intercâmbio cada vez maior. A possibilidade de intermediação natural e espontânea dos seres primitivos que conseguiam um pequeno intercâmbio com os espíritos fora substituída por um denso ritual de magia, pelo qual uma parte da depravação dos exilados, renascidos ou não, manifestava-se em atos hediondos.

Havia o assassinato ritual de crianças e adultos; usavam certos conhecimentos trazidos pelos capelinos, especialmente relativos ao mundo astral, para obterem favores escusos. Um homem fascinava uma mulher com a 'magia negra', ou seja, usando espíritos tenebrosos, os alambaques, que não faziam parte das falanges de Mykael e Kabryel, para obsidiar os vivos. Além disso, muitas outras 'magias' eram feitas por 'feiticeiros' com os piores propósitos possíveis.

A Suméria passou a ser um local inadequado para o desenvolvimento espiritual, devendo ser eliminada por meio de invasões estrangeiras, em futuro breve. Enquanto isso, os administradores espirituais permitiam que os espíritos mais dementados renascessem na Suméria para perder suas monoideias obsessivas, provenientes de suas existências desreguladas e alucinadas, no mundo altamente tecnológico de Ahtilantê.

O vale do Iterou deveria ser protegido desse insucesso. Em nenhuma hipótese, deveriam existir diversas cidades-estados independentes, pois acabariam guerreando entre si. A unificação do vale do Iterou era de suma importância.

Kabryel continuou expondo suas ideias gerais.

– Estamos monitorando quase que de forma permanente dois renascidos. Urbawa foi um brilhante engenheiro civil e hidráulico em Ahtilantê, que estamos conduzindo para que faça obras de canalização e represamento do Iterou de forma a evitar novas e mortíferas enchentes. O outro é um ex-alambaque, Tajupartak que, aliás, é conhecido seu – Kabryel disse olhando para Mykael – e que é hoje filho carnal de Urbawa. Tajupartak, renascido como Aha, começou com sucesso a divisão do vale do Iterou em regiões administrativas.

– Lembro-me de Tajupartak e fico feliz que esteja no caminho da regeneração – comentou Mykael.

— É um ser muito difícil de lidar. Tem uma forte personalidade. Quando menos se espera, perde a paciência e nem os guias espirituais que o acompanham podem tranquilizá-lo.

— É violento? — perguntou Mykael, preocupado com eventuais repercussões de seu gênio temperamental sobre o projeto global.

— Até agora só tem sido violento em alguns combates contra alguns infelizes canibais. Com seus amigos e parentes tem sido calmo e respeitador.

Mykael, que, como espírito evoluído que era, podia, sem estar no local, vislumbrar os acontecimentos a muitos quilômetros de distância, questionou Kabryel.

— Vocês modificaram sua genética para que fosse tão alto?

— Não. Achamos que o seu enorme tamanho deve-se a alguma alteração psicossomática gerada pelo seu corpo astral, com nítida influência no corpo físico. Não devemos esquecer que seu tamanho normal em Ahtilantê alcançava os três metros.

Parando de falar por alguns breves instantes, numa pausa, Kabryel continuou:

— Estão acontecendo alguns casos de gigantismo entre os renascidos, devido à influência do corpo astral dos capelinos. A maioria passa por um processo de adaptação que dura mais de um ano. Quando acordam do longo sono, são levados para o renascimento e, ao serem inseridos na carne, são totalmente dominados pela genética humana e não apresentam nenhuma característica capelina, seja de altura, seja reptiliana. Existem, no entanto, alguns poucos casos em que a mente críptica capelina sobressai e passa a comandar o processo. Temos tido gigantes de até dois metros e cinquenta. Os extremos não duram. No caso de Aha, tem sido excelente, pois, valendo-se de seu tamanho e força, tem conseguido o que outros nem ousariam tentar.

A reunião prosseguiu por mais alguns minutos, com os coordenadores apoiando Kabryel, incentivando-o a prosseguir no bom caminho trilhado até aquele instante. Ainda assim, sabiam que muita coisa ainda iria acontecer e, sem dúvida, haveria obstáculos no caminho da redenção dos capelinos.

Aha encontrara-se com sua mulher. Aqueles poucos dias de separação mostraram a ambos que não poderiam viver um sem o outro. Havia paixão e sexualidade, como também um princípio de amor que começava ainda timidamente, vindo a crescer com o decorrer dos anos. Uma problemática paixão multissecular estava para ser solucionada com as novas oportunidades que o Pai Amantíssimo não cessa de dar aos seus filhos.

Ptah estava ansioso para começar suas obras de contenção e canalização do Iterou. No dia seguinte ao que a esposa de Aha chegou, foi procurar o filho para que começassem imediatamente as obras. Aha obedecia naturalmente ao pai e logo foi chamando os chefes guerreiros mais inteligentes para que convocassem os melhores felás para um grande trabalho.

Eles levaram os homens a cerca de duzentos quilômetros rio abaixo, em direção ao Norte, até encontrarem o local onde Ptah mandara marcar com pedras. Tiveram que atravessar o rio, o que desta feita foi fácil, já que trouxeram inúmeras balsas, além de artefatos e utensílios para cavar.

Ptah era um homem sagaz. Ele havia notado que o rio já passara por aquela região e, por razões ignotas, não o estava fazendo mais. Se ele fosse abrir um novo caminho para o Iterou, necessitaria de uma tecnologia de que não dispunha. No entanto, rasgando um pequeno pedaço das margens, baixando-as, ele iria propiciar um caminho natural que, mais tarde, seria conhecido como Bahr Yussef. O que ele iria fazer seria apenas ampliar a passagem natural que fora obstruída por detritos, lama endurecida e pedras. Deste modo, o rio fluiria naturalmente, correndo paralelamente ao rio Iterou indo até o lago Sheresy.

Durante os longos dias, os felás trabalhavam incansavelmente para satisfazer as ordens do deus Ptah. Durante as noites frias junto às fogueiras, os homens contavam as histórias fabulosas do neter: como ele tinha criado a Terra, os homens e os animais, como viera da grande planície, do mar primordial, da grande colina e construído o universo; mas, um dia, Ptah achou que era preciso modificar algumas coisas e por isso veio à Terra para ensinar aos homens como se conseguia, por si só, com o esforço de todos, realizar grandes obras; e uma dessas obras era o grande canal que desviaria as águas do Iterou, quando o excesso de enchente viesse, protegendo as áreas mais ao Norte. Além disso, as histórias contavam que Ptah, num rasgo de generosidade, daria terras às margens do canal, que deveria correr paralelo ao Iterou até a depressão de Sheresy, formando um grande lago, que seria mais tarde conhecido como Moeris e a região toda seria chamada de Fayum pelos gregos; aos bons felás que trabalhassem com afinco e dedicação total, seriam dadas terras pelo grande deus.

Ptah não era irresponsável. Antes de começar a conceder as suas graças 'divinas', resolveu visitar e conhecer por onde correria o seu canal. Enquanto Aha ficava em Ouaset, coordenando a formação dos heseps, seu lugar-tenente, Uepuat, comandava os quatrocentos e poucos homens que estavam cavando o canal. Uepuat tornar-se-ia um deus cultuado em Siut, conhecido como o Abridor de Caminhos. Ptah com uma escolta de vinte soldados foi visitar o fundo do vale. Demorou-se pouco mais de um mês visitando a região, vendo que estivera certo. O local era muito propício. Existia realmente uma decaída natural indo em direção a Sheresy. A terra era muito seca, não existindo poços, lagos ou córregos. As cheias atingiam aquele recanto, porém nem sempre eram suficientes para irrigar fartamente a terra. Um canal naquele lugar seria a solução. Era possível dar-se terra para alguns felás; aquilo era mercadoria que não faltava naquela depressão.

Enquanto o pai continuou visitando Sheresy, abrindo o canal, a aldeia de Abdu foi estabelecida para dar apoio aos trabalhadores. Entrementes, Aha convencia os habitantes dos demais lugares a aceitarem a divisão em heseps, sendo que a maioria recebeu de braços abertos os novos administradores. Abdu cresceria para tornar-se a famosa cidade que seria conhecida pelos gregos como Abydus. O seu deus local mais famoso seria inicialmente Khenti-Amentiu, o chacal conhecido como o controlador dos ocidentais; e, posteriormente, Osíris.

A formação desses administradores seguia algumas regras de ouro da política: aliança com famílias importantes, preparação do candidato mediante treinamento pessoal, seja com Aha, seja com algum lugar-tenente importante; e, finalmente, certeza de absoluta lealdade. Sem que fosse esse o objetivo principal, Ptah e Aha estavam criando uma nobreza, uma casta que só teria como rival a dos sacerdotes, instituída um pouco mais tarde.

O trabalho do canal levou pouco mais de dois meses. Não foi um longo canal, apenas um rebaixamento de uma das laterais da margem do Iterou, de tal forma que, ao invés de ter seis metros de altura, passou a ter pouco mais de dois metros. O terreno em volta foi escavado para que, naquele lugar precípuo, as águas pudessem correr diretamente. Na margem ocidental, numa das sinuosas curvas, o rio seria desviado e correria suavemente por depressões naturais do terreno, correndo por mais de trezentos quilômetros em direção à depressão de Sheresy.

Durante aqueles dias quentes, os seiscentos homens trabalharam com poucas regalias: dois pratos de papa de cevada, dois copos de uma cerveja amarga que revoltaria o estômago de um camelo e dormiam ao relento. Somente cinco guerreiros tinham ficado para tomar conta deles, nem tanto para impedir que fugissem ou obrigá-los a trabalhar, e sim com o intuito de protegê-los de ataques de animais e coordenar as atividades. Os quatro guerreiros que estavam submetidos às ordens de Uepuat passavam o dia caçando, enquanto seu chefe corria de um lado para outro, dando ordens para escavarem aqui, levarem terra para ali e assim por diante.

A cada ano, o Nilo recebe chuvas torrenciais que caem na Abissínia, além do derretimento das neves das montanhas abissínias, escoando para o lago Vitória. As águas fartas atravessam o lago Kioga, atingem o lago Albert, passam pelo noroeste de Uganda e por todo o Sudão. No final do mês de abril, as águas descem em catadupas, atingindo a região do atual Sudão; e, em maio, chegam ao Egito. De maio até outubro, o vale permanece encoberto por uma lama que só desaparece completamente em dezembro.

Ptah sabia que a cheia do rio – nili – dava-se em maio e fez questão de estar pessoalmente no local quando o Iterou – o rio Nilo – começasse a encher. E assim mais uma vez as águas subiram. Vieram gradativamente. No segundo dia, o fino dique de areia e terra foi suavemente vencido pelas águas. Ptah, Aha, os cinco guerreiros e os seiscentos felás acompanharam o enorme rio desviar uma parte de sua água para o oeste. Num processo cada vez mais agudo, o canal começou a tomar forma. Os homens, na margem oeste, gritavam, pulando de contentamento. As águas começavam a engrossar e aos poucos foram escorrendo e aumentando o canal.

Ptah e os demais começaram a acompanhar as águas no seu curso rumo à depressão de Sheresy. Durante algumas horas, os homens corriam, rindo e comentando como a água caprichosamente ia fazendo curvas e reviravoltas num terreno aparentemente plano. Após algumas horas, muitos homens desistiram da brincadeira, enquanto alguns outros continuaram. Cada um deles tinha a ideia de obter um pedaço de terra. Para isso trabalharam. Ptah, o grande deus, tinha prometido que todos teriam sua gleba para plantar cevada, trigo e sorgo e criarem carneiro, cabras e bois.

Aha foi estabelecendo um projeto no caminho. Novos heseps seriam formados ao longo do canal e mais tributos seriam recolhidos. Aha mostrou alguns lugares próprios para a construção de aldeias. Algumas foram, mais tarde, após a inundação natural do Iterou, construídas, recebendo a população de outras aldeias, as quais Aha e seus prepostos resolveram por bem escolher para servirem de doadores de pessoal. Deste modo, foram construídas as aldeias de Dimeh, Kôm-Ouichim e Qasr-es-Sagha. Seus critérios foram lógicos, ou seja, a aldeia que apresentasse gente demais para terra de menos mandaria as gerações mais novas para as cidades de Sheresy e o canal.

Como nunca há atividade humana perfeita, houve alguns abusos e injustiças cometidas especialmente pela nova elite dominante dos guerreiros jovens subordinados a Aha. De um modo geral, o transplante de pessoas foi muito salutar e muitos dos felás que trabalharam no canal receberam terras ao longo dela. Poucos vieram a falecer; os quatro casos foram decorrentes das más condições de alimentação, doenças naturais, acidentes fortuitos e um assassinato por razões de ordem pessoal. Nenhum operário foi morto pelos guerreiros por espancamentos ou por outros motivos, como viria a acontecer no futuro, naquela região, durante a construção das pirâmides.

Aha decidiu que era hora de visitar o Norte – o pai tinha ido para Ahmar assim que o canal fora concluído – e, pelo fato de sua mulher estar grávida, preferiu esperar que a criança nascesse, para depois empreender a estafante jornada, junto com seus guerreiros ouasetianos, sua mulher, filho e alguns servos pessoais. Pretendia entrar em Ahmar em grande estilo. Fazia um ano e meio que tinha se ausentado.

No final do ano, nasceu uma bela menina que batizaram de Sakhmet. No início do ano, tendo a criança atingido os três meses de vida, o largo grupo movimentou-se para Ahmar. Eram mais de quatrocentos guerreiros e mais a comitiva de Aha. A missão era de paz, no entanto o medo de possíveis canibais ainda era um sentimento muito forte. Então, Aha resolveu levar seus guerreiros. Havia, também, atrás de tudo isso, uma certa demonstração de força e poder que Aha queria mostrar a Ahmar.

Após alguns dias de marcha forçada, chegaram a Ahmar. O vilarejo tinha perdido completamente o vigor e a importância. Um pouco antes de Ahmar ter sido destruída pela enxurrada, tinha atingido os quinze mil habitantes. Mesmo contando com as mortes e destruição, a cidade deveria ter, pelo menos, oito mil pessoas, mas fora reduzida a pouco mais de duas mil almas, a maioria de pobres felás.

Aha descobriu rapidamente, falando com dois ou três habitantes locais, que a grande maioria dos vivos tinha ido para Perouadjet e para uma nova localidade denominada Zau, mais tarde chamada de Saís pelos gregos. Soube que seu pai fora para a casa de seu tio-avô, Mebaragesi, em Perouadjet. No outro dia, sem grandes cerimônias, com o máximo de víveres que conseguiram coletar, dirigiram-se para Perouadjet.

Atravessaram o Iterou e entraram na parte baixa do rio, quando este perde parte de sua característica, tornando-se, em alguns trechos, uma sucessão de lagos e charnecas e, em outros, desmembra-se de tal forma que não se sabe quais os seus braços. Aha não conhecia bem aquela região, seguindo sob as ordens de um guia trazido de Ahmar um pouco contra a vontade. Dois dias depois chegaram a Perouadjet.

Perouadjet tinha sido fundada pelos filhos dos sumérios, assim como fora Ouaset. Recebera o nome de domínios de Ouadjet, que fora o filho do primogênito de Mebaragesi nascido em Ahmar. A enchente desmesurada, que arrasara o vale do Iterou, favorecera a cidade. Tinha recebido mais de oito mil habitantes de Ahmar que, somados aos seus dez mil, davam um total bastante grande. Não há dúvidas de que passara a ser a cidade mais importante do Norte.

Aha encontrou seu pai na casa do tio-avô, Mebaragesi, recém--falecido. Ptah alegrou-se com a surpresa, não imaginando que o filho viesse. A mãe de Aha, Anukis, que não o via desde a sua partida para o Sul, chorou de emoção, e voltou a se emocionar com a neta Sakhmet nos braços. Mãe e esposa, entretanto, não se agradaram desde o início, o que gerou alguns atritos na intimidade do lar que viriam forçar Aha a viver o mais afastado possível de sua mãe.

Anukis era uma mulher de grande coragem, de gênio terrível, com fama de iracunda, enérgica e dominadora. O próprio Ptah evitava ficar muito em casa; a mulher o dominava, obrigando-o a ficar mais tempo perto dela do que ele gostava. Aha respeitava a mãe e evitava discutir, conhecendo-lhe o gênio encapelado.

A chegada de Aha foi muito mal vista pelos habitantes de Perouadjet, devido à enorme comitiva que deviam alimentar. O sotaque diferente dos ouasetianos fez com que se tornassem motivo de pilhérias, assim como os guerreiros do Sul riam-se dos costumes afetados e femininos do povo do Norte. Aha foi logo alertado por Ptah de que sua estada deveria ser encurtada ao máximo, ou que enviasse seus guerreiros de volta a Ouaset; Perouadjet não poderia sustentar tamanho grupo por muito tempo.

Aha não levou o pai a sério. Desejava permanecer em Perouadjet o maior tempo possível para estabelecer os heseps do Norte. Tinha conseguido, até aquele momento, implantar vinte e dois heseps no Sul e queria fazer o mesmo naquela área.

Ptah disse-lhe:

— Meu querido Aha, o que deseja fazer é magnífico. Mas Perouadjet não irá suportar alimentar quatrocentos homens diariamente.

— Preciso deles perto de mim.

— Não, o que você deseja é ostentação e isso Perouadjet não irá tolerar.

— Perouadjet irá tolerar aquilo que eu quiser.

Pai e filho estavam enfurecidos, especialmente o gigante que, irracionalmente, desejava mostrar sua força aos outros.

Ptah procurou controlar-se. Fora severo demais em chamar a atenção de Aha, dizendo que a cidade não iria tolerar. Era preciso abordar o problema de outra forma.

— Aha, fique calmo e escute seu pitar. Só desejo-lhe o bem e posso dizer-lhe que é mais fácil conseguir as coisas por meios pacíficos do que pelas artes guerreiras.

Aha bufava de ódio, escutando com dificuldade o que expunha o pai.

— Ouça bem, meu filho. Nossa fama de deuses tem-se espalhado pela região. Só falam em Ptah, o deus que desviou o Iterou. Dizem que fez isso apenas tocando com seu bastão as margens do rio. – Ptah mostrou o longo bastão que usava para apoiar-se, defender-se de animais e para medir certas profundidades de córregos e pântanos, antes de atravessá-los.

Aha olhou mais calmo para o pai.

– Sua própria fama o está precedendo. Dizem que Ptah tem um filho, Aha, maior do que um sicômoro, forte como um touro e rápido como raio. Dizem que Aha é um grande guerreiro, invencível, que acabou com o canibalismo e está unindo as terras altas num único e grande reino.

Aha sorriu com satisfação. A maneira mais fácil de vencer um oponente é elogiá-lo. Aha, com seu egotismo maior do que o mundo, era facilmente manuseado pelo astucioso pai. O que Ptah dizia não deixava de ser verdadeiro, pois desde o início da construção do canal, quando começaram a falar de Ptah como um deus e de seu grande filho Aha, as lendas e mitos sobre Ptah e Aha começaram a crescer. As caravanas espalhavam as notícias, assim como os poucos viajantes. Além disso, como a enchente daquele ano fora benéfica, não vindo águas de roldão, atribuiu-se o fato a Ptah. Em parte seria verdade, porque o desvio do Iterou retirou vinte a trinta por cento da água, levando-a para Sheresy, e também porque naquele ano não chovera torrencialmente como no ano do 'dilúvio kemetense'.

– Faça algo digno de um deus. Envie o grosso dos seus soldados de volta e estabeleça os heseps aqui também.

– Sem meus soldados, não poderei implantar os heseps aqui no Norte.

– Não vejo por que não!

Aha sorriu com certo desdém para o pai e disse-lhe:

– Ora, pitar, você acha que todos são idiotas e acreditam nessa história de deuses? Saiba que, aqui no Norte, nós somos conhecidos. Mebaragesi, meu tio-avô, veio ver-me quando eu era pequeno. Com ele, vieram parentes que hoje lembram-se de mim, não

como um deus ou filho de deus, e sim como um garoto travesso que brincava nas ruas de Ahmar. Ninguém é deus entre seu povo. Aqui, para implantarmos os heseps, devemos usar a força.
– Então, Aha não conseguirá – vaticinou Ptah.
– É isso o que você acha e provarei que está errado.
Aha saiu do recinto batendo os pés no chão, cheio de raiva e revolta.
Ptah acomodou-se nos tapetes e quedou-se pensativo. Sabia, algo lhe dizia, que nuvens negras estavam no ar e que uma tempestade viria para durar muito tempo. Seu coração confrangeu-se e sentiu-se impotente. Achava que tudo poderia ser conseguido de forma pacífica, mas o filho estava a ponto de tudo perder com sua irascibilidade e falta de tato e diplomacia.

Ptah ainda procuraria Aha para implorar-lhe moderação. Naquela oportunidade, dois dias depois, Aha estava mais calmo, ouviu os arrazoados paternos e concordou em ser paciente. No entanto, não abria mão de sua tropa. Enquanto isso, sua mãe queixava-se de sua esposa, e ela – a luz de seus olhos –, por sua vez, também lamuriava-se, dengosamente nos braços do marido, das 'picuinhas' de sua mãe.

As primeiras tentativas de Aha para articular o primeiro hesep em Perouadjet foram muito mal recebidas pelos conselheiros. Para eles, Aha era ouasetiano e não mais um filho de Ahmar. Ptah voltara diferente e alienado, com histórias fantásticas de imensas quedas d'água, canais e felás que achavam que era um deus. Para o Conselho da cidade, não havia lógica em dividir o Norte em várias facções, se somente Perouadjet era uma grande cidade, e o resto, pequenas aldeias sem importância. Assim, os conselheiros ficaram discutindo durante dias, deixando Aha cada vez mais irritado e impaciente.

Certa manhã, Aha acordara mal-humorado. Mais uma vez, os conselheiros estiveram discutindo toda a noite se deviam ou não estabelecer um hesep em Perouadjet. O Conselho procurava ver onde estava a astúcia do plano. Não poderiam ver o lado bom das coisas, apenas o que estava por trás das palavras e das intenções. Eles notaram logo o imenso poder que estariam dando para Aha, assim como observaram que, atrás daquela alteração aparentemente inofensiva e meramente administrativa, Aha e, consequentemente, Ouaset, estariam enriquecendo, fortalecendo-se e tornando-se, em futuro breve, um poder dominador que ninguém poderia combater.

Só existia uma única coisa a fazer: matar Aha e sua tropa, enquanto estivessem desprevenidos. Naquela manhã, o Conselho chamou Aha para dizer-lhe que aceitavam a sua ideia e que, para comemorar a decisão, fariam uma grande festa, onde serviriam comidas e bebidas.

Aha, a princípio, ficou exultante, porém, no decorrer do dia, foi ficando ensimesmado. "Como esses energúmenos mudaram tão rapidamente de posição? Até a véspera, os conselheiros eram contra a união de Perouadjet num hesep, administrado por um guerreiro destacado de Aha, provavelmente filho de Ouaset, e, pior de tudo, tendo que pagar tributo a Aha."

Aha intuiu, avisado por seu guia espiritual, que os habitantes de Perouadjet preparavam-lhe uma armadilha e, naquela noite, enquanto eram servidos pedaços de carneiro, alguns legumes mal-cozidos e uma mistura de trigo com cevada, nada comeu ou bebeu. Tinha dado ordens para que um grupo de dezoito guerreiros pegassem sua mulher e a filha e saíssem da cidade, esperando a alguns quilômetros de lá. Alertou os chefes de falanges, um total de vinte e cinco guerreiros de grande confiança, quase todos de Ahmar, sobre suas suspeitas e pediu que ficassem atentos a qualquer ataque.

A festa seria dada numa espécie de praça central, perto de um dos poucos templos existentes na cidade, e seria constituída de comida, bebidas e muitas danças e música. Os instrumentos musicais eram poucos, ficando restritos a alguns tambores e uma cítara, invenção suméria. Na hora marcada, logo após a caída do sol, todos os participantes reuniram-se na praça para festejar a grande ocasião. A festa iniciou-se com palavras bonitas de lado a lado. Muita foi bebida servida aos ouasetianos, que, disfarçadamente, jogavam a cerveja fora e comiam moderadamente.

A noite ia alta, quando um homem esgueirou-se atrás de Aha. O atacante aproximou-se lentamente com uma faca, enquanto dois de seus amigos vinham pelos dois lados de Aha. Num determinado instante, os três saltaram e atacaram Aha. O gigante aparou o golpe frontal que lhe fora desfechado pelo primeiro atacante. O segundo conseguiu enfiar uma adaga curta nas costas, na altura do omoplata de Aha. A faca de cobre, material relativamente fraco, dobrou-se ao encontrar o osso e quebrou-se num estalo alto. O terceiro agressor conseguiu cravar a sua adaga no peito do gigante. A faca penetrou a musculatura do peito, escorregou um pouco para a esquerda e finalmente, enganchou-se num dos ossos da caixa peitoral, não penetrando o suficiente para atingir algum órgão vital.

Alguns segundos depois que Aha gritou, mais de dez guerreiros do líder chacinavam os três atacantes. Aha, rapidamente, tomou conta da situação e chamou seus soldados. A maioria não tinha bebido nada, obedecendo às ordens recebidas. Vindos de todos os lugares, começaram a chegar guerreiros de Perouadjet armados até os dentes, atacando a tropa de Ouaset. Como Aha fora previdente, os seus soldados não tinham liberado as armas e estavam prontos para a batalha. Ele viu que não poderia manter sua posição para sempre, dando ordem para que se retirassem de forma ordeira, sem atropelos.

Aha e seus bravos lutaram para sair da praça. Escolheram uma saída que dava acesso direto ao local onde tinham marcado com os homens, sua mulher e filha, e foram para lá, lutando palmo a palmo do terreno. Aha sangrava muito, especialmente pelo peito, onde enrolara um pano que ajudava a estancar um pouco o sangue que jorrava aos borbotões. Durante pouco menos de quinze **mi-**

nutos, Aha e sua tropa lutaram e conseguiram fugir do assédio dos mais de mil guerreiros de Perouadjet. Ajudados pela noite escura e sem lua, os homens de Aha afastaram-se rapidamente de Perouadjet, tendo encontrado Neith e seu grupo de proteção. Naquele momento, Aha, sentindo-se salvo e feliz por reencontrar a mulher e a filha sãs e salvas, caiu de joelhos, extenuado.

Os homens acudiram e um deles, mais versado em ferimentos, conseguiu estancar o sangue das costas, e falou ao gigante que seria preciso parar a sangria do ferimento do peito. Ordenou que fosse feito o necessário. O homem fez uma fogueira, esquentou durante cinco minutos sua espada e, quando estava rubra, cauterizou a sangue frio o peito e as costas do gigante.

A dor foi excruciante; o gigante não soltou um grito sequer. Seus olhos se fecharam, sua boca crispou-se e respirou fundo. Todo seu corpo contraiu-se. Terminada a operação, tentou levantar-se para prosseguir, estava fraco e suas pernas não obedeceram. Não desmaiou, mas não conseguiu ficar de pé. Seu lugar-tenente mais importante, Nica-Onkh, intitulado Amon, começou a dar as ordens.

O grupo deslocou-se rapidamente em direção oposta a Ahmar. Os guerreiros de Perouadjet correram para interceptar os ouasetianos numa passagem para Ahmar, mas Amon, astucioso, levara a tropa e um enfraquecido e ardente em febre Aha para o lado oposto. Atravessaram o Iterou mais ao sul de Ahmar, ganhando o lado oriental do grande rio, chegando em Ouaset em menos de dois dias, tendo subido o Iterou em barcas apropriadas. Aha conseguira fugir da primeira emboscada que o Norte lhe havia preparado.

Capítulo 5

C em anos antes do exílio, Nica-Onkh era um executivo, muito bem-sucedido, diretor de uma grande empresa, em Ahtilantê. Tudo corria muito bem para Tunpathaiê, seu nome naquela época, mas – as forças trevosas estão sempre atuantes – a ganância e o poder subiram-lhe à cabeça. Acrescida a isso, uma tardia paixão disparou um estranho mecanismo que acabou por levá-lo à senda do crime.

Enredou-se com uma mulher a ponto de desviar dinheiro da empresa, abandonar a família e, finalmente, ser descoberto, preso, julgado e encarcerado. A dor e a humilhação dessa situação não modificaram sua disposição, acreditando que o mundo todo estava contra ele e que ele não passava de uma vítima do destino. Sua mente inventava situações absurdas para justificar seus atos. Em poucos meses, foi tornando-se catatônico, tendo que ser internado em uma casa especializada. No manicômio judicial, cercado de bestas-feras, expirou alguns meses após sua transferência. Começavam novos tormentos para sua alma tresloucada.

Levou anos para descobrir que tinha falecido, enquanto caminhava pelas densas trevas do astral inferior, com sua mente vagando entre a consciência e os pesadelos, dando-lhe a ideia de que ainda estava vivo entre renascidos na carne. Numa determinada época, enquanto andava pelos charcos de lama e detritos mentais do astral inferior, Tunpathaiê tornou-se escravo de um grupo de alambaques comandado por não menos do que Tajupartak.

Tunpathaiê ficou sabendo que estava morto para o mundo físico, contudo vivíssimo para o mundo espiritual. Aos poucos, seu ódio e sua inteligência foram sendo observados por Tajupartak, que começou a usá-lo para missões cada vez mais complexas, especialmente contra diretores de grandes empreendimentos, presas fáceis, devido à arrogância, que podiam ser manipuladas para desenvolver projetos equivocados que geravam ruína e desemprego, perdas individuais e coletivas. Nesse assunto, o novo demônio, Tunpathaiê, tornou-se um mestre.

Após alguns anos, Tunpathaiê era o segundo em comando na extensa falange de Tajupartak, tendo obtido o respeito dos outros lugar-tenentes e dos soldados-escravos. Acostumara-se a repetir as ordens de Tajupartak com tamanha fidelidade que os demais homens sabiam que as suas palavras eram fiéis reproduções do líder dos alambaques.

Veio o tempo do grande degredo, e Tajupartak e sua legião foram transferidos para um distante planeta azul, num ponto perdido do imenso universo. Tunpathaiê veio junto, feliz por abandonar Ahtilantê que só amargas recordações lhe trazia.

Com o renascimento de Tajupartak, o acompanhou em sua junção à matéria, tornando-se seu primo carnal, sendo chamado de Nica-Onkh. Com o decorrer dos anos, Nica-Onkh, que se dava muito bem com Aha, ganhou o cognome de Amon – o oculto –, pois era a sombra de Aha. Eles eram extremamente parecidos fisicamente. Amon era dez centímetros mais baixo do que Aha, sendo ele mesmo um homenzarrão de boa envergadura.

Aha em dois meses voltaria às atividades normais. Nesse ínterim, seu primo e lugar-tenente, o leal Amon, estabelecia regras cada vez mais rígidas para os heseps, administrando com mão de ferro. Durante o período que estiveram fora, em Ahmar e Perouadjet, quase nenhum hesep mandara a parte que lhe cabia das colheitas. Amon logo colocou os inadimplentes em seus devidos lugares, trocando os administradores desleais, chamando a atenção dos displicentes e enaltecendo os corretos.

Amon sabia que Aha precisava descansar dos extensos ferimentos e não deveria ser incomodado. Sua imagem pública devia ser protegida e, por isso, começou a divulgar excelentes notícias do gigante: como era fantástica a sua recuperação, como os ferimentos tinham sido profundos e não o mataram! A história passou de três atacantes para mais de uma dúzia, além de várias outras invenções que enalteciam a força, a destreza e, sobretudo, a divindade de Aha.

Havia uma enorme diferença de capacidade intelectual entre os espíritos provenientes de Capela e os terrestres, capazes de serem influenciados, manipulados e comandados. Amon sabia manipular muito bem esses homens primitivos. Ele desejava enfatizar que Aha estava bem, pois os boatos davam conta de que o gigante estava à morte.

Amon resolveu, pois, fazer uma grande celebração pela volta vitoriosa e mostrar o divino Aha para o povo. Como Aha estava convalescente, não podendo apresentar-se, e como a aparência de Amon era muito semelhante à de Aha, já que eram primos, o segundo em comando tomaria o seu lugar. A única diferença real entre Amon e Aha era a altura, já que Amon era dez centímetros mais baixo do que Aha, e também Amon não tinha um cavanhaque como Aha gostava de cultuar. Afora isso, eles eram extremamente parecidos.

No dia marcado, Amon mandou distribuir com fartura uma cerveja extremamente forte que, em poucos minutos, levou os felás à bebedeira. Neste momento, à frente da casa de Aha, Amon, vestido com roupas que escondiam ao máximo suas formas, com uma barbicha amarrada sob seu queixo imberbe e sobre um estrado que lhe dava a altura de Aha, falou à população. Amon sabia falar ao populacho melhor do que Aha, que era mais afeito às conversas particulares. Amon era soberbo e, falando com grande empolgação e vibração, levou as pessoas simples e ingênuas ao delírio.

Após aquele discurso inflamado, em que contou as maravilhas de sua 'vitória' contra Perouadjet, de como fora atacado por uma dúzia de homens e vencera todos, a festa varou a noite. A madrugada foi encontrar os corpos adormecidos e sedados de tanta bebida. Com esta aparição pública, a fama de Aha aumentara ainda mais.

Ptah chegou na véspera da festa e aprovou todos os planos do sobrinho. Ele fugira de Perouadjet durante a confusão que se armara e levara uma semana a mais para chegar, pois, viajando sozinho e sem escolta, tivera que fazer uma viagem muito mais demorada e longa, evitando as margens do rio e as passagens costumeiras. Estava preocupado com o filho, já que vira quando fora ferido pelas costas e, ao vê-lo bem, regozijou-se.

Aha, durante a sua convalescença, curando-se dos ferimentos que sofrera no ataque traiçoeiro em Perouadjet, passara por estranhas experiências que iriam nortear em muito a religião kemetense. Numa noite, logo após o ferimento, enquanto ardia com uma febre de quarenta graus, Aha viu-se num lugar escuro, onde existia uma enorme pirâmide que alcançava o céu. O lugar estava repleto de pessoas estranhas, umas parecendo animais, outras parecendo seres que voavam. Alguns desses seres, vestidos com roupas translúcidas, brilhavam na escuridão, iluminando os caminhos para aquela enorme forma piramidal.

– Para onde estou sendo levado? – perguntou Aha a um dos seres iluminados.

– Para o desterro. Irá atravessar a metade do céu, indo para um lugar onde se tornará rei e deus. De lá, poderá voltar a fazer jus a este paraíso.

– Como poderei voltar de um lugar tão distante para este local? – perguntou atoleimado.

– Neste engenho. – O ser apontou para a pirâmide.

O objeto devia ter mais de duzentos metros de altura, pelo menos assim parecia no sonho de Aha.

Quando acordou algumas horas mais tarde, já melhor da febre, contou o sonho para a mulher. Ela sonhara tempos atrás algo tão parecido que, ao escutar o marido, comoveu-se e chorou copiosamente. O próprio marido assustou-se, tendo mais razões para crer que era um sonho premonitório dos deuses. Imediatamente chamou Ptah e Amon, contando o pesadelo. E, para sua surpresa, os dois homens já tinham tido sonhos similares.

Ptah sonhara que entrara na mesma pirâmide, completamente aterrorizado, com seres tenebrosos espetando-o com tridentes que emitiam zumbidos e raios que ardiam terrivelmente, e que seres iluminados voavam de um lado para outro, dando ordens e apressando-os a entrar.

Amon sonhara com um pássaro que transportava nas patas um gigantesco objeto piramidal. Essa ave, para Ptah, que a chamou de benu, era capaz de viver para sempre. Quando acabava de transportar a sua imensa carga, ela parecia desaparecer. Algum tempo depois, lá estava ela novamente, carregando nas imensas patas um novo objeto. Ela renascia das suas próprias cinzas.

Essas imagens ficaram na cabeça dos três homens e da mulher. Será que todos tinham vindo de outro lugar, de outro mundo, numa imensa barca, até esse lugar?

Neith falou:

– Meu amo Aha conhece Nekhbet, o abutre?

O marido não conhecia a dita mulher, assim como nenhum dos presentes. Neith prosseguiu na sua apresentação:

– Nekhbet é chamada de abutre, já que vaticina desgraças e catástrofes como ninguém; além disso, diz coisas sem nexo, vê coisas que só ela enxerga e conversa sozinha. Eu não a considero um abutre ou uma louca; conheço-a desde pequena e sei que sabe interpretar os sonhos, tendo lido os meus com grande sucesso. Se meu marido e amo quiser, poderíamos chamá-la e saberíamos que estranhos sonhos são esses que nós quatro tivemos de forma tão parecida.

Aha, que estava deitado sobre tecidos e peles de animais, disse-lhe:

– Traga-a, minha doce Neith, e descobriremos que sinais os deuses nos enviam.

A mulher saiu à procura da profetisa. Durante sua curta ausência, os homens discutiram a difícil situação. Amon já personificara Aha, tranquilizando os felás, e Ptah já contara os sustos de sua viagem. Aha, cheio de ódio e ideias de vingança, queria restabelecer-se e voltar para o Norte, para semear a destruição e a morte entre seus inimigos. Cerca de meia hora depois, Neith entrou com Nekhbet.

Tratava-se de uma jovem, com quatorze anos ou menos, virgem, magra e extremamente branca, como se nunca tivesse enfrentado o sol inclemente. Estava coberta com um pano, deixando de fora somente os olhos muito azuis. Dentro de casa, descobriu-se e se pôde ver que era albina. Os habitantes do Iterou não conheciam essa deformação genética e olharam-na com grande curiosidade. Seus olhos azuis, todavia, lembravam-lhes vagamente outros tipos de olhares que, naquele momento, não foram capazes de distinguir.

A moça sentou-se no chão, cruzando as pernas, com o vestido cobrindo-as completamente. Olhava fixamente para Aha, sem medo ou admiração, e com o gelo azul nos olhos começou a falar, de forma monocórdia:

– Neith contou-me os seus sonhos e posso dizer-lhes que são também os meus. Contarei para vocês o que somos e de onde viemos, porquanto lembro-me de tudo como se fosse hoje.

Aha acomodou-se melhor para escutar, assim como Amon, Ptah e Neith.

– Somos de um lugar muito distante que chamávamos de Ahtilantê. Este enorme local foi destruído por nós, devido a nossa intemperança e à magia negra que usamos de forma indiscriminada. Fomos lançados aqui nesta terra de dores e terrores para expurgarmos nossos delitos. Aqui ficaremos até desenvolvermos uma nova civilização, branda e gentil, que possibilitará que, após muitos renascimentos, encontremos a redenção de nossos terríveis pecados.

Aha olhou para o pai, incrédulo. A moça falava lentamente, sem nenhuma inflexão na voz, linearmente. Ela prosseguiu no mesmo tom, como se estivesse hipnotizada.

– Viemos em grandes barcas que atravessaram os céus, passando pelos grandes mares primordiais que nos rodeiam. As águas de cima e de baixo nos circundaram durante toda a nossa viagem.

A moça parou de falar por segundos e depois recomeçou:

– Nosso lugar de volta está reservado, se conseguirmos nos transformar em espíritos de luz. Lá em Ahtilantê, éramos seres tenebrosos e, por isso, fomos expulsos pelos deuses. Temos que ter cuidado...

A moça parecia estar sendo possuída por algum temor desconhecido.

– ... com o que fizermos aqui. Se formos maus com nossos irmãos, ficaremos aqui para sempre. Se formos bons e justos com eles, poderemos retornar.

Enquanto falava, ia se levantando e, assim que ficou de pé, um grande tremor a tomou, convulsionando-a dos pés à cabeça, enquanto uma babugem branca escorria de sua boca. Subitamente, parou de tremer, aprumou-se, bateu com a mão aberta no peito e disse, com uma voz bem mais grossa e flexionada do que antes:

– Salvem, irmãos peregrinos! Saibam que os deuses obedecem a Ele, o Grande, o Inefável, o Pai. Onkh, o Imenso e Único Deus está sempre atento e ama seus filhos, não importando de onde venham ou o que sejam. Ouçam bem as minhas palavras. É a este único Deus que dirigirão suas preces e não mais a nenhum outro.

Subitamente, a moça que, na realidade, estava possuída por um dos muitos guias espirituais que cuidavam dos terrestres e dos capelinos, aproximou-se de Aha, que ainda ardia em febre, mesmo depois de quinze dias de ter sido atacado, mostrando uma infecção que parecia não querer ser debelada, e passou-lhe as mãos num passe longitudinal no tórax, por cima da ferida, sem, contudo, tocar nele.

A primeira reação de Aha foi segurar a mão que vinha para perto de sua chaga, que ainda doía muito; no entanto, algo de severo no olhar da moça o fez ter confiança. Enquanto lhe dava alguns passes fluídicos sobre o tórax infeccionado, ela falava, agora com uma voz mais branda e doce:

– Procure acalmar-se; tudo que está acontecendo está nos desígnios do Altíssimo. Você, Aha, deverá voltar ao Norte. Procure introduzir a civilização e a união das Terras Altas, sem lutas e guerras fratricidas. Se insistir em lutar e levar a destruição aos nossos irmãos, seu destino será cada vez pior. Terá que renascer muitas vezes e sofrer tudo o que fez sofrer. Voltará como um miserável felá, sofrendo as mesmas ignomínias que fizer aos seus semelhantes. Se trucidar os homens, eles o matarão um dia. Se os ferir, será ferido. Seja, portanto, pacífico e não sucumba aos seus maus instintos de vingança e ódio, como é seu plano.

Aha ficou abismado. Tinha acabado de falar de se vingar do ataque caviloso do Norte naquele momento, e aquela moça não podia saber, pois não estava presente.

O guia espiritual, falando através da albina, prosseguiu:

– Sei de tudo o que se passa na sua mente. Sei que os meus conselhos não têm valor e que irá atacar o Norte, causando mortes e destruição. Tome cuidado porque aquilo que pode fazer, os outros homens também o podem. Se matar, também poderá ser morto. Se ferir, também poderá ser ferido. Procure fazer aos outros o que os outros gostariam que lhes fosse feito. Seja compassivo e misericordioso e encontrará clemência e indulgência. Fiquem com a paz do Altíssimo.

Assim dizendo, o espírito sacudiu a sua intermediária e libertou-a de sua dominação momentânea. A moça olhou meio aturdida para os presentes e retirou-se lentamente porta afora, cabisbaixa, cansada e confusa.

Aha falou baixinho para Ptah:

– Estou espantado com Nekhbet. É uma grande sacerdotisa e seu deus é muito poderoso, conhecendo o coração e as intenções dos homens.

O pai e o primo Amon assentiram, enquanto Neith ajeitava a cabeça do marido no seu colo. Aha prosseguiu:

– Precisamos fazer um grande templo para celebrarmos esse Deus único de quem o deus de Nekhbet falou a respeito. Deverá ser uma casa grande, onde todos os presentes poderão estar em comunhão. Nekhbet deverá ser a sacerdotisa deste templo. Tem o poder de cura, da profecia e de ver o passado das pessoas.

Amon assentiu e, cuidadoso como era, disse-lhe:

– Concordo com a sua ideia de construirmos um grande templo. Só desejo alertá-lo de que o povo aqui é supersticioso, achando que as sacerdotisas trazem má sorte. Lembre-se de que mulher menstruada não pode semear o campo, não podendo nem mesmo andar onde o campo foi ou será semeado, para não trazer infortúnios com seu fluxo de sangue.

– Tem razão. Nesse caso, usemos de um ardil. Institua um homem para ser o sumo sacerdote e, no interior do templo, escondida e protegida, instale Nekhbet. Faça como melhor lhe apetecer; quero-a como minha sacerdotisa pessoal. Sinto no deus que a possuiu uma força indescritível.

Ptah olhou-o e disse:

– Aha tem razão. Nekhbet é uma joia rara que não podemos perder. Deve ser protegida no interior do templo.

Amon pensou e disse:

– Tenho a pessoa certa para ser o supremo sacerdote. É um homem que sabe coordenar várias atividades simultaneamente, assim como é capaz de ler e escrever, podendo manter registros perfeitos de tudo o que nos interessar. Por outro lado, tenho uma sugestão de como deve ser o nosso objeto de adoração.

Aha e Ptah olharam para ele, inquisitivos.

– Deve ser parecido com a barca dos deuses que nos trouxeram até aqui.

– Ótimo! Procure fazer algo que lembre a sua forma externa e, no interior do templo, num quarto secreto, faça a imagem do pássaro benu trazendo o objeto benben. Faça o desenho da barca que irá nos levar de volta ao nosso verdadeiro lugar.

E, num rasgo de inspiração, Aha, sob influência espiritual, arrematou:

– O templo deve ser chamado de Hetbenben, a casa da barca do objeto de nossa salvação.

Ouaset, a maior cidade do Sul, ultrapassara Nubt, mas não passava de um vilarejo primitivo melhorado. Não havia templos nem grandes edifícios. A maior casa era a de Aha e, mesmo assim estava longe de ser um palácio. Amon, assim como muitos capelinos renascidos, tinha em mente grandes construções. Em Ahtilantê, tudo era muito grande e majestoso.

Amon, como sempre, chamou alguns homens de sua confiança e formou uma equipe para construir o templo. A construção levou quatro anos, nem tanto pelas dimensões gigantescas do prédio, já que eram ainda bem modestas, e sim por total incompetência dos construtores. A construção desabou diversas vezes. Esse esforço construtivo, cheio de erros e acertos, trouxe à tona uma série de conhecimentos que estavam escondidos no fundo da alma de muitos capelinos.

O gigante levou dois meses para recuperar-se totalmente e, assim que se sentiu forte, organizou um grupo de mil e poucos homens, armando-os com espadas de cobre, arco e flechas, treinando-os durante alguns meses. Quando sentiu que seu exército estava pronto, dirigiu-se ao Norte, contra Perouadjet, motivo de seu ódio e vingança.

Perouadjet não estivera esperando sem preparar-se adequadamente. Sabia que o Sul voltaria à carga e que Aha sobrevivera aos ferimentos. Durante o período em que o gigante estivera recuperando-se, Perouadjet mandara, junto com uma caravana de comerciantes, dois rapazes que passaram alguns dias em Ouaset, observando detalhadamente tudo o que Aha e seu braço direito, Amon, planejavam fazer.

O pequeno exército, menos de mil homens, deslocou-se lentamente a pé pela margem leste do rio até atingir uma passagem estreita. Ptah acompanhava o filho e junto com eles vinham duzentos felás, trezentos e trinta mulheres dos camponeses, além de noventa mulheres para prepararem a comida dos guerreiros. Aha deixara a mulher e a filha em Ouaset, protegidas contra eventuais ataques.

A caminhada fora extenuante. Durante quase um mês, foram percorridos cerca de quatrocentos quilômetros. Os burricos que carregavam os pesados mantimentos e as mulheres atrasaram a longa viagem.

Ptah achou prudente que aquela extensa coluna acampasse num lugar seguro e que os soldados deveriam restabelecer-se da fatigante viagem. Aha achou a ideia boa e destacou o pai para coordenar essas atividades. Poderiam ter uma base de operações próxima ao Norte, pois aquele local ficava perto de onde o rio bifurcava-se para começar o grande delta.

Ptah sabia que seria uma campanha brutal. Mesmo que Aha vencesse rapidamente, teria que vigiar de perto o Norte. Ahmar não oferecia uma posição privilegiada porquanto era por demais afastada do rio, impedindo que pudesse haver controle e vigilância. Por outro lado, a cidade estava praticamente abandonada. Após a enxurrada, a maioria fora para Perouadjet, inclusive Anukis, a mulher de Ptah.

Ptah procurou, portanto, estabelecer mais do que um simples acampamento. Colocou os felás para trabalhar as terras ao redor, e começou a construir casas para os guerreiros e suas famílias. Em menos de dois meses, aquela cidade passou a ser chamada de Anu, em homenagem ao deus sumério. Com o tempo, Anu seria mais conhecida como Ionu ou On. Ficava a poucos quilômetros de Ahmar, praticamente abandonada após a enxurrada.

Aha tornara-se cuidadoso e desconfiado. Não queria ser atacado novamente pelas costas e nem ficar preso numa outra armadilha. Cruzou o Iterou com seu grupo, deixando cem soldados atrás, sob o comando de seu pai. Os homens cruzaram de balsa e foram em direção a Perouadjet. Não sabiam que estavam sendo seguidos desde que tinham passado pela aldeia de Zauty. Os dois espiões de Perouadjet tinham deixado alguém encarregado de vigiar as margens e avisá-los, caso algo fora do comum acontecesse. Enquanto Aha parou para preparar seu acampamento, o espião atravessou o rio de balsa e foi avisar seus amigos em Perouadjet. Os defensores saíram da cidade e ficaram esperando que Aha cruzasse o rio.

A espera levou mais de dois dias. A planície não era o local mais próprio para uma emboscada. À medida que os soldados de Aha foram atravessando o Iterou, os defensores procuraram esconder-se. Não podiam ter sido mais canhestros. Foram imediatamente detectados por Aha, que dividiu sua tropa em três blocos, fazendo de conta que não tinha avistado os defensores. Um grupo de duzentos homens, inclusive o gigante, deixaram-se cair na emboscada, enquanto que os outros dois grupos, cercavam os defensores de Perouadjet. Quando os poucos defensores, algo em torno de trezentos soldados, atacaram Aha, eles foram, por sua vez, atacados por trás pelas tropas dele. Arqueiros treinados e espadachins experientes, liquidaram os defensores de Perouadjet em menos de quinze minutos de renhida batalha.

Aha foi implacável, não deixando nenhum defensor vivo. Os que correram da luta foram capturados e torturados enquanto respondiam a todas as perguntas de Aha. Não havia nada que quisesse saber que os infelizes não respondessem na esperança de não serem mortos. Nada, todavia, aplacava a sua sede de desforra. Lembrava-se das dores do ferimento e da marca da cauterização e também da febre que tivera até ser tratado por Nekhbet, quando melhorara subitamente. Ao lembrar-se daqueles tempos, tornava-se cada vez mais sádico, tomando os depoimentos pessoalmente.

Perouadjet estava desprotegida e Aha entrou na cidade, surpreendendo todos. O sol ainda não levantara, quando a tropa entrou na cidade, atacando especificamente algumas casas onde moravam os conselheiros. Todos foram mortos, assim como as suas mulheres, filhos e servos. Perouadjet tinha doze mil habitantes e não mais do que duzentos foram massacrados. Aha, para ganhar a simpatia dos demais moradores, deu a metade das terras dos conselheiros, a ser distribuída entre os moradores, e a outra metade para o seu exército. Naturalmente que os habitantes de Perouadjet não mostraram grande alegria, já que a terra tomada era pouca para tantas famílias. Os guerreiros, por conta, ficaram felizes em adquirir algo com o butim da cidade. Aha escolheu uma das mais maiores casas para si. Mandou chamar Ptah que, dois dias depois, respondeu-lhe que seria preferível não ir para que não acontecesse a mesma coisa que no passado.

Aha mandou preparar um grande banquete, com iguarias locais e do Sul, com muitos carneiros e marrecos. Foi convidada uma nova elite da cidade, que Aha queria que substituísse aquela que fora passada na espada, como despique pelo ataque traiçoeiro que tinham feito contra o gigante quase um ano antes. Convidou mais de quinhentas pessoas, inclusive as mais belas mulheres de Perouadjet.

Ptah, desconfiado e apreensivo com os habitantes do Norte, pois conhecia-lhes o temperamento, avisou ao filho que Perouadjet era apenas uma das cidades e que só haveria paz e tranquilidade quando as demais fossem dominadas. Ahmar e Zau deviam ser rapidamente tomadas e heseps formados com guarnições militares fiéis a Aha, sem os quais sua vitória poderia tornar-se efêmera e fugaz. O gigante recebeu muito bem as recomendações paternas. Realmente, era preciso atacá-los imediatamente. Movimentou seus homens em direção a Zau. Ouvira falar que aquela cidade tinha se tornado importante e independente.

Perouadjet ficava no interior do delta, no seu braço oeste, enquanto que Zau ficava mais a oeste, às margens do Iterou. A coluna tinha que retornar para o sudoeste, levando três dias para chegar a Zau, que foi invadida sem grandes atropelos pelos homens de Aha. O Conselho dos Anciões recebeu Aha e sua tropa calmamente, dizendo que Zau não tinha intenção de lutar contra os vencedores de Perouadjet.

Aha reuniu-se com os conselheiros e, durante algumas horas, explicou o que desejava e os motivos. Queria que todas as cidades e aldeias constituíssem regiões administrativas – heseps – e que formassem um único país. Cada região seria administrada por pessoas especializadas que, obviamente, ouviriam os conselheiros, mas que seriam independentes para tomar as decisões. Os conselheiros, a maioria constituída de capelinos, inteligentes e sagazes, logo entenderam as vantagens e desvantagens do esquema proposto por Aha. Por um lado, teriam ajuda e proteção e, por outro lado, pagariam por esse serviço. Não exultaram por ter de pagar, mas a situação não admitia evasivas.

A cidade de Terenouti, fundada por um dos descendentes de Mebaragesi, não ofereceu nenhuma resistência, já que tinha sido reduzida a mera aldeia após o dilúvio, e mesmo assim passou a ser a capital de um hesep. Os conhecimentos geográficos da região eram limitados, o que obrigava todos a longas andanças para conhecerem e demarcarem o delta. Cada vez que chegavam a pequenas aldeias, os grupos de busca de Aha conseguiam fazer amizade e obter informações valiosas sobre a região.

Aha dividira sua tropa em seis, sendo que cinco grupos pequenos de vinte homens, muito bem armados, vasculhavam a região. Os demais ficavam em On, que rapidamente prosperava.

Em On, Aha montara um verdadeiro quartel-general, tendo mandado vir sua esposa e filha. Amon enviara vinte administradores treinados, todos conhecedores das novas técnicas, para que Aha pudesse usá-los nos heseps que estivesse instituindo. Em parte, o número vinte foi aleatório, assim como a divisão em heseps do baixo Kemet, enquanto que o Sul fora dividido em vinte e dois heseps. Essas divisões aleatórias, baseadas no bom senso de Aha, Ptah e Amon, ficariam praticamente imutáveis por mais de três mil anos.

Aha resolveu por bem que o grande templo do Hetbenben deveria ser construído em On, já que o de Ouaset desmoronara várias vezes. Ele achava que não traria sorte cultuar o benben num lugar que desabara tantas vezes. Resolveram, deste modo, construir o Hetbenben em On, transformando a construção quase acabada, em Ouaset, no templo de Onkh que, depois de séculos, tornar-se-ia o Templo de Amon-Rá, com fantásticas ampliações que os demais governantes fariam.

Aha mandara construir um templo em On, onde determinara a construção de uma pirâmide, uma réplica do transportador astral interplanetário que trouxera os capelinos de Ahtilantê para a Terra. Eles chamaram aquela pedra negra de Benben. A sacerdotisa principal era Nekhbet, a ensandecida capelina albina, capaz de manter-se em contato com os espíritos – denominados de deuses pelos habitantes do Iterou –, assim como, em transe, de lembrar-se de algumas coisas de seu planeta natal. Pelo fato de poder predizer com grande precisão fatos futuros, tanto Amon como Aha mantinham-na à mão para servir de oráculo. Durante os cinco anos em que Nekhbet residira, inicialmente no templo de Ouaset e depois, por quase dez anos, em On, enclausurada no Hetbenben – a casa do benben –, além dos anos de construção do grande templo, contou coisas assombrosas a respeito de Ahtilantê. Vez por outra, sua mente destrambelhava e misturava realidade capelina com sonhos e situações astrais.

O sumo sacerdote era um leal amigo de Amon, sendo muito mais um bom administrador do que um religioso. Era, contudo, um crente na divindade de Nekhbet. Acreditava que aquela mulher magra, branca como a neve e com olhos azuis quase translúcidos era uma deusa que, por alguma razão desconhecida, fora expulsa dos céus, vindo parar naqueles sítios para cumprir uma triste sina. Desse modo, sob orientação de Amon, obedecendo a ordens expressas de Aha, o sumo sacerdote anotava em toscos símbolos cuneiformes quase tudo o que Nekhbet – a Branca de Nekheb ou Nekhabit, de acordo com a pronuncia do lugar – dizia.

Vivia colado ao seu lado, nutrindo um amor casto, pois sabia que nunca poderia possuir aquela mulher estranha, e até mesmo feia – sua fama de abutre não era à toa –, do contrário ela poderia perder o dom de antever o futuro, o que acarretaria uma fatal punição de Aha para ambos. Por outro lado, ele a protegia como se fosse sua própria filha e mãe. Quando a pítia morreu, prematuramente, ainda na flor dos trinta anos, sofreu a sua ausência de forma exacerbada, vindo a compilar longos tratados, ditados por Nekhbet, quando em transe ou possuída por espíritos os mais diferentes.

Nekhbet entrava em transe, mas não era possuída por nenhuma alma do outro mundo; apenas relatava o que sua mente hiperexcitada relembrava. Nessas horas, muitas distorções foram sendo anotadas pelo sumo sacerdote, cujo nome era Khnum, que viria também a se tornar um deus. Ele compilou e organizou todas as predições e visões de Nekhbet, sendo que as que lhe chamaram mais a atenção foram aquelas relacionadas com a existência humana, em suma, as que podiam gerar um corpo doutrinário.

Khnum escreveu um compêndio filosófico completo, sempre baseado nas visões de Nekhbet. Alguns séculos depois, os sacerdotes de muitas cidades do Kemet o modificariam, adaptando-o às suas necessidades políticas. Essa doutrina, muito parecida, em essência, com a da suméria, influenciaria a religião de muitos lugares do mundo.

Nekhbet afirmara que os habitantes do Iterou provinham de um lugar chamado Ahtilantê, que definira como sendo um poderoso império. Nekhbet tinha revelações muito nítidas, mas limitadas às suas próprias emoções e parcos conhecimentos gerais de Ahtilantê. Quando essas preciosas mas distorcidas informações foram passadas adiante, nomes e locais foram modificados, a tal ponto que Ahtilantê transformou-se em Atlantis e, posteriormente, Atlântida, e sua localização original virou uma provável ilha-continente no oceano Atlântico, destruída por uma hecatombe telúrica de imensas proporções, que jamais aconteceu no planeta Terra.

Khnum escreveu que o espírito era constituído de um corpo espiritual, denominado de Ka, que abandonava o corpo físico após a morte ou durante o sono profundo, podendo alcançar o mundo dos mortos. O espírito era obrigado a renascer quantas vezes fossem necessárias para aprimorar seu caráter. No início, Khnum fora muito feliz em apenas escrever o que Nekhbet, a gentil e submissa deusa, falava durante seus transes, mas, com o tempo, arvorou-se de intérprete de suas palavras, distorcendo algumas belas mensagens.

Uma delas é a de que o homem poderia renascer como um animal ou mesmo um inseto, dependendo do seu comportamento. Essa teoria, conhecida como metempsicose, originou-se das reminiscências dos capelinos, que, comparando sua perdida cultura e corpos exuberantes de Ahtilantê com o que tinham na Terra, acreditavam que haviam retrocedido na escala evolutiva. É natural que tais comparações eram exageradas, sob a forte influência de um degredo, e feitas de forma inadequada, sob transes, sonhos e fragmentos de memória.

A teoria dos mortos escrita por Khnum ficaria guardada por alguns séculos, quando um grande rei se encarregaria de difundi-la por todo o Kemet. Sua influência se tornaria tão importante que mudaria completamente a face do seu país e influenciaria enormemente diversas culturas no mundo antigo.

A mulher de Aha ficou profundamente magoada com o marido, quando chegou de Ouaset com a filha e encontrou mais quatro mulheres que faziam parte do harém do gigante. Procurou o marido e pediu-lhe explicações, escutando desculpas e evasivas. Aha dissera-lhe que as mulheres tinham sido presentes de chefes de aldeias e que não podia recusar sob pena de se indispor com eles. A afronta seria muito mal recebida, podendo dificultar as relações entre o seu exército e os conselhos tribais que tinham que se submeter aos novos chefes de heseps. A mulher voltou à carga, dizendo que concordava com o fato de que o marido tivesse que aceitar os presentes. Achava, no entanto, que o marido não deveria desfrutá-los. Ele riu-se e disse-lhe que, se alguém ganhasse uma fruta e não a comesse, estaria de qualquer forma afrontando quem lhe desse o presente. É claro que usufruiria dos presentes, mas que ela seria a primeira dona da casa, sendo que as demais podiam ser usadas como suas damas de companhia, obedecendo-lhe em tudo. Neith aceitou relutantemente essa situação nova.

Dois anos depois, Sakhmet, a filha de Aha com Neith, que tinha quase quatro anos de idade, compartilhava a casa com dois irmãos. Um era Chu, filho de uma das concubinas chamada Taweret, e outro era Ihí, filho de outra concubina de nome Hathor. Neith, por mais que quisesse, não conseguia ficar grávida, irritando-se cada vez mais em ver o marido ter filhos de outras mulheres. Aha, além das mulheres que tinha em casa, totalizando cinco, ainda encontrava tempo para aventuras extraconjugais externas, das quais veio a ter mais três filhos, que levou com as mulheres para sua casa. Uma das crianças veio a falecer precocemente, mas as outras viveram, todas robustas, puxando a forte compleição paterna. Nessa altura dos eventos, Aha tinha cinco filhos vivos, sendo quatro meninos e duas meninas, Sakhmet e a doce Tefnut.

Um dos meninos chamava-se Montu e o outro, Seankh. Esse último era franzino, afeminado e sempre muito recluso. Sakhmet detestava Seankh. Aceitava os demais com muita franqueza, tendo uma certa queda pelo irmão mais novo, Montu, que era belo como um deus. Tinha verdadeira adoração pelo avô Ptah, nome que adotara, já que mais ninguém o chamava de Urbawa. Com o decorrer dos anos, Sakhmet tornou-se uma mulher completa; totalmente diferente das demais. Ela tinha alcançado a altura de um metro e noventa e três centímetros, era forte como um homem, manuseava a espada com maestria e o arco e flecha, com rara habilidade. Nas lutas corporais só perdia para o pai e, muito raramente, para seu irmão Chu. Ihí, mesmo forte, era mais intelectual, preferindo ficar horas pensando em assuntos filosóficos e administrativos. Ihí era o filho com que Aha menos tinha entrosamento e de quem mais respeitava a opinião. Era brilhante intelectualmente, mas sempre com um ar sombrio a lhe empanar a fisionomia.

Ptah, com a morte da esposa Anukis, ficou livre para vagar pelo Iterou. Durante quinze anos, após a tomada de Perouadjet, se dedicara a fazer obras de contenção do Iterou, com canais e diques. Aha e Ptah, assim como toda a família, viviam em On e, ultimamente, perto da morte da esposa de Ptah, moravam numa casa grande em Ouaset. Após a morte da esposa, Ptah, já com cinquenta e seis anos, resolveu fazer a viagem que sempre desejara fazer: ir além da grande catarata.

Quando estivera em Sounou e vira a grande queda d'água, sempre ficara ensimesmado, querendo conhecer o que havia além daquele ponto. Passara anos não só imaginando, como falando incessantemente nisso. Naquele tempo, a maioria do povo simples via Ptah, Aha e agora Amon como deuses vindos do céu para mostrar-lhes uma nova forma de viver, uma civilização nova. Eles encorajavam essas histórias, pois era isso que motivava e prendia o povo mais humilde nas estafantes lides de trabalho e da corveia que lhes eram impostas. Todos os canais, diques, obras de contenção, assim como a construção de novos templos, fortalezas e outras obras eram feitas pelos felás que, além de terem que construir tudo aquilo, ainda eram obrigados a trabalhar nos campos, durante o plantio e a colheita.

Quando Ptah, o grande deus vivo, desejou fazer uma expedição além das grandes quedas d'água, os seus humildes seguidores apoiaram-no com víveres e carregadores. Aha, sempre prestimoso com o pai, cedeu-lhe cinquenta guerreiros. A caravana partiu para terras desconhecidas com cerca de duzentas pessoas. A neta querida fez absoluta questão de acompanhar o avô, tendo sido proibida por ordem paterna.

Os meses se passaram arrastados e nenhuma notícia de Ptah era conhecida. Numa tarde de janeiro, oito meses após a sua partida, apareceu um guerreiro do grupo que o acompanhava. Estava profundamente ferido, magro e esfomeado. Fora encontrado próximo à grande catarata e levado por habitantes de Sounou para a casa de Aha. O infeliz acabou contando histórias estranhas de terras de pessoas de cor negra como o azeviche, gigantes que lutavam de forma extraordinária e tinham trucidado todo mundo, inclusive o deus Ptah. Algumas horas depois de ter contado essa história, o infeliz expirou devido à fraqueza geral que o acometera. Parecia que resistira apenas para trazer a mensagem da morte da expedição e do grande Ptah.

A notícia foi divulgada de forma bastante truncada. Disseram que o grande Ptah ficara perto de Sounou, em cavernas secretas, de onde poderia controlar as cheias do Iterou. Quanto ao resto da expedição, tinha resolvido estabelecer-se acima da catarata a fim de expandir os territórios do Kemet.

Sakhmet sabia da verdade e estava decidida a vingar a morte do avô. Contrariando o pai, armou um grande grupo de duzentos soldados para ir além das cataratas. Naturalmente, a verdadeira morte de Ptah era conhecida de um grupo restrito que participava do poder. A população, pela veneração e respeito que tinha pelo ancião, fora enganada com a história de cavernas secretas, que acabou virando uma das muitas lendas e mitos do antigo Kemet.

Aha estava no Norte, controlando pela nona vez consecutiva uma tentativa de levante dos nortistas do baixo Kemet. Fora com um grupo bastante grande e cercara a cidade de Kêmis, perto de Perouadjet. Enquanto desenrolava-se uma encarniçada batalha da qual o gigante seria novamente vencedor, Sakhmet saía com seu grupo de Ouaset em direção à Núbia. Após andarem alguns dias, estacionaram em Sounou para não só descobrir o melhor caminho para vencer a imensa cachoeira, como também recolher informações da terra desconhecida a ser visitada. Os nativos contaram histórias inverossímeis a respeito de negros terríveis e animais de estarrecer. Essas histórias só serviram para assustar a maioria. Sakhmet não acreditou em nada daquilo e partiu com seu grupo.

Aha voltou meses depois e recriminou acerbamente Amon por ter deixado sua filha partir. Após muita discussão, acabou concordando com Amon que seria impossível impedi-la quando colocava algo em mente. Aha, que adorava a filha, só pôde pedir aos deuses que a protegessem.

Passaram-se mais de dois anos, quando um dos soldados voltou daquela desaparecida expedição. O infeliz desertou na calada da noite, jurando que não tinha outra alternativa a não ser fugir do jugo de Sakhmet. O soldado não se apresentou a Aha, preferindo esconder-se na casa do próprio pai, onde foi descoberto por um amigo que reportou ao rei. Intimado a comparecer perante o monarca, chegou atemorizado e relutante.

Contou as mais inacreditáveis histórias de tribos ferozes que eram dizimadas por Sakhmet que, sedenta de sangue e vingança, atacava indiscriminadamente todas as tribos que encontrava, matando todos, inclusive crianças, mulheres e velhos. Contou que o local era repleto de animais selvagens e que era ladeado de desertos terríveis, onde ventos e tempestades de areia assolavam os viajantes. Por outro lado, informou que todos já estavam cansados e desejosos de voltar e que Sakhmet os impedia. Os poucos que desobedeceram foram mortos impiedosamente pela tigresa enfurecida. Ninguém ousava desobedecer.

Aha chamou Ihí e Montu, explicou-lhes detalhadamente o que fazer e deu-lhes a ordem de irem buscar a irmã. Os dois partiram com uma escolta de trinta soldados, além do desertor que teria sua vida poupada se Sakhmet fosse encontrada viva. Caso contrário, Montu tinha recebido ordens de Aha de executá-lo, coisa que faria sem pestanejar.

O grupo embrenhou-se na Núbia por dois meses até que encontrou Sakhmet perto da segunda catarata, na aldeia de Uadi Halfa, com um grupo esquálido de soldados. Ela mesma estava ótima, parecendo uma verdadeira pantera, uma tigresa em pleno combate. Ihí e Montu foram muito bem recebidos, enquanto o resto da tropa parecia sair de um pesadelo. Todos estavam ansiosos para voltar, temendo desobedecer Sakhmet, que parecia tomada de um tenebroso demônio e, por isso mesmo, abatia, sem dó, qualquer um que a enfrentasse. Oito homens já tinham sido mortos por não obedecerem às suas ordens e três tinham fugido de noite, sendo que dois foram recuperados e sofreram torturas inimagináveis. Sakhmet estava ou parecia estar descontrolada.

Ihí e Montu falaram longamente com ela, sem obterem êxito. Ela estava imbuída da ideia de encontrar Ptah, seja vivo, seja morto, e, nesse caso, enterrá-lo. Enquanto isso não acontecia, atacava as tribos de núbios que vagavam pelo vale superior do Iterou. Ihí foi dormir após longas explicações e tentativas infrutíferas de convencer a irmã. Montu, sempre muito mais calado do que Ihí, continuou perto da irmã na sua tenda, após o irmão ir dormir.

– Senti muito sua falta – disse Montu, ternamente.

A meia-irmã sorriu e não disse nada. Montu aproximou-se dela e pegou sua mão, perguntando de sopetão:

– Você tem dormido com alguém?

Sakhmet levou um susto. Nunca conversara de sexo com ninguém, a não ser com sua mãe, que lhe explicara os segredos da vida. Obviamente não se entregara a nenhum de seus comandados; perderia o respeito da tropa imediatamente. Montu devia saber disso. Ela respondeu de forma brusca, retirando a mão de Montu.

– Claro que não!

– Então, continua virgem?

Sakhmet não estava disposta a tolerar aquela intromissão em sua privacidade. Sua face enrubescida já começava a demonstrar uma raiva crescente. Montu, contudo, aproximara-se perigosamente da irmã e a segurou no ombro, dizendo-lhe:

– Eu não suportaria saber que outro homem a possuiu.

Sakhmet olhou nos olhos do irmão e, naquele momento, sua raiva e vergonha desapareceram. Havia uma doçura no olhar de Montu que transmitia confiança e grande generosidade. Sentiu-se mais tranquila.

As mãos de Montu passearam gentilmente pelos braços musculosos, duros, de pele suave da irmã. E com a voz baixa, quase inaudível, disse-lhe:

– Você tem que ser minha, somente minha.

Seus lábios aproximaram-se da irmã e Montu a beijou ternamente. O primeiro impulso da irmã foi de empurrá-lo para longe e sair correndo, mas uma languidez, desconhecida para ela, a fez aceitar aquele beijo e, aos poucos, corresponder.

Sakhmet, que sempre se atormentara em ter nascido mulher, finalmente libertou-se desse pensamento e entregou-se com volúpia e paixão às carícias do seu meio-irmão. Quando o sol despontou no horizonte, o casal estava exausto, dolorido e saciado.

Sakhmet vestiu-se, saiu da tenda e gritou aos soldados:

– Arrumem tudo rapidamente. Vamos partir para Ouaset.

A alegria e a surpresa foram enormes e todos correram para levantar acampamento o mais rápido possível. Duas horas depois, estavam partindo de volta para a terra natal.

Ihí, surpreso, perguntou para Montu:

– O que será que a fez mudar de ideia?

Montu, sempre muito quieto e taciturno, respondeu:

– Não sei. Quem sabe se não foram seus argumentos de ontem à noite?

Ihí olhava para a irmã, que estava a certa distância e redarguiu:

– Pela sua expressão, eu diria que foi convencida por outros argumentos.

– Você acha? – perguntou Montu, procurando distrair sua cabeça com atividades diferentes, pois lembrar-se da véspera iria excitá-lo novamente.

Ihí descobriria a relação dos dois durante a viagem. À medida que chegavam perto de Ouaset, mais coquete e feminina Sakhmet se tornava. Passou a falar de forma mais gentil, já não escarrava no chão e não soltava imprecações a todo o instante. Os soldados, que tudo notavam, diziam que, à medida que ia se aproximando de Ouaset, Sakhmet estava passando por uma metamorfose, transformando-se de tigresa em gata.

Na realidade, a verdadeira personalidade de Sakhmet vinha à tona, liberta da influência dos comentários de Ptah e Neith, que lastimavam o fato de a menina não ter nascido homem para ocupar o lugar de Aha, no futuro. Agora, Sakhmet tinha descoberto o sexo e, mais importante do que tudo, descobrira o amor. Montu e Sakhmet, aliás, estavam apaixonados como nunca. Montu sempre fora meio caído pela meia-irmã. A maior preocupação do casal, contudo, era saber como Aha ia reagir quando soubesse do romance e do desejo de ficarem juntos.

Aha recebeu a notícia da própria filha e não decidiu nada, pedindo algum tempo para pensar. Alguns dias mais tarde, tendo visto a metamorfose por que passara sua filha, transformada em uma bela mulher, bem vestida, abandonando as armas e comportando-se como uma princesa, não teve dúvidas em aceitar aquele casamento. Por outro lado, acabou inaugurando um preceito que os poderosos iriam seguir, casar meio-irmãos para manter a fortuna na família.

Chu havia atingido a idade de casar e Aha, resoluto como só ele, mandou chamá-lo e informou-o de que o iria casar com Tefnut, uma de suas meia-irmãs. Chu achou a ideia ótima, pois Tefnut era de uma beleza ímpar. O casamento se deu com certa pompa, com convidados de todos os lugares, já que Chu era o herdeiro de Aha.

Alguns meses mais tarde, Tefnut daria à luz um belo menino, chamado Gueb, que significava terra, e que viria a puxar o imenso físico do pai, Chu.

O tempo passou vagarosamente, medido pelas cheias do Iterou. Gueb cresceu em idade e formosura. Ele tornara-se um colosso de quase dois metros e dez centímetros, apresentando uma força descomunal.

Gueb tinha trinta anos, com sua tez azeitonada, cabelos pretos ondulados e seus olhos castanhos escuros, quando lhe foi dada uma mulher de rara beleza, chamada Nut. Ele tinha outra mulher, uma concubina extraordinariamente bela, vinda do Sul, chamada Ghazzira, que lhe fora presenteada para ser rainha, quando Gueb fosse rei. Nut, que significava céu, tinha dezoito anos, cabelos castanhos claros, olhos verdes e uma pele branca levemente rosada.

Nut chegou com pompa, trazida por uma caravana de sua cidade natal, Kenem-Nesout, mais tarde chamada pelos gregos de Heracleópolis. Era capital de um importante e rico hesep, sendo famosa pela qualidade de seus grãos de cevada e trigo. Nut fora trazida com pouca roupa; o linho extremamente fino que cobria seu corpo mostrava mais do que escondia. Gueb tomou-se de avassaladora paixão por Nut e substituiu Ghazzira pela nova aquisição no seu leito e coração.

Aha estava com quase cinquenta e cinco anos, o que era uma raridade para um homem daquela época. Seu corpo já envergava-se sob o peso dos anos. Quanto mais o tempo passava, mais delegava as suas funções para Chu e Amon. Chu, com o decorrer dos tempos, aproximava-se mais de Amon, tendo-lhe respeito, carinho e dedicação. Aprendia cada vez mais a ciência de administrar o Estado, especialmente os heseps. Amon casara-se com uma mulher estranha e bela, Mut, que lhe dera um filho ainda mais enigmático, chamado Khonsu. Seria mais tarde deificado como a criança-lua.

Aha morreu de um ataque cardíaco fulminante. Suas mulheres o descobriram de manhã e choraram imensamente. Ouaset ficou de luto. Um luto diferente do nosso: durante alguns dias, as refeições foram feitas somente à noite. Após a morte de Aha, Chu assumiu o reinado e manteve pulso forte. Amon foi seu tati por alguns anos, até morrer, quando foi substituído por Ihí, seu irmão. Os dois, fortemente entrosados, governaram por quase trinta anos o Kemet.

Com a morte de Chu, Gueb assumiu o reinado, mostrando ser pouco apto a esse mister. Seu tati, o meio-irmão Pepi, foi o governante de fato. Durante o reinado de vinte e cinco anos de Gueb, houve paz e grande prosperidade, tendo se desenvolvido a agricultura, com excedentes que geraram muita riqueza. Aliados a esse fato, novas construções foram sendo desenvolvidas, novos templos construídos, novas formas de comercializar as safras foram introduzidas, além do aparecimento de banqueiros e financistas. A situação dos felás não melhorou em nada, sendo dominados pela nascente classe social dos senhores rurais, dos administradores de heseps e da mais nova das classes sociais, os sacerdotes shem.

Nut tivera dois filhos de Gueb, uma linda menina, chamada Neftis, e um garoto muito inteligente, que era a luz dos seus olhos. Gueb amava o filho, vendo nele seu descendente. Nos anos do governo de Chu, e depois de Gueb, houve um grande crescimento demográfico, implicando na duplicação da população – renascimentos de espíritos provenientes de Capela. Contudo, as pestes e a cólera dizimaram rapidamente a população. Além disso, a fome, terrível e opressora, ainda grassava em alguns pontos do Kemet, ceifando vidas.

Após a morte de Aha, Chu levara a capital do país de On de volta para Ouaset, onde dera grande impulso à construção do Templo de Onkh. Gueb, com a morte do pai, continuaria seu reino em Ouaset, indo vez por outra para o Norte. Nesse período, o Kemet seria abalado por algumas revoltas, especialmente no Norte, em Perouadjet e, depois, em Zau. Gueb, excelente guerreiro, mau administrador, soube esmagar tais rebeldias com excessiva ferocidade. Sempre que isso acontecia, o Norte tornava-se mais indócil, insubmisso e irado com o tratamento que o Sul lhe dedicava.

Gueb tinha alcançado os sessenta anos, quando teve um derrame que o deixou entrevado, praticamente sem ação, vindo a falecer dois meses depois. Imediatamente após sua morte, assumiu seu filho, longamente conhecido de seu povo, o belo e amado Osíris.

Capítulo 6

Osíris, filho de Gueb e Nut, era um homem muito belo, com cerca de um metro e noventa, cabelos castanhos claros, olhos castanhos cor de mel e uma tez branca que, após ser castigada pelo sol, tornava-se morena dourada. Era uma mistura de sumério, branco de cabelos negros, e ariano, alvo e louro. Os habitantes do Iterou olhavam-no com admiração, tanto pela sua altura, como também pela sua beleza física. Acrescido a esses fatos, Osíris era extremamente atencioso com as pessoas, sempre tendo uma palavra gentil para com os pobres, uma amabilidade rara entre os de sua classe.

Cento e cinquenta anos antes de Osíris nascer na Terra, ele era um espírito renascido em Ahtilantê. Chamava-se Ken-Tê-Tamkess, filho de belos verdes, altos e fortes, ricos latifundiários da poderosa república Liamer. Seu pai, com a formação profissional do filho, aposentou-se, deixando que Tamkess tocasse os negócios da família, o que fez com rara felicidade. Casou-se com uma bela verde, filha de família conhecida dos seus pais, com quem teve dois filhos que jamais o aborreceram com nenhum tipo de problema.

Um dia, voltando para casa, numa estrada vicinal de pouco movimento, dirigindo seu veículo de forma apressada, Tamkess sofreu um acidente gravíssimo; ao desviar de um bêbado, colidiu fortemente com um muro. Ficou sem atendimento por mais de duas horas, o que lhe deixou graves sequelas. Retornou do coma apresentando dificuldades na fala, além de entorpecimento motor grave. Estava praticamente quadriplégico. Iria necessitar de tratamentos de fonoaudiologia e fisioterapia intensiva.

Durante dois anos, Tamkess ia diariamente ao instituto especializado, levado pelo seu motorista particular, a fim de se submeter às sessões de reabilitação motora. Sua esposa afastou-se dele, horrorizada com seu aspecto geral, porquanto babava, não tendo mais o controle da salivação e de suas necessidades fisiológicas. Este estado de coisas levou a esposa a abandoná-lo e pedir o divórcio, o que lhe foi concedido pelo pai, que voltara a ser seu tutor legal.

O pai, portanto, providenciou uma enfermeira para cuidar dele e da casa. A enfermeira de nome Servignia era uma mulher interessante, tendo um corpo bem feito e um rosto bonito. Servignia instalou-se na grande mansão herdada de Tamkess. Foi imediatamente colocando as coisas do seu jeito.

Servignia havia sido enfermeira de um grande nosocômio da capital, tendo sido dispensada devido ao seu péssimo gênio. Enquanto lá trabalhou, foi amante de um dos médicos, do qual só se afastou, temporariamente, quando a esposa do esculápio engravidou, exigindo maiores atenções do marido.

Servignia tomou o emprego contrariada. Não era aquilo que desejava. No terceiro dia, Servignia perdeu o controle e desandou a insultar o infeliz, pois suas limitações físicas eram enormes. Gritou inúmeras vezes com ele, imaginando que não teria consciência dos eventos em sua volta. No entanto, Tamkess tinha pleno conhecimento de tudo o que estava acontecendo. Sua tristeza foi tão avassaladora que grossas lágrimas começaram a correr dos seus olhos. Ela notou as lágrimas e arrependeu-se de ter gritado com o aleijado. A partir deste fato, Servignia passou a dedicar extremada atenção a Tamkess, ajudando-o em sua recuperação.

Aos poucos, o cérebro de Tamkess foi aprendendo novas formas de atuar; os circuitos elétricos conseguiam percorrer novos caminhos para cumprirem sua atuação. Durante alguns longos meses, foi reaprendendo a andar, a se vestir, a fazer as necessidades fisiológicas sozinho e a falar. Sua fala era muito deficiente, sem entoação e aos arranques, próprio das pessoas com graves afeções mentais.

Dois anos tinham se passado desde que Servignia tinha vindo trabalhar na casa de Tamkess e ele já apresentava grandes melhoras. A sua força de vontade era impressionante. Passava o dia inteiro fazendo exercícios, até mesmo depois que cessavam as instruções dadas pela enfermeira. Na realidade, estava extremamente motivado: apaixonara-se pela enfermeira. Era tipicamente uma relação entre paciente e médico, em que a dependência é total. O paciente sente-se grato pela atenção do médico ou da enfermeira e, muitas vezes, fantasia situações inexistentes. Servignia, por sua vez, voltara a visitar o leito do belo médico, que recomessara a assediá-la, pois sentia-se extremamente só em companhia de Tamkess.

Sevignia já trabalhava para Tamkess há uma década. Sua recuperação fora notável, mas apresentava ainda algumas sequelas, especialmente na fala. No restante, parecia bastante normal. Seu amor por Servignia crescera a ponto de estar pensando em casar-se com a moça. Durante esse período, ela e o médico estiveram cada vez mais envolvidos, até que a esposa do esculápio descobrira o caso e obtivera dele a promessa de que romperia com a amante. Após quase onze anos de romance, o médico rompia com a enfermeira, deixando-a desesperada.

Quando Servignia foi dispensada pelo médico após onze anos de relacionamento, imediatamente pensou em vingança. Era preciso feri-lo onde mais o médico sentiria: na sua reputação profissional. Amantes falam de suas vidas particulares, confidenciando segredos, confiando uns nos outros. Ele tinha revelado diversos erros médicos que tinha cometido, especialmente em algumas consultas e tratamentos de pessoas mais pobres. Servignia listou todos os casos que ele tinha comentado no decorrer dos anos, de que, eventualmente, lembrava-se e saiu a campo para pesquisar.

Durante seis meses, com a ajuda de um detetive particular pago com o dinheiro de Tamkess, que de nada sabia, formou um largo dossiê que enviou para a Sociedade de Medicina. Como os liamerenses eram um povo extremamente ético, aquelas denúncias tão bem levantadas, tão bem documentadas foram levadas a sério, e o médico, três meses depois, perderia seu registro na Sociedade de Medicina, tendo ficado desgraçado profissional e pessoalmente. Em plena loucura, devidamente insuflado por obsessores tenebrosos, o médico suicidou-se com um poderoso tóxico. O veneno corroeu-lhe os órgãos internos como se fossem dezenas de agulhadas que lhe perfurassem o corpo.

Tamkess melhorara muito e pediu a enfermeira em casamento. A primeira resposta de Servignia seria negar, mas agora que estava sozinha no mundo, sem o médico, que já se matara, resolveu aceitar. Obviamente não havia um pingo de amor por Tamkess, apenas interesse. A mulher sentiu que era por esse caminho que poderia tornar-se rica, segura e feliz.

O casamento foi rápido e absolutamente secreto. A noite de núpcias foi um tormento para Servignia que teve que aceitar um homem que, mesmo tendo melhorado sensivelmente de suas deficiências físicas, era objeto de asco e rejeição. Para Tamkess, a primeira noite com uma mulher, após doze anos de celibato forçado, foi extremamente gratificante. Iludia-se, assim como qualquer indivíduo apaixonado, que acredita ser correspondido. Confundia compaixão com paixão, assim como achava que os elogios que lhe dirigia pela sua melhora eram palavras de uma mulher apaixonada.

O pai soube do casamento extemporâneo de Tamkess e não aceitou o fato de nenhuma forma. Entrou na justiça contra a nora, demonstrando que o filho não tinha nenhuma possibilidade de se governar, não podendo se casar, tendo sido enganado pela enfermeira.

O filho foi dado como interditado, não podendo manipular mais sua fortuna. O juiz, amigo da família, deu ganho de causa ao velho pai e o casamento foi invalidado de direito. Servignia foi expulsa da casa de Tamkess, sem que esse pudesse falar nada. O pai providenciou um enfermeiro que passou a tomar conta de Tamkess.

Servignia recebeu do pai de Tamkess uma grande soma em dinheiro para que saísse sem criar mais embaraços e, na saída, olhou Tamkess com grande desdém e lhe disse a verdade: que não o amava, tendo profundo asco pela sua figura ridícula e abjeta. Disse-lhe que praticar sexo com um homem aleijado era uma das coisas mais nojentas e desprezíveis que tivera o desprazer de fazer. Terminou suas ofensas dizendo que se casara por dinheiro, considerando-o um idiota repulsivo.

Aquelas palavras calaram fundo em sua mente já tão debilitada. Em sua fraqueza emocional, não pôde suportar a separação da mulher que amava. Alguns meses depois, o seu estado geral decaíra a um nível alarmante. Um homem que conseguira voltar a andar, falar, fazer todas as suas necessidades, estava cada vez mais dependente, tendo se tornado quase autista. Já não falava mais com ninguém e desconhecia as poucas visitas. Não havia mais nada que o fizesse ter motivação para viver. O próprio pai arrependera-se de ter expulsado a enfermeira de casa e, ao ver seu estado declinante, concluíra que, tentando fazer um bem, matara o filho.

Quatorze meses depois da partida da mulher, Tamkess falecia, como se fosse uma flor que murchara por ter sido retirada do talo que lhe dava vida. Acordaria meses depois no astral médio, numa instituição socorrista. Levou semanas para entender o que se passava até que, dois anos após sua morte, estava completamente refeito. Sua mente ainda estava presa a Servignia. Amara-a por tempo demais para descartá-la como se fosse uma velha lembrança, sem nenhuma importância.

Tamkess começou a trabalhar no astral como simples obreiro, redescobrindo a felicidade no trabalho. Quanto mais dedicava-se aos seus diversos afazeres, mais sentia-se feliz e realizado. Passaram-se quinze anos quando soube do desfecho trágico de Servignia.

Após a sua saída da casa de Tamkess, Servignia, tendo recebido larga soma em dinheiro, situou-se em outro local da República Liamer, prosperando facilmente. Montou um comércio de decorações, participando da sociedade local, com trânsito livre nas melhores residências. Contara a história de que era viúva, assunto que lhe trazia fortes recordações, de tal forma que ninguém ousava questioná-la, permitindo que vivesse em paz e com todo o respeito que uma infeliz que perdera o marido merecia. Todos tinham pela decoradora apreço e seus negócios a levaram a explorar cada vez mais esse ramo que tanto prometia. Mas o médico, aquele mesmo ser que se suicidara, não tinha se afastado dela.

Logo após a sua morte, o médico encontrou-se em local escuro, rememorando a sua precipitosa queda. O corpo lhe doía e especialmente o estômago ardia de forma terrível. Praticara o gesto com a ingestão de veneno, que lhe corroera as paredes intestinais. Expirara em dores excruciantes e as rememorava como se as estivesse vivendo permanentemente. Além das dores, o infeliz nutria um profundo ódio por Servignia, colocando-lhe toda a culpa pelos seus infortúnios.

Durante mais de oito anos, o infeliz ficou se remoendo em furnas infernais, até que começou a ter mais consciência de sua nova posição. Deste modo, o infeliz, enlouquecido de ódio, devidamente exaltado e orientado pelos alambaques, foi colocar-se à espreita da descuidada Servignia. Durante meses, ele não a perdia de vista. Quando a mulher se deitava para dormir, ele se aproximava para acusá-la, persegui-la e insultá-la durante o sono, enquanto estava desdobrada espiritualmente. No início, durante alguns meses, Servignia não lhe notava a presença. Aos poucos, foi tomando consciência de pesadelos, onde se via debatendo-se contra grandes ondas, caindo de precipícios, ou sendo submetida a torturas inexplicáveis. Deste modo, durante o sono, misturava fatos ocorridos no passado com medos inconscientes e com a obsessão daquele espírito que não a abandonava.

A simples presença do suicida a constrangia superlativamente. Passou a sentir-se doente, com uma indefinível angústia. Tinha dificuldades em dormir, com pesadelos seguidos de tremores e suores frios. Acordava totalmente enervada, com um pavor que se apossava do seu íntimo, só libertando-se com o raiar do imenso sol vermelho de Capela.

Com o decorrer do tempo, a falta de sono, os constantes terrores noturnos, as visões cada vez mais estranhas e apavorantes foram levando Servignia a uma loucura descontrolada. Procurou por assistência especializada que lhe forneceu pesados soporíferos que a ajudaram em muito, no princípio. Com o incremento dos comprimidos, Servignia foi se dopando, tornando-se uma viciada.

Os meses foram correndo e a situação de Servignia piorava tremendamente. Foi ficando magra pela falta de alimentação, já que o soporífero tirava o apetite. Depois, foi ficando embotada, mesmo durante o dia, com sinais evidentes de idiotia. Cometia os piores desatinos, tendo crises de choro e, já no final, convulsões seriíssimas. Foi internada num hospital psiquiátrico, onde passaram a aplicar-lhe injeções maciças de tranquilizantes que a deixavam ainda mais aturdida. Quando estava acordada, seus sentidos psíquicos estavam tão alterados que via os espíritos em redor de forma natural, o que a horrorizava e a assustava de forma superlativa. Via obsessores abomináveis, alambaques deformados e reconhecia o médico que levara ao suicídio. Gritava fora de si, desvairada, o que obrigava os médicos a aplicarem um tratamento de choque que mais a embrutecia.

Ela ficou internada, sempre piorando, entrando num estado catatônico, por três longos e tenebrosos anos. Numa das sessões de tratamento experimental, onde os médicos testavam novas drogas, o coração da infeliz não aguentou e sucumbiu a um choque anafilático.

Ficou nas trevas mais profundas durante quinze anos, sendo removida para uma instituição no umbral, onde ficou semiacordada por mais de vinte anos, quando foi, finalmente, selecionada para o exílio na Terra. Nesse período, enquanto estava passando pelos piores vexames, sendo transmudada em besta-fera, o que no íntimo era, Tamkess estivera trabalhando no astral médio. Quando soube que Servignia não estava mais no rol dos renascidos, estando nas furnas trevosas, quis contactá-la, sendo impedido pelos seus guias espirituais.

Tamkess soube do exílio iminente e, junto com os trinta e poucos milhões que seriam desterrados no longínquo planeta azul, iria sua Servignia que, para ele, continuava tão bela quanto nunca na realidade fora. Foi, então, que solicitou, e conseguiu, o beneplácito de ir para a Terra, não como degredado, mas como obreiro especializado.

Servignia estava num dos últimos grupos a ser enviado para a Terra. O expurgo já começara há mais de quarenta anos. Ao chegarem àquele local desconhecido, o imenso grupo, com quase cinquenta mil pessoas, incluindo guardiões, obreiros e alambaques desceu no astral, no deserto do Sur. Naquele local, já estavam preparados abrigos, pois os espíritos que vinham das trevas não suportavam a forte luz do sol amarelo. Sofriam de grande fotofobia, além de a maioria não conseguir caminhar, tendo que ser carregados. Tamkess e um grande grupo de trabalhadores transportaram-nos para dentro de hangares especialmente construídos até que pudessem aclimatar-se ao planeta.

Tamkess viu Servignia no terceiro dia, deitada numa cama em decúbito dorsal, em sono profundo, provocado pela pesada gravidade terrestre que acachapava os capelinos. Tamkess sentia a gravidade e, assim como todos os obreiros, tinha passado por um processo que os ajudava a superar os efeitos de forma mais rápida. Tamkess sentou na cama, segurou a mão de Servignia e, esquecendo o monstro que estava ali, beijou-a no rosto, com um carinho comovente.

Servignia ficou adormecida, em profundo estado cataléptico, durante mais dezoito anos. Durante todo esse tempo, Tamkess fazia-lhe companhia por algumas horas diariamente, segurando suas mãos, dando-lhe influxos positivos. Conversava com os médicos que lhe asseguravam que esse processo era absolutamente natural. Estava adormecida, esperando que sua mente pudesse exsudar uma grande parte dos complexos de culpa que tinha, para que, ao acordar, pudesse estar mais sadia.

Após um longo tempo – quando Chu era o rei, no astral da Terra –, Tamkess foi notificado de que Servignia tinha acordado. O médico lhe informara que ela estava em péssimas condições, não reconhecendo ninguém, além de ter vomitado uma gosma negra, produto interno de sua mente.

Tamkess foi autorizado a conversar, sem, entretanto, revelar-lhe maiores minudências. Servignia não o reconheceu, contudo respondeu-lhe as perguntas calmamente. Gaguejava um pouco; apesar da sua deformidade facial, que a enfeava de sobejo, era a mesma pessoa.

Durante vários meses, no final de suas atividades diárias, vinha conversar com a convalescente e juntos passeavam pelos jardins que circundavam o pavilhão. Ela esperava sua visita cada dia mais ansiosa. Era um amigo, alguém com quem podia falar. Ele tinha se transformado em um homem muito bonito, longe daquele ser disforme que fora. Sabia conversar, ser espirituoso, amável e tratava Servignia de uma maneira galante e gentil. Ela foi se apaixonando por Tamkess quase sem sentir, de modo natural, lento e gradativo. Ele, por sua vez, jamais iria lhe revelar que fora o ser doente e limitado de Ahtilantê. Aliás, ela nem mesmo sabia o nome do seu ex-marido, pois o pouco de que se lembrava era do médico, que conseguia rever em suas memórias.

Chegou o tempo do renascimento. Servignia precisava retomar a carne para continuar evoluindo. Tamkess, cada dia mais apaixonado, não queria perdê-la. Desejava uma vida em comum com sua amada, que agora, após tanto tempo de espera, também o amava. Já estavam juntos há mais de quinze anos. Observava, feliz, como voltara a ficar bonita, tendo perdido o ríctus facial animalesco do princípio. Os superiores de Tamkess levaram aos planejadores o seu pleito. Durante alguns meses, não tiveram notícias, até que foi chamado a uma reunião com os administradores espirituais.

O templo estava situado no astral superior, ao qual muito raramente Tamkess tinha acesso, devido às suas limitações vibracionais. Naquele dia, seu guia espiritual levou-o pessoalmente para a reunião, informando-o da gravidade do assunto que iriam conversar naquele recinto.

Mykael, Kabryel, Mkara, Phannuil e Sraosa estavam reunidos e receberam um tímido Tamkess, acompanhado de Pomtalen, o guia espiritual do candidato ao renascimento. A sala era ampla e arejada. Todos os presentes, inclusive Tamkess, já tinham adotado a forma terrestre. Mykael olhou-o com enorme bondade e disse-lhe:

– Meu irmão Ken-Tê-Tamkess, temos uma grande missão para você. Ouça com atenção o que temos para lhe dizer e terá tempo para responder.

Tamkess estava emocionado. Estava perante o grande Varuna Mandrekhan, o Mykael dos alambaques, que lhe estava falando, sem afetação, com inexcedível carinho e ternura em sua voz, pois, por trás daquela doçura, existia um espírito magnífico e poderoso.

– Ken-Tê, o vale do Iterou é uma das nossas prioridades. Até esse momento, a evolução social tem progredido de forma magnífica. Mas há alguns problemas sérios que desejamos transformar.

Ninguém o chamara pelo primeiro nome, a não ser sua mãe, quando era criança, e Varuna, o "Mykael", chamava-o assim, de modo afetuoso. Tamkess escutava atentamente.

– Sim, infelizmente, a obra do homem não é perfeita. Conseguimos criar um país, contudo há duas coisas sérias que estão acontecendo e precisamos de ajuda. Mestre Kabryel, o responsável pelo Kemet, dar-lhe-á maiores detalhes.

Tamkess olhou para Kabryel. Já o conhecia, vira o grande arcanjo em outras ocasiões, inclusive trocara alguns dedos de prosa

em certa ocasião festiva. Kabryel sorriu para Tamkess, reconhecendo-o, e começou a falar.
– Como tem passado, caro Tamkess? Prazer em revê-lo.
Kabryel fez uma pausa e depois, prosseguiu:
– O Kemet está em formação. Uma nova classe social está dominando os camponeses pobres, que estão perdendo suas terras. Uma pequena reforma foi encetada em Sheresy, sob as ordens de um homem cujo cognome foi Ptah; só que fracassou parcialmente. Aha, o grande guerreiro, já não existe mais, tendo sido substituído pelo seu filho Chu, que governou por décadas e agora também já morreu. O novo rei é Gueb. Os ahtilantes estão dominando todas as áreas da economia kemetense, o que de certo modo é bom por introduzir novas técnicas. Por outro lado é negativo, pois eles escravizaram completamente os pobres felás, destinando-os a uma vida de sacrifício e sofrimento. Mas o que nos preocupa são as pragas e doenças que assolam o país. Elas acontecem devido ao fato de não existir um mínimo de higiene entre os felás. É de vital importância que alteremos esse estado de coisas.
Tamkess olhou inquisitivamente para Kabryel. "O que será que ele poderia fazer?"
– Precisamos de uma pessoa evoluída, que tenha o poder de agir e que queira modificar a estrutura atual. Ela deverá encetar uma reforma agrária ampla que possibilite aos felás o acesso à terra. Mais do que isso, é preciso que eles aprendam as novas técnicas. Os ahtilantes introduziram algumas técnicas agrárias e, infelizmente, não deixam que os felás as conheçam. Será preciso não só distribuir terras como também difundir esses novos conhecimentos.
Tamkess estava escutando seriamente toda a explicação de Kabryel, que continuou expondo:
– Ouça bem. Não são somente técnicas agrícolas, mas também os mais comezinhos princípios de higiene, asseio e salubridade, pois, sem isso, morrem cedo de infecções. Há doenças terríveis, tais

como a cólera e a peste bubônica, que dizimam as pessoas às centenas. Só no ano passado, tivemos uma mortalidade altíssima devido a uma dupla epidemia. Os próprios ahtilantes, bem mais limpos do que os terrestres, deixaram-se contaminar pela sujeira reinante e tornaram-se vítimas de toda a sorte de endemias e doenças.

Tamkess conhecia perfeitamente tudo o que Kabryel lhe informara. Suas atividades eram ligadas às áreas de renascimentos, estudos técnicos agrícolas e tratamentos especializados em certos setores espirituais. Como sua ligação com o planeta Terra era constante, esses fatos não lhe eram estranhos.

— Nós precisamos estabelecer um conjunto mais organizado de leis e uma civilização mais adequada não só por razões de justiça, como também por razões práticas. Para que entenda melhor, é importante que saiba que temos cinco milhões de espíritos capelinos precisando renascer no Kemet para evoluírem. Não poderão tornar a renascer se não existir um crescimento demográfico compatível, e este fato não acontecerá enquanto os kemetenses não encetarem uma reforma agrária adequada que permita alimentação suficiente para todos e uma estrutura existencial razoável que não os mate por endemias rurais e pestes.

Mykael interrompeu a exposição de Kabryel e disse-lhe:

— Cremos que seja a pessoa certa para essa missão, tendo um profundo conhecimento agrário, sendo um organizador eficiente e um político de mão-cheia. Há, porém, conforme mencionei, dois graves problemas acontecendo atualmente. O primeiro, Kabryel já expôs corretamente. A segunda questão é muito séria, exigindo uma explicação maior.

Tamkess escutava atentamente. No seu íntimo, Tamkess dividia-se entre o desejo de ajudar e o de permanecer auxiliando sua bem-amada no plano espiritual.

— Quando começamos a fazer o expurgo em Ahtilantê, a maioria dos alambaques foi favorável e até nos ajudou. Na época, tivemos que desintegrar o astral inferior do nosso planeta, no que eles foram valiosos. Houve, no entanto, pelo menos um terço que foi contra, tendo se revoltado, obrigando-nos à força e coerção. Esse grupo foi trazido e aprisionado, aqui, na Terra. À medida que se aclimatavam ao novo habitat ou libertavam-se de suas prisões fluídicas, foram sendo soltos; agora, ameaçam os renascidos. Não se trata de um largo contingente; são apenas grupos esparsos que atuam sobre os renascidos e os levam para os desvios do caminho.

Tamkess olhou para Mykael, sem entender o que isso significava. O gigante espiritual sabia que ele não tinha compreendido a extensão do problema e muito menos a sua gravidade e, calmamente, explicou-lhe:

– Digo-lhe isso porquanto sua missão vai ficar muito mais difícil agora que os antigos alambaques estão voltando à carga. Isso significa dizer que os dragões irão atrapalhá-lo o máximo que puderem. Quando desejar implantar algo que seja bom para os felás, eles atuarão sobre os poderosos para que obstaculizem tudo o que for fazer. Quando desejar algo que seja bom para todos, os alambaques irão tentar influenciá-lo para que não faça.

Phannuil, a mais bela de todas as almas ali presentes, observando o dilema em que se situava, interrompeu delicadamente o discurso de Mykael e disse-lhe:

– Tamkess, meu amigo e irmão, sua missão será espinhosa, todavia não estará só e abandonado no planeta. Terá todo o apoio dos espíritos superiores, além da vigilância e orientação dos mentores. Contudo, mais do que o apoio espiritual, terá o amor da mulher que foi o grande motivo de ter vindo até a Terra. Ela renascerá na sua família, permitindo que, desde cedo, possam privar de salutar intimidade e, na idade adulta, terem a oportunidade de ser marido e mulher, vindo a coroar, neste dia, um amor que não tem fenecido após mais de cinquenta anos de separação e tormentas.

A decisão é um ato emocional. Tamkess, ao ouvir tal afirmação, emocionou-se grandemente. Não conseguiu conter as lágrimas, chorando copiosamente na frente dos demais. Todos lhe conheciam o drama íntimo e o abençoaram com sorrisos, abraços fraternos e muitas palavras de estímulo e amor. Tamkess estava pronto para ir para sua nova morada, habitar um novo corpo, nascendo como filho de Gueb e Nut, a terra e o céu, vindo a se chamar Osíris.

Tamkess saiu daquela reunião totalmente motivado. Ainda existia algum tempo antes de renascer. Era tempo de preparativos. Tudo devia ser feito com grande atenção. Gueb ainda não conhecera Nut e, portanto, Tamkess ainda não podia se considerar diretamente na fila dos renascimentos. Os especialistas espirituais já estavam manipulando certos fatos para que Nut fosse entregue a Gueb numa bandeja de prata, para seu deleite e para gerar filhos saudáveis. Era fundamental que Tamkess nascesse filho de reis para poder influir no destino de milhares.

Até Nut dar a luz a Osíris, dois anos se passaram, sendo que o menino nasceu bem e cresceu forte e saudável.

Seu tio paterno, Pepi, era o único que se preocupava com o governo do Kemet, indo conhecer todos os quarenta e dois heseps que existiam. Gueb, mais para guerreiro do que administrador, preferia ficar em Ouaset; eventualmente, ia até On, participar da festa de Rá.

Osíris estava com cinco anos quando seu tio Pepi chamou-o para conhecer a sua prima. Ele, muito esperto e sagaz para a idade, foi até a casa do seu tio conhecer a recém-nascida. O menino chegou ao lugar onde estava a criança e ficou olhando-a embevecido. Era pequena, com bastante cabelo, muito esperta, mamando com avidez. Osíris ficou encantado com a menina e passou a mão na cabecinha da criança, que não parou de sugar o seio materno.

– Gostou de Ísis, Osíris? – perguntou a mãe da infante. Completamente encantado com a criança, Osíris meneou a cabeça positivamente.

Os anos se passaram e Osíris demonstrou ser mais afeiçoado a Pepi, seu tio, do que a seu pai. Gueb mostrou-lhe como empunhar uma arma e duelar até a morte. Ensinou-lhe como atirar com arco e flecha e acertar um alvo a trinta metros de distância. Todavia, Pepi, seu tio paterno, ensinou-lhe as artes de administrar o Estado, de ler os caracteres cuneiformes trazidos da Suméria, assim como conversar com os administradores dos heseps e os felás, e a adorar todos os deuses sem venerar nenhum a não ser aquele que Pepi dizia ser o único, o verdadeiro Deus, aquele que não tinha nome e tinha todos ao mesmo tempo.

Gueb tivera seis filhos com Ghazzira, sendo dois meninos e quatro meninas. Entrementes houve um surto de cólera que dizimou o mais velho dos filhos, assim como três meninas. Gueb ficou muito triste, pois o primogênito era a sua réplica, um valoroso guerreiro e um exímio caçador, tendo matado seu primeiro leão quando tinha doze anos.

Ghazzira nunca mais foi a mesma depois da morte de seus três filhos. Nada a satisfazia, cuidando de modo perfunctório dos seus demais filhos, uma menina e um menino. Amanheceu morta após longa enfermidade, muito mais mental do que física.

Gueb ainda tinha um filho homem de outra concubina, chamado Khons. Por razões que Gueb jamais entendera, o menino preferia as brincadeiras femininas, as decorações do lar, as comidas especiais e as vestimentas das mulheres. Khons não desejava governar e Gueb soube acatar o destino do filho, que preferia ser mulher. Desde pequenos, Khons e Osíris se davam muito bem, pois Osíris tinha por Khons um carinho e um respeito muito grandes. Mais tarde, Khons demonstraria que podia ser de imensa utilidade para o Kemet, pois uma civilização não é feita só de conquistas, mas também de ternura e carinho.

Pepi começou a usar Osíris como seu porta-voz e administrador adjunto. Pepi era um tati muito respeitado, comandando tudo, só sendo displicente com os registros contábeis. Não gostava de ler, achando a escrita cuneiforme difícil e estranha.

Osíris começou suas andanças pelo Norte. Foi conhecer Abdu, cidade que surgira em virtude do canal Bahr Yussef construído por Ptah. Visitou os heseps ao longo do Iterou e do canal, tendo conversado longamente com os administradores e tendo sido convidado para os melhores ágapes nas casas dos poderosos que o tinham em alta conta. Osíris ganhava o respeito de todos mais por sua simples presença do que pelas coisas que fazia ou falava. Aliás, era muito calado, escutando muito e anotando tudo mentalmente.

As histórias, na maioria das vezes verdades aumentadas, levadas a um exagero perigoso, próximo do ridículo, sobre Ptah e Rá corriam as terras kemetenses, especialmente no alto Iterou. Aos poucos, nem mesmo Osíris sabia o que era verdade e o que era falso. Sakhmet, a neta de Ptah, com sua morte, tornara-se uma deusa – a perigosa leoa. O próprio pai e avô eram deuses, pois filhos de deus acabam por se tornar um neter também. Osíris logo descobriu as vantagens de ser considerado um deus. Ninguém o atacava. Atacar um neter era uma perigosa heresia, pois, além de ser castigado em vida, o seria depois da morte. Todas as casas abriam suas portas, oferecendo-lhe comida, bebida, pousada e, muitas vezes, belíssimas donzelas para serem fecundadas pelo deus vivo. Afinal, ter um neto, mesmo bastardo, de um deus era uma honra para qualquer casa.

Aos dezesseis anos, mesmo levando uma vida nababesca para os padrões da época, Osíris não descuidava dos assuntos de Estado que pareciam tomar-lhe todo o ser. Inicialmente, sua preocupação era com os felás, pois notava uma grande diferença entre os ricos e os pobres, nas suas andanças pelos heseps.

Só existiam quatro classes sociais no Kemet daqueles tempos: os ricos, proprietários de terras; os guerreiros subordinados aos ricos; os sacerdotes das inúmeras seitas dos mais variados deuses, que davam suporte cultural à riqueza dos donos de terra; e, por último, os felás, infelizes camponeses, cuja vida média não passava dos vinte e cinco anos de idade.

A outra coisa que Osíris não tirava da cabeça era sua prima, que agora estava com onze anos, demonstrando acentuadas curvas femininas, início de seios e um rosto de beleza absolutamente divina. Ela, por sua vez, adorava o primo, sempre jogando-se nos seus braços quando vinha visitar a sua casa, atrás de Pepi. Já estavam prometidos um para outro assim que Ísis alcançasse a idade de gerar filhos, logo depois da terceira menstruação. Ísis, a antiga Servignia, amava Osíris, o antigo Tamkess.

A vida é bela, permitindo frescos recomeços, sepultando, parcialmente, as tragédias do passado.

Osíris alcançou os dezoito anos e estivera viajando pelo Norte nos últimos dois anos. Ísis menstruara, tornando-se capaz de casar e ter filhos, e só esperava a volta do noivo para casar. Ele tinha visitado várias cidades, tais como Terenouti, Zau, Perouadjet, Kenem-Nesout e uma dezena de pequenas e miseráveis aldeias. Sentira que o Norte estava contaminado por um ódio mortal aos sulistas, em especial aos ouasetianos.

Retornando de sua longa viagem, Osíris passou pela cidade de Khmounou, futuramente chamada de Hermópolis pelos gregos. O administrador do hesep era um velho amigo de Pepi, que recebeu o futuro rei do Kemet com a pompa que a circunstância demandava.

Hetepka tinha um filho do qual muito se orgulhava pela notável inteligência que o rapaz demonstrava, além de ser bom filho e cordato. Hetepka apresentou seu filho Djhowtey a Osíris que, imediatamente, simpatizou com ele, praticamente da mesma idade. Conversaram durante algum tempo, quando Hetepka fez um sinal para o filho retirar-se. Após as despedidas de praxe, ficou a sós com Osíris.

– Grande Osíris, sei que dentro de alguns anos, quando o grande Gueb, que os deuses lhe deem vida longa, se for para a grande viagem de volta aos céus, você haverá de subir ao poder nas Duas Terras.

Osíris escutava, como era de seu costume, sem fazer grandes comentários.

– Nesse tempo, você há de necessitar de amigos inteligentes com os quais possa trabalhar como se fossem um só.

Osíris meneou a cabeça, assentindo. Hetepka continuou sua explanação.

– Meu filho, grande Osíris, se sentiria imensamente honrado em servi-lo. É um jovem muito inteligente, extraordinariamente trabalhador, tendo desenvolvido uma forma de escrever diferente daquela que os nossos antepassados trouxeram de terras estranhas. Sua forma de escrever é simples e muito mais fácil. Além disso, é muito versado na arte dos números; é capaz de compilar milhares deles em registros absolutamente perfeitos.

O homem poderia ter passado a noite inteira falando das virtudes do seu filho que Osíris teria sorrido e assentido sem nada fazer ou dizer. Estava acostumado a escutar as mais absurdas balelas e separar a realidade da impostura, mesmo que não houvesse a verdade absoluta nas palavras de um homem. Osíris escutou as palavras mágicas: escrita e registros precisos. Durante anos, vinha ele mesmo tentando descobrir formas de registros que permitissem contabilizar coisas e seres. Até mesmo ele se perdia nas escritas cuneiformes, implantadas pelos capelinos degredados, vindos de Sumer.

Osíris aprumou-se no chão, sobre os tapetes, demonstrando inusitado interesse:

– Chame o seu filho e deixe-me ver o que sabe fazer.

Hetepka, feliz como uma criança, levantou-se e desapareceu atrás de uma passagem coberta por tecidos pendurados do teto. Voltou após breves minutos com o filho que trazia diversos objetos sobre o braço. Hetepka pediu ao filho que mostrasse os objetos a Osíris.

Djhowtey mostrou primeiramente uma espécie incompleta de papiro, onde escrevera diversos sinais. Osíris acompanhou o raciocínio do rapazinho, admirando-se com a qualidade de suas palavras e achando seus sinais bem mais fáceis de serem entendidos do que os cuneiformes. Após meia hora de exposição, Osíris falou, gravemente, como era devido a um futuro rei:

– Djhowtey, prepare suas coisas para partir comigo para Ouaset amanhã. Você está a serviço do tati do Kemet, o poderoso Pepi.

O jovem não cabia em si de felicidade e o pai não sabia como agradecer a bondade. Osíris vaticinou, exclamando, entusiasmado:
— Hetepka, geraste um deus!

No outro dia, a caravana com Osíris e o jovem Djhowtey partia para Ouaset, sob escolta de poucos guerreiros. Após dois dias de marcha forçada chegaram a Ouaset, onde foram recebidos com grandes homenagens. Osíris estivera ausente por dois anos. Após visitar pai e mãe, foi ter-se com Pepi, seu tio e pai de sua noiva. Seu coração estava transbordando de felicidade; seu casamento com Ísis seria marcado para dentro de um mês.

Pepi o recebeu como se fosse um filho e o despachou incontinenti para ver a noiva. Foi com grande surpresa que Osíris, no auge dos seus dezoito anos, viu Ísis, modificada, bela ninfeta de treze anos. Imaginara-a ainda criança e não podia tê-la visto tão bonita. Adiantou-se e abraçou-a fortemente, sendo amplamente correspondido. Seus lábios encontraram-se num beijo terno.

Nunca um mês demorou tanto a passar. Ambos se refreavam; sabiam que traria má sorte se mantivessem qualquer contato físico antes da cerimônia. Finalmente, o grande dia chegou e os dois noivos foram abençoados pelo hierofante no templo de Onkh. Após as comemorações do grande casamento, os noivos retiraram-se para a primeira noite.

Osíris ficou tão satisfeito com Ísis, que fez correr a notícia no reino de que tinha se casado e encontrado felicidade com Ísis, repudiando, de agora em diante, qualquer outro contato carnal a não ser com sua própria esposa. Assim evitou que os demais heseps mandassem mulheres como prêmios ou como uma forma de enaltecer o grande Osíris.

Poucos meses após o casamento, Gueb teve uma trombose, vindo a falecer dois meses depois. Osíris tornara-se o novo rei do Kemet.

Capítulo 7

Pepi ainda era o tati, e Osíris fazia questão de que assim o fosse por quanto tempo quisesse e pudesse. Djhowtey fora trabalhar com Pepi como seu braço direito. Em pouco tempo, o jovem Djhowtey, que ainda não alcançara os quinze anos, tinha introduzido uma série de alterações no sistema de administração dos heseps. Uma das introduções brilhantes que fizera, junto com Osíris, que, agora, diferentemente do seu pai Gueb, participava estreitamente dos afazeres do Estado, foi estabelecer uma escola de escrita e leitura. A nova forma que Djhowtey desenvolvera, futuramente chamada de hieróglifos, era um conjunto de sinais e desenhos que facilitavam em muito o entendimento. A ideia da escola surgira de Osíris ao discutir certos assuntos de Estado com Pepi e Djhowtey.

– Não posso entender por que os relatórios que nós pedimos aos heseps chegam tão errados. A maioria não sabe sequer informar quantos quilos de cevada, trigo, cana de açúcar e cabeças de boi e carneiro eles possuem. Como poderemos cobrar os tributos, se não sabemos quanto eles têm?

Pepi respondeu pensativamente:

– É um problema insolúvel. Nunca me importei muito com isso, pois o que nos mandam é o suficiente. Quando desconfio de que estão me roubando, vou pessoalmente investigar.

– Meu tio, você sabe que suas investigações nunca deram em nada. Cobramos do administrador mais baseado na sua intuição daquilo que foi o pretenso roubo do que por ter encontrado reais indícios do fato. Não quero continuar fazendo isso. Acho que devemos ser justos e cobrar os tributos de forma correta.

– A única maneira que vejo para que isso possa ser feito é fazendo um extenso levantamento em todo o Kemet, por meio do qual tudo seja contado, numerado e catalogado.

A ideia do censo fora de Djhowtey. Pepi respondeu imediatamente:
– É impossível!

Osíris pensou um instante e respondeu:
– Claro que não. Exigiria que soubéssemos o que queríamos procurar primeiro, instruíssemos gente para contar, e outros para conferir se contaram direito; e, por fim, juntarmos tudo para sabermos o que estava acontecendo.

Djhowtey, então, sempre jovem e destemido, acrescentou:
– Para isso temos que ter um exército de pessoas que saiba ler e escrever. Temos que começar com pouca coisa, senão, teremos uma montanha de informações e não saberemos o que fazer com tantos dados.

– Acho a ideia boa – disse Pepi –. Creio que a coisa mais importante que devemos saber é quantas pessoas nós somos.

– Sem dúvida! – exclamou Osíris e, voltando-se para Djhowtey, perguntou-lhe:

– Diga-me uma coisa, Djhowtey, a quantas pessoas acha que devemos ensinar a escrita?

Djhowtey passou a mão no queixo pensativamente, tomou poses de grande senhor e, depois de alguma reflexão, disse:

– Somos quarenta e dois heseps. Há de cinco a dez pessoas trabalhando em cada hesep; logo, teremos entre duzentas a trezentas pessoas. Além disso, aqui em Ouaset, temos mais umas cinquenta pessoas. Portanto, estimo algo em torno de trezentas e tantas pessoas.

Osíris pensou e, após alguns instantes, disse:
– Temos que trazer os mais inteligentes, no máximo pequenos grupos de dez pessoas, para passarem algum tempo aqui. Você irá ensiná-los, e assim poderão treinar os demais.

Pepi comentou:
– Devíamos começar com o nosso pessoal.
– Sim, sem dúvida, bem lembrado, meu tio. Dessa forma, poderemos aprender como ensinar.

Djhowtey, entusiasmado na sua pouca idade, concluiu:
– Seria fantástico se pudéssemos ensinar todo mundo a ler.

Pepi ficou horrorizado e exclamou:
– Irrealizável! Imagine se fosse possível que aqueles felás ignorantes pudessem aprender a ler!

Osíris riu da reação do tio e fez um comentário sarcástico:
– Ora, meu tio, todo mundo tem mais ou menos a mesma capacidade. É claro que, se ensinássemos os felás a ler, escrever e contar além do número dez, aperfeiçoando a cultura, eles poderiam tornar-se pessoas bem mais completas do que são hoje.

– Vocês, crianças, têm a pretensão de mudar o mundo – disse irritado Pepi. – Imaginam que, ensinando ler e escrever a esses animais poderão transformá-los em seres humanos. Isso nunca irá acontecer! Vocês não têm ideia do que seria um mundo onde todos pudessem ler. Em breve, teríamos que suportar a arrogância dos que leram algumas poucas letras e já se acham sábios. Melhor que fiquem na escuridão da ignorância do que se deixarem cegar pelas luzes do saber.

Osíris conhecia o tio, sabendo que era explosivo e, muitas vezes, irracional. Não havia razão para instigá-lo e continuar a discussão.
– Tem razão, meu tio. É tolice nossa pensar em ensinar a todos. Vamos nos contentar em ensinar ao nosso próprio pessoal inicialmente, depois poderemos ver o que irá acontecer.

Osíris olhou para Djhowtey, que entendeu a retirada estratégica de Osíris e calou-se também. Durante o resto da reunião decidiram quando e como fariam o treinamento dos primeiros dez escribas.

Alguns dias mais tarde, Djhowtey, sempre o mais entusiasmado, foi conversar com Osíris que sempre franqueava-lhe o acesso, considerando-o como um irmão mais moço.

– Osíris, meu rei, vi uma coisa que me deixou estarrecido, na casa de seu irmão Khons.

Osíris olhou para Djhowtey com certo espanto. Khons e Osíris davam-se muito bem, pois o rei tratava seu irmão afeminado com grande cortesia, apreço e respeito, nunca permitindo que ninguém risse de sua diferente condição. Acreditava firmemente que a opção sexual de cada um era absolutamente pessoal, sendo inoportuno questionar tal assunto. Osíris não visitava a casa de Khons, pois não queria encontrá-lo em intimidades com pessoas que conhecia e que, mais tarde, poderiam sentir-se constrangidas.

Djhowtey, sem o seu conhecimento, conhecia a casa de Khons. "Até onde ia o relacionamento do jovem Djhowtey com Khons, que tinha apenas cinco anos a mais do que o jovem escriba?", perguntava-se Osíris. Com o tempo, descobriria que Djhowtey era igual aos macacos dos oásis, tendo sexo com homens e mulheres, fazendo perfeitamente todos os papéis, femininos ou masculinos. Djhowtey, naquela altura, já era amante de Khons, fazendo todas as vontades do irmão do rei.

– É!? – exclamou displicentemente Osíris, ansioso em saber o que era.

– Seu augusto irmão mandou fazer umas coisas extraordinárias onde se pode sentar, deitar e dormir de modo extremamente confortável.

Osíris olhou estarrecido para o jovem. O que era isso? Precisava ver com seus próprios olhos. Já não via Khons há mais de dois anos, muito antes da morte do pai. Precisava visitá-lo, mas como? Era necessário um convite. Djhowtey resolveu isso com seu ardor juvenil. Pegando Osíris pelo braço, sem a menor cerimônia, incitou-o a visitar imediatamente a casa do irmão.

– Venha, meu rei, venha ver que maravilha!

Osíris, um jovem de vinte e poucos anos, entusiasmado com a vida e as possibilidades, cedeu aos arroubos de outro jovem e, esquecendo seus zelos, foi até a casa de Khons, que ficava a uma centena de metros de sua própria residência.

Djhowtey entrou correndo na casa, enquanto Osíris ficou na porta, aguardando ser anunciado. Momentos depois, Khons, que gostava muito de seu irmão, veio pessoalmente para fazê-lo entrar.

– Que imenso prazer me dá, meu rei.

Osíris abraçou afetuosamente o irmão, como se estivesse tratando com uma das suas irmãs. Beijou-o no rosto, o que muito contentou Khons.

– Entre, peço-lhe que entre.

Osíris entrou na casa e teve uma agradável surpresa. A casa de Khons estava cheia de móveis.

Na sua sala principal, existia uma mesa grande para seis pessoas, com o mesmo número de cadeiras em volta. Nada podia parecer mais estranho aos olhos de Osíris e, ao mesmo tempo, mais familiar a sua mente do que móveis. Era uma coisa tão óbvia que sua inteligência, no passado, não captara. Móveis, maravilhosos móveis, que tanto ajudam a nossa vida.

Osíris ficou fascinado por aqueles utensílios e Khons levou-o por toda a casa, até o quarto e o convidou a experimentar a cama. Deitou-se, desconfiado, sobre a estreita cama de solteiro e ficou maravilhado. Era confortável, sendo toda trançada com cipós e, repousando sobre estes, uma pele de carneiro bem grossa e, por cima, finos e suaves tecidos que Osíris nunca vira ou sentira antes.

– Que maravilhas você produziu aqui, meu irmão! Fabuloso e extremamente prático! Quero que me conte como e onde os conseguiu.

Khons, com seu jeito extremamente afetado, disse, cheio de orgulho e empáfia:

– Parte, eu mesmo criei e, parte, meus servos criaram.

– Como assim?

– Venho há anos testando coisas mais confortáveis para melhorar minha vida. Aos poucos, fui tendo ideias e coloquei-as em prática.

Osíris olhou inquisitivamente, como se custasse a entender. Khons, sentindo-se superior, disse:

– Ora, querido irmão, vou lhe dar um exemplo.

E agarrando uma cadeira, disse-lhe:

– Já deve ter visto as pessoas sentando em troncos decepados, não é mesmo? Logo, ao invés de trazer um tronco para minha casa... imagina, se iria fazer isso – e deu uma pequena e nervosa risada –, mandei esculpir uma coisa a que dei o nome de cadeira.

Osíris olhou para a cadeira e viu que não parecia um tronco de árvore. Khons continuou sua exposição triunfante:

– Já sei o que está pensando. Isso não é esculpido. Claro que não! Assim que desenhei o que queria para um dos meus servos, ele teve a ideia de colocar um encosto, além de colocar esses pés. Veja como ficou bem mais interessante.

E assim, por alguns minutos, Khons foi mostrando como inventou ou aperfeiçoou alguns móveis. Na realidade, o príncipe vinha desenvolvendo utensílios domésticos, estatuetas, móveis e objetos puramente decorativos já há mais de dez anos, tendo uma completa oficina em sua residência, com seis excelentes especialistas, os quais eram tratados a pão de ló.

– Eu desejo que venha a minha casa e a mobile inteiramente. Pagarei o preço que pedir.

– Ora, meu irmão me cumula com seus favores e em hipótese nenhuma cobrarei por isso.

Osíris olhou-o seriamente nos olhos e lhe disse:

– Sim, você me cobrará um preço absurdo, o qual pagarei de bom grado. Sabe o que vai acontecer quando descobrirem que tenho estes objetos em minha casa? Não? Pois lhe direi. Todos irão procurá-lo para fazer réplicas, e irá cobrar um preço exorbitante, dando-me uma participação de metade de todos os lucros.

Khons e Djhowtey olharam abismados para Osíris. O que era isso que propunha? Osíris respondeu às inquisições dos dois, dizendo:

– Concordam que sou, pelo fato de ser o rei, o homem mais imitado do Kemet. Declarei que o correto é ter uma única mulher e, agora, todos os nobres estão desfazendo-se dos seus haréns de concubinas. Resolvi deixar o cavanhaque como usava meu bisavô Ptah e os homens procuram imitar-me, alguns usando cavanhaques postiços feitos de crinas de burro, já que são imberbes. Logo, sou o espelho do Kemet. Lançarei os costumes que os outros copiarão. Faremos móveis e passarão a usá-los. Preciso de muito dinheiro para fazer as reformas que pretendo fazer. Deverão vir dos móveis, das terras, dos arrendamentos de asnos e navios, além de empréstimos em dinheiro que farei aos mais pobres.

Khons conhecia a índole sonhadora e idealista de Osíris; reconhecia que o caminho era fabuloso, oferecendo fantásticas oportunidades. Osíris, ao retornar a sua casa, imaginou que Khons só podia fazer tudo aquilo porque era rico e desobrigado de trabalhar. Usara bem sua indolência. Deveria haver outros artistas à espera de patrocinadores. Se os conduzisse a Ouaset, dando-lhes a oportunidade de desenvolverem suas ideias, podia ser que aparecessem outras brilhantes invenções.

– Djhowtey, imagine se nós patrocinássemos artistas, inventores, descobridores e outros artesãos. Quanta coisa poderia ser inventada, melhorada, aperfeiçoada e ser de utilidade para os homens, sejam ricos ou felás!

Djhowtey não tinha pensado nisso; inteligente como era, logo concluiu que era uma grande ideia e sorriu, como se o rosto se iluminasse subitamente. Osíris continuou:

– Temos de colocá-los no templo. É o único local bastante amplo para abrigar esses homens, de forma que possamos controlá-los, alimentá-los e usar adequadamente suas invenções.

Djhowtey assentiu e perguntou:

– Como faremos para que esses inventores venham até nós aqui em Ouaset? Além disso, como iremos separar os verdadeiros artesãos dos impostores?

Osíris pensou por alguns instantes e disse:

– Um passo de cada vez. Temos que ensinar aos nossos escribas a nova forma de escrita. Depois, eles visitarão os heseps para treinar os escribas locais e seus assistentes. Continuando nosso plano, quando a minha casa estiver mobiliada, convidaremos os administradores dos heseps e os homens ricos de Ouaset, Perouadjet, Zau e On para conhecerem a minha casa. Conhecerão os móveis e, maravilhados, irão desejá-los para si. Nesse ponto, Khons venderá a preços caríssimos, dando-nos grandes resultados que aplicaremos na compra de novas invenções e aprimoramentos.

Osíris era um homem empolgado com seu trabalho. Provavelmente, poucos monarcas tiveram tanta determinação e coragem em tomar para si o aprimoramento físico, cultural e econômico do seu povo. O que muito o ajudava era sua vida sentimental. Seu casamento com Ísis não poderia ir melhor. A relação de profunda amizade e carinho dos dois em muito sobrepujava a simples relação marido e mulher, pois, aos poucos, Osíris trazia Ísis para participar do seu governo.

O tempo passa inexorável e Pepi retornou à pátria espiritual. Djhowtey passaria a ser o tati do Kemet. A administração do estado era feita por um triunvirato constituído de Osíris, Djhowtey e Ísis. A esposa, muito bem aceita por Djhowtey, escutava mais do que opinava, mas, quando o fazia, trazia não só uma grande dose de maturidade aos diversos projetos, como também uma enorme sensibilidade feminina que transformava certas ideias áridas em processos frutíferos.

Ísis aconselhara Osíris a tentar tornar-se cada vez mais amigo dos nortistas. Os rumores que corriam eram os de que a autoridade do rei estava sendo colocada em xeque. Ísis achava que uma

A Era dos Deuses | 177

simples visita ao Norte não os satisfaria. Seria mais proveitoso, se morasse no delta. Discutiram longamente para decidir qual deveria ser o melhor local. Nunca chegavam à conclusão se devia ser em Perouadjet, Zau ou Terenouti. Ísis era partidária de Perouadjet, a maior cidade do Norte. Djhowtey era neutro, pois não conhecia nenhuma cidade; e Osíris era contra todas, pois escolher uma seria repudiar as demais. Ísis, sempre ela, acabou tendo a solução considerada ideal, ou seja, construir uma nova cidade, que seria a capital do Kemet, no Norte, enquanto Ouaset seria a capital no Sul.

Osíris deslocou-se com uma larga comitiva para o Norte, visitando Perouadjet, Zau e outras cidades e aldeias. Em todos os lugares, era recebido como o rei, e a frieza da nobreza contrastava com o calor da pobreza. Houve recepções, mas sem pompas e grandes festas. As casas eram muito feias, pequenas e até mesmo os ricos não tinham grandes residências. Muitas vezes, festas, aliás raras, eram feitas nos pátios ou nos poucos jardins. Os jardins eram apenas pequenas áreas verdes na frente das casas, sem flores, luxos ou riqueza.

Osíris informou a todos que estava procurando um local próprio para construir sua residência no Norte. A maioria dos ricos entendeu que o rei desejava aproximar-se dos seus súditos, o que era bom para todos. Alguns até compreenderam que o rei não queria escolher uma cidade, procurando desenvolver uma nova capital. Os espíritos capelinos, dominantes na sociedade kemetense, eram belicosos, de mau caráter, viciosos e cruéis. Nada que Osíris fizesse seria do agrado geral, quanto mais as reformas que pretendia estabelecer, das quais ninguém tinha conhecimento.

Um dos poucos amigos nortistas de Osíris levou-o para um local próximo do Iterou, num dos braços que se desmembram do rio. Osíris olhou para o local mais alto, uma espécie de pequeno platô de oito a dez hectares, levemente irregular, que ficava à margem oeste do rio, e gostou. Djhowtey e Khons, agora amantes oficiais, concluíram que o local era apropriado para uma grande cidade. O terreno, naturalmente, pertencia ao amigo de Osíris e custou um pouco mais do que deveria; porém, sabia que receberia tudo de volta com juros redobrados na hora em que os nortistas começassem a comprar os móveis de Khons.

A construção da cidade seguiu rigorosamente as indicações de Osíris, Ísis, Khons e Djhowtey. O seu irmão desenhava como poucos eram capazes naquela época. A cidade foi traçada para ter largas ruas, diferentemente dos amontoados que eram comuns às cidades de então. As ruas chegaram a ter oito metros, o que era um exagero para a época. Osíris, por sugestão de Khons, desenvolvera uma grande praça central, onde a sua casa, o templo e suas dependências e uma grande construção que seria usada como mercado, depósito e local de reunião estariam voltados para o centro. No meio da praça, Djhowtey deu a ideia de fazer um grande benben. Osíris achou a ideia boa. Khons disse, entretanto, que era impossível. Uma pirâmide no meio da praça tomaria todo o espaço disponível. O criativo irmão de Osíris teve, então, a ideia de colocar o benben no topo de um pilar bem alto, para que pudesse ser visto por todos, de qualquer lugar. Desse modo, o benben sofreu a sua primeira transformação para obelisco, que seria um objeto bastante comum no antigo Kemet.

Djedu, nome dado à cidade, levou menos de dezoito meses para ser construída. Djedu, a cidade das colunas Djed, as que sustentam o universo e estabelecem o maiet, a grande ordem cósmica. Djed significa "durável"; portanto, é também a cidade durável, aquela que irá durar na ordem – maiet – do Kemet. Esta cidade receberia o nome grego de Busíris.

A maioria dos homens ricos de Perouadjet, Zau, Tjel, cidades do baixo Iterou, assim como só nobres de Ouaset e outras cidades do alto Kemet, aproveitou a ocasião para comprar terrenos do próprio Osíris, que cobrou preços simbólicos, já que tinha interesse em tê-los por perto. A casa de Osíris foi feita com rara maestria, tendo sido trazidas pedras do deserto arábico. A Khons coube a função de decorá-la com todos os mais belos móveis e objetos que

A ERA DOS DEUSES | 179

pudesse inventar e desenvolver. Ísis, que se dava maravilhosamente bem com Khons, ficou de dar algumas sugestões, mas, de modo geral, deixou tudo na mão do competente cunhado e primo.

Osíris, ao fazer o templo, aproveitou para ampliar várias de suas instalações, de tal maneira que pudessem caber os artesãos, de forma a incentivá-los a desenvolver a arte e novas técnicas. A utilização de artífices foi uma ideia que tivera há algum tempo e que não conseguira pôr em prática, pois o templo de On, o Hetbenben, era por demais pequeno para abrigar uma centena de operários e artesãos que iriam desenvolver artefatos, máquinas-ferramentas e utensílios fabulosos. Agora, em Djedu, desejava fazer um templo que, no fundo, seria uma espécie de universidade e laboratórios experimentais.

O armazém e grande mercado era uma forma de Osíris controlar a reforma agrária que desejava implantar. Inicialmente, planejava visitar ou mandar alguém visitar, ainda não tinha certeza, Gubal e a terra dos giblitas, de que os mercadores tanto falavam, e comprar uma nova safra de grãos. Era sua ideia, também, controlar a distribuição dos grãos, das terras e o recolhimento desses grãos. Não queria simplesmente dar os grãos; queria emprestá-los aos felás pobres. Queria que houvesse mais ricos, não só por uma questão humanitária, mas para não sofrer a pressão de poucos poderosos. Osíris era rico, não tanto quanto muitos dos poderosos, e sentia que esses homens poderiam tomar-lhe o poder. No caso de Osíris não se tratava de ganância e desejo de poder; havia nele uma enorme dose de idealismo, de amor pelo povo simples e uma natural repulsa pela elite dominante que sentia falsa e desdenhosa. Ele emprestaria a terra, os grãos e os felás teriam que pagar de volta, com juros.

Osíris era um homem idealista e sonhador, porém tinha os pés na terra. Sabia que para fazer uma reforma como desejava era preciso uma das duas coisas que movem o mundo: ganância ou medo. Os ricos proprietários deviam querer vender suas terras improdutivas para Osíris, já que iriam lucrar muito com isso, ou sofreriam as consequências de sua teimosia. Para tanto, Osíris pôs seu plano em marcha. Tudo dependeria de um novo estilo de vida que iria colocar em prática, com a ajuda de Khons, Ísis e Djhowtey.

Dezoito meses depois de ter adquirido o terreno, com a ajuda de dois mil operários, Osíris estava terminando o arcabouço da cidade. Existiam duas largas ruas, completamente cobertas de lajotas, que se entrecortavam na praça. No início, as pedras mal se encaixavam, mas, com o decorrer dos anos, com diversas novas obras, elas foram se encaixando perfeitamente. Djedu foi a segunda cidade a receber tal tratamento; a primeira fora Uruck, na Suméria, cerca de cem anos antes. As demais cidades do Kemet ainda não eram calçadas e só o seriam depois de imitar Djedu.

Osíris seguira a sugestão de Khons de fazer uma grande festa para inaugurar a cidade e deixara ao encargo do irmão todos os preparativos. No dia marcado, após a distribuição de convites, pessoalmente, feita pela guarda pessoal do rei, mais de dois mil convidados compareceram vindos de Ouaset, Abdu, Khmounou, Zau, Tjel, Perouadjet, Nubt, Terenouti e muitos outros heseps.

Concentraram-se na entrada da cidade, sendo recebidos por Khons, que fazia as vezes de anfitrião e mestre de cerimônias. Quando estavam todos praticamente juntos, por volta das onze horas da manhã, o irmão do rei os fez entrar pelas largas ruas cobertas de lajotas até chegarem à praça central. Os trezentos metros da rua foram cobertos em quinze minutos. Assim que chegaram, uma pequena orquestra de oito músicos começou a tocar. Nunca tinham visto tal recepção; e mais, em torno do obelisco, existiam mesas postas e cobertas com fino linho, repletas de frutas, legumes, pedaços de carneiro, frangos e bois. Comida sempre foi um chamariz fabuloso e todos se aproximaram das mesas, primeiro estranhando o móvel, pois jamais tinham visto nada parecido; e, depois, maravilhados com tanta comida.

À medida que a comida ia se esvaziando das largas travessas de ouro, mais alimento ia sendo colocado por serviçais que o traziam em largas bandejas, municiando constantemente os convidados.

Osíris passeava entre eles, ora cumprimentando, ora fazendo uma brincadeira para tirar o ar sério de alguém compenetrado. Khons, um mestre de vendas, selecionava por categoria os convidados espalhados na praça, no templo e também no grande depósito e os levava em pequenos grupos de dez a doze pessoas para conhecerem o interior da casa de Osíris. Uma grande honra que seria conferida a quase todos os presentes.

As pessoas ficavam estarrecidas com o tamanho da casa. Tinha duzentos metros de comprimento por trinta metros de largura. O pé-direito alcançava os seis metros, dando um aspecto de amplitude a toda a residência. A entrada dava para uma sala muito grande, onde uma espécie de jardim podia ser visto. De imediato, as pessoas ficavam chocadas vendo seis poltronas, ricamente trabalhadas que ficavam na entrada. Eram de madeira, com uma série de desenhos, mostrando a construção de Djedu, o Iterou e os felás trabalhando no campo. Khons mostrava as cadeiras e sentava-se nelas para mostrar para o que serviam e como deviam ser utilizadas, pois para quem nunca vira tais móveis seu uso podia trazer alguma confusão. Assim que o irmão do rei sentava, as pessoas ficavam surpresas, exclamando excitadas, especialmente as mulheres, que logo pediam aos maridos móveis iguais.

O resto da grande casa desmembrava-se em um conjunto de quartos com camas – outra surpresa –, dependências com sofás, mesas, cadeiras, armários, despensas e assim por diante. As pessoas, maravilhadas, desejavam cada vez mais os móveis, os objetos de decoração, perguntando a Khons quem fizera aqueles móveis. Recebiam como resposta que tinha sido ele, o irmão do rei, que desenvolvera aquelas belezas a preços astronômicos. Ora, os ricos, impulsionados pelas suas mulheres, encomendaram uma quantidade enorme de móveis e objetos de decoração a Khons que, junto com Djhowtey, anotava os pedidos.

Os dois dias de inauguração foram um retumbante sucesso, tanto político, permitindo fortes e novas alianças e amizades entre

Osíris e os ricos do Norte, como também comercial, rendendo, ou a ponto de render, aos cofres de Khons e, consequentemente, de Osíris, uma magnífica fortuna, que permitiria a segunda fase do seu plano.

Para fazer uma reforma como Osíris desejava era preciso não só dinheiro, pois isso não era mais problema com a fábrica de móveis que fora montada no templo, coordenada por Khons e orquestrada por mais de duzentos artífices. Era também importante que houvesse pessoas que pudessem operacionalizar aquilo tudo. Afinal das contas, Osíris pretendia dar emprego a cerca de cinquenta mil miseráveis, o que exigia controles, compras diversas e instruir os felás sobre as técnicas mais modernas. Era preciso, portanto, uma burocracia bem implantada. Para tal, urgia selecionar, treinar a nova escrita de Djhowtey e ampliar esses horizontes. Ficou estabelecido que a escola seria no templo e, em breve, não haveria mais espaço naquele lugar para mais nada.

A fábrica de móveis foi deslocada para a saída da cidade, num prédio recém-inaugurado, perto da nova residência de Khons, que por pouco não superava a de Osíris. O templo agora abrigava cerca de cinquenta alunos que se tornariam escribas sob o comando de Djhowtey, que lhes ensinava ler e escrever dentro da nova forma, além de poderosas noções de matemática e contabilidade. Os alunos foram escolhidos entre os mais inteligentes do reino, após uma procura incansável de Djhowtey que durara o tempo da construção de Djedu. Também ensinava os novos copistas a lecionar aos demais a sua arte e ofício, de tal forma que pudessem multiplicar os conhecimentos da população. Muitos escribas novos não viam com bons olhos aquela prática. Preferiam manter para si esse conhecimento que os destacava dos homens de então.

Durante seis meses, Djhowtey ensinou os escribas e depois os mandou de volta a sua terra natal. Os antigos escribas não viram com satisfação a nova forma de escrever e contabilizar. Começaram a impor uma série de obstáculos, obrigando Osíris a tomar medidas mais sérias. Entre elas, ofereceu uma forma de aposentadoria para todos os antigos escribas, dando-lhes terras, servos e algum dinheiro para que recomeçassem. A maioria aceitou de bom grado e retirou-se da vida pública, deixando espaço para a nova burocracia de Djhowtey, agora tati do reino, com apenas vinte e dois anos.

Djhowtey dedicava-se à implantação da nova burocracia nos quarenta e dois heseps do Kemet. Na maioria, não houve problemas com os administradores dos heseps, que há muito tempo, desde a morte de Amon e a subida de Pepi, não administravam absolutamente nada. As obras de contenção do rio estavam perigosamente desleixadas, apresentando inúmeros problemas de manutenção. Os chefes de heseps, além de relapsos, estavam seguros de sua posição, herdada com a morte dos pais.

Djhowtey sentia enorme dificuldade em comandar esses homens que passavam o dia inteiro sem fazer absolutamente nada. Aos poucos, conversando com Osíris, demonstrou ao rei os problemas que isso iria trazer no caso de uma enchente mais forte, ou de algum tipo de problema mais sério. Para complicar a situação, a revolução de costumes que Osíris queria estava caminhando lentamente, sem nenhum resultado prático, e grande parte da culpa era dos administradores de heseps.

Osíris sempre procurava nortear seus passos com grande cuidado. Sabia que era muito fácil ser injusto. Não queria expulsar pura e simplesmente os administradores dos heseps de seus feudos. Conhecia-os muito bem, desde o tempo em que era o braço direito de Pepi, seu tio. Muitos desses senhores feudais lhe tinham dado presentes e, até mesmo, permitido que desvirginasse suas netas para gerar-lhes filhos. Muitos se gabavam de ter descendentes de Aha, pela fecundação de Osíris. Sabia que a administração do estado não podia ser feita por hereditariedade. Não havia provas de que o filho de um homem capaz de bem governar fosse tão capaz quanto seu pai. Só em ver o entusiasmo de Djhowtey e seus escribas na aplicação de novas formas de controle, tinha certeza de que iria precisar modificar grandemente os heseps.

Osíris tinha uma grande arma na sua mão: a escrita de Djhowtey. Ninguém a conhecia a não ser ele, Djhowtey, naturalmente, e uns cem escribas que o jovem sábio treinara. Aos poucos, durante quase dois anos, lentamente, ele e os escribas foram tomando conta dos quarenta e dois heseps, sem entrar em choque com os administradores. Sem grande alarde, foi descobrindo as irregularidades. Chamava os senhores feudais dos heseps e os colocava a par dos inúmeros problemas que iam surgindo. Sempre diplomaticamente ia oferecendo excelentes saídas, de forma que muitos administradores ficaram em melhores condições do que antes.

Enquanto Osíris estudava a melhor maneira de colocar os heseps do Norte – os mais resistentes à mudança – sob seu controle, ele definiu uma estratégia de longo prazo com Djhowtey e Ísis.

– Não deve haver dúvidas em nossas mentes. Temos que transformar os pobres e miseráveis em pessoas dignas. Eles serão os primeiros a nos apoiar contra os administradores dos heseps e os ricos que querem nossa derrota.

– Só não vejo como fazermos isso, meu querido. Os miseráveis o são por culpa própria. Não falta terra, mesmo que muitas delas pertençam aos ricos. Só que, de modo geral, não fazem nada para melhorar sua situação.

– É verdade, Ísis. Mas o pobre e o miserável têm uma tendência de estagnar em certas tradições. São, de certa forma, incapazes de ver o caminho. Não deixam de ser cegos. Somos nós, os que enxergam, que devemos abrir-lhes os olhos – respondeu amorosamente Osíris.

Djhowtey, que escutava, intrometeu-se para sempre apoiar a ideia de ensino a todos.

– Devemos ensinar aos pobres ler e escrever. Com o uso destas técnicas poderão melhorar de vida. O conhecimento os iluminará.

– Ora, Djhowtey, você sabe que concordo em princípio com isso. Insisto, no entanto, que tenham simultaneamente um sustento digno na vida. O conhecimento sem uso pode ser uma lamparina colocada debaixo do catre. Para que tenham oportunidades dignas, temos que desenvolver a agricultura.

– Creio, meu rei, que não devemos dar nada de graça, pois tudo o que for gratuito não terá valor – respondeu Ísis.

Djhowtey e Osíris olharam surpresos e assentiram. Realmente, parecia-lhes lógico que os serviços de ensino e saúde fossem pagos.

– Só não entendo como iremos ensinar e dinamizar a agricultura – comentou Djhowtey.

Osíris explicou-lhe:

– Já há mais de dois anos que estamos arrecadando muito ouro, grãos e joias, além de dinheiro que cunhamos com a venda de móveis, joias, tecidos finos, artefatos de decoração e terrenos. Com melhores controles que você implantou junto aos heseps, conseguimos aumentar nossa arrecadação em quase o dobro. Baixamos a proporção paga sobre as terras e bens. Com impostos baixos, ninguém quer correr o risco de deixar de pagar e ter que parar na cadeia.

– Sim, sei que nossos cofres estão abarrotados de dinheiro. Mas, quero alertar para o fato de que estamos gastando verdadeiras fortunas para canalizar novamente o Iterou, construir diques e barragens, desvios e canalizações, tudo o que o divino Ptah e o grande Rá construíram, quando viviam na terra. Porém, mais do que isso, estamos comprando os heseps dos antigos administradores. Isso nos tem custado uma fortuna.

– Realmente, tem razão, Djhowtey. E o pior é que aqueles quatro que nós não controlamos não aceitam nossos escribas, preferindo ficar com a escrita dos antigos.

– De qualquer modo, não podemos nos queixar em demasia. Nunca estivemos tão ricos e poderosos! – exclamou alegremente Djhowtey.

– Precisamos continuar nosso plano – prosseguiu Osíris. – Há alguns heseps aqui no Norte sobre os quais temos total domínio e controle. Em muitos desses lugares, nós compramos, nos últimos tempos, terras que estão sem cultivo. Minha ideia é, sem fazer alarde, aos poucos, vender a terra para os pobres, ensinando-os a plantar os melhores grãos, irrigar a terra, cuidar dos carneiros, burricos e gado, gerando cada vez mais dinheiro.

Ísis e Djhowtey olhavam-no com atenção. Osíris continuou seu plano.

– Como os pobres não têm dinheiro para comprar nada, minha ideia é emprestar esses recursos do meu próprio dinheiro. Depois, quando a terra começar a dar seus frutos, terão de me reembolsar. Se emprestar cem quilos de cevada, quero receber cento e dez. Dessa forma, ano que entra, ano que sai, terei cada vez mais dinheiro para ajudar mais e mais os pobres. Além disso, estive pensando numa coisa importante: na qualidade dos grãos. Observem que os felás só plantam os grãos menores, gerando plantações cada vez mais pobres. A produtividade torna-se, a cada ano que passa, menor. Precisamos reverter esse quadro.

Os dois estavam cada vez mais interessados.

– Há alguns anos, tive uma longa conversa com chefes de caravanas que começaram a fazer o longo caminho de Gubal até Tjel. A maioria para naquela cidade, descarrega suas coisas e não adentra o Kemet. Os mercadores daquela cidade, muito inteligentemente, não permitem que os caravaneiros entrem nas Duas Terras.

Os dois sorriram.

– Para eles, o Kemet é uma pequena porcaria. A visão que eles têm de Tjel é a pior possível. Os mercadores locais se protegem contra os outros negociantes, aproveitando para comprar tudo o que lhes interessa, revendendo a preços abusivos no resto do país.

Os dois pararam de sorrir. Não sabiam que os mercadores de Tjel eram tão inescrupulosos. Osíris sorriu, complacente.

– Isso não é nada. Agora ainda não é hora de abrirmos o nosso mercado a todas as novidades de fora. Para isso temos que acabar com os privilégios dos mercadores de Tjel. Antes de qualquer coisa, temos que dominar e controlar o hesep de Tjel, coisa que ainda

não aconteceu. Mas isso não tem influência por enquanto. O que importa é o que os mercadores estrangeiros me contaram.
Mais uma vez, os dois voltaram a sorrir de interesse.
– Bem, fora as mentiras de sempre, o que me interessou é que em Gubal há uma fartura de bons grãos de cevada, trigo e sorgo, que hoje estão faltando terrivelmente no Kemet.
Djhowtey sorriu luminosamente como se soubesse aonde seu amado amigo Osíris queria chegar.
– Você quer comprar os grãos e revendê-los aos felás?! – perguntou, entusiasmado ao extremo, o jovem Djhowtey.
– Isso mesmo!
Ísis, sempre com os pés no chão, olhou para o marido e perguntou-lhe de chofre:
– Como pretende trazer toneladas de trigo, cevada, sorgo e outros grãos sem passar por Tjel? Sim, porque é óbvio que ninguém em Tjel deve saber desse fato. Além do que, como fará para ir até Tjel contratar os mercadores se não deve ser visto? Como pagará os mercadores de Gubal pelos grãos? Deverá mandar quilos de ouro que deverão ser protegidos por muitos guardas. Ora, uma escolta assim chamará a atenção. Como pretende comprar, transportar e pagar por tudo de que precisa e que deseja em Gubal?
Osíris sorriu para Ísis, tomando-lhe as mãos, e falou:
– Conforme já discutimos antes, você fará isso!
– Eu?! – exclamou Ísis, aparentando surpresa, radiante por ter conseguido convencer o marido a enviá-la nessa importante missão.
– Claro, meu amor! Eu já tenho tudo solucionado. Veja só.
Ao dizer isso, levantou-se, foi até um pequeno armário, retirou um papiro enrolado – outra das invenções de Djhowtey para escrever e desenhar – e trouxe-o para a mesa onde estavam. Abriu-o com cuidado e mostrou um mapa extremamente tosco.
– Veja como funcionará. Um barco sairá de Djedu, descendo o Iterou e irá beirando a costa até esse local, levando-a e sua comitiva a esse ponto de encontro.

Osíris mostrou um local relativamente longe de Tjel, ainda antes de entrar no deserto do Sur.

– O barco carregará os duzentos quilos de ouro que creio serão suficientes para comprar o de que preciso para fazer as primeiras implantações. Enquanto viaja, três grupos de guerreiros, cada um com vinte homens, sairão de lugares diferentes. Um grupo sairá de Ouaset, outro de Nubt e outro daqui mesmo de Djedu. Os três grupos não chamarão a atenção, pois é a falange padrão que patrulha as areias dos desertos. São homens de extrema confiança de minha guarda pessoal e que lhe protegerão, assim como o ouro, com suas vidas.

Djhowtey, preocupado com Ísis, perguntou:

– Meu rei, por que escolher a minha rainha para uma missão tão perigosa? Será que não há outras pessoas que possam ir?

– Caro Djhowtey, você não pode esquecer que iremos tratar com o rei de Gubal. Mandar um homem qualquer sem tirocínio e realeza seria uma afronta. Eu não posso ausentar-me. Corro o risco de ser deposto estando aqui, imagine o que me aconteceria se não estivesse presente. Você seria a pessoa certa, só que tenho planos que exigem sua presença, já que iremos lidar com números e letras, nos quais você é um neter. Além de tudo isso, conheço a enorme capacidade de negociação, persuasão e obstinação de Ísis. Para coroar essa coleção de virtudes diplomáticas, ela é bela como a aurora, podendo amolecer o coração do rei giblita.

Djhowtey não perguntou, mas pensou se Ísis seria fiel a Osíris. Ele não precisou ouvir a pergunta mental de Djhowtey e deu-lhe uma resposta que o fez imaginar se Osíris era capaz de ler a mente dos homens.

– Além de tudo o que falei, confio na minha esposa Ísis mais do que confiaria em mim próprio.

Trataram durante algum tempo dos preparativos da viagem secreta de Ísis que aconteceria dentro de dois meses.

Osíro e Ísis estavam casados há mais de quatro anos e até aquela data não tinham filhos. Nos primeiros dois anos, Ísis, seguindo conselho de sua mãe, usara uma folha macerada para lavar-se antes e após as relações sexuais. Houve dias em que Osíris, sempre muito apaixonado, a segurava, sem lhe dar tempo de lavar-se e, por sorte ou pelos mistérios da maternidade, Ísis não engravidava. Nos últimos dois anos, Ísis deixara de fazer tal prática na esperança de gerar um varão para suceder ao pai. O trono demandava um herdeiro que, contudo, não vinha.

A viagem correra normalmente, e Ísis que, a princípio, enjoara muito, no final, estava deliciada em navegar sobre as ondas e observar a costa kemetense que não estava muito longe. A viagem de navio levou três dias até o local marcado. Ao chegarem lá, já os esperavam os sessenta homens da escolta que ajudaram a desembarcar o ouro e as roupas de Ísis, levadas num simpático baú idealizado por Khons.

A travessia do deserto sobre uma carroça puxada por dois fortes burros não foi a coisa mais excitante que Ísis fizera, e só não reclamara ao ver que os guerreiros faziam o percurso a pé. A travessia do Sur, assim como a chegada a Gubal, contornando as pequenas e insignificantes aldeias de Tiro e Sidom, levaram quase duas semanas. Ao chegarem, Ísis estava prostrada de cansaço e enjoada, tendo passado mal, várias vezes, na viagem. Todos acreditavam que se tratava do balanço da carroça. As suas duas damas de companhia e amigas tinham outra opinião: achavam que era gravidez.

Ao chegarem a Gubal, a larga escolta chamou a atenção da guarda da cidade, que era murada e cercada, como nenhuma cidade kemetense era naquele tempo. Os guardas logo deram o alarme e os portões foram fechados, enquanto o grupo de quase oitenta pessoas aproximava-se tranquilamente. Ao alcançarem os altos portões de Gubal, todos pararam, e os soldados locais apressaram-se em conversar com eles. A língua não era a mesma, mas havia uma certa proximidade, já que ambas eram de raiz semita. Durante quase meia hora, houve várias negociações que não estavam levando a lugar algum, pois um não entendia completamente o outro. Ísis, cansada dessa demora, resolveu agir: saiu do fim da fila onde estava protegida e aproximou-se das paliçadas.

O simples olhar para aquela mulher esculturalmente bela como uma visão de outro mundo fez com que o próprio rei aparecesse no alto dos muros. Após trocarem poucas palavras, sem entender muito bem o que cada um falava, mandou abrir os portões e fazê-los entrar. Ele, o rei, não era dos mais valentes, não propriamente um poltrão, mas era muito cauteloso com estrangeiros, devido aos ataques que sofrera em passado recente. Estava desde o início escutando as conversas infrutíferas dos guerreiros, mas, ao ver aquela bela mulher, soube que não tinha nada mais a temer. Aquele grupo de guerreiros com certeza não queria guerrear, e provavelmente ele teria muito a lucrar em dar hospitalidade àquela deusa.

Enquanto isso, em Djedu, Osíris, sempre usando de seu charme pessoal, visitava as pequenas aldeias, selecionando as mais importantes e inteligentes pessoas entre os pobres felás. Convidava-os para passar alguns dias em seu palácio. A casa era grande o suficiente para comportar trinta pessoas, e esse era o número escolhido. Para dar simbolismo a esse ato, o nobre Osíris fazia com que um grande sacerdote falasse o nome do escolhido em público. Na realidade, não passava de um artifício. Os escribas tinham recebido ordens de escolher, entre os mais pobres, aqueles que apresentassem mais credibilidade entre seus amigos – líderes informais –, de tal forma que pudessem, ao imitar o grande Osíris, influenciar seus conterrâneos e induzi-los a melhorar sua higiene pessoal, alimentação e sistema de vida.

Ser convidado por Osíris para ficar três dias em sua casa era a maior honra que um kemetense pobre poderia ter, porém mais do que isso era uma forma de entrar em contato com um mundo que o felá nem tinha ideia de que existia. Inicialmente, o choque de ver os móveis, comer sentado, dormir numa cama e observar o grande rei de tão perto era algo irreal. Além disso, os serviçais do rei ensinavam aos visitantes que deviam lavar as mãos com água e fragrâncias de flores antes e depois das refeições, tomar banho uma vez por dia e trocar de roupa antes de dormir. Não deviam ficar com roupas sujas, lavando-as sempre que possível. Uma extensa relação de comidas era feita, cujo preparo era ensinado às mulheres, que ficavam durante dois a três dias na cozinha do rei. Observavam como tudo devia ser limpo e aprendiam que só se comiam alimentos frescos, animais recém-abatidos ou que tivessem passado por processos de defumação ou sido salgados por processos especiais.

As pessoas, quando voltavam às suas aldeias e cidades, contavam as maravilhas da residência real e de como o deus Osíris os recebera, honrando-os com sua presença. Além de ensinar modos gentis aos felás, o grande rei tornava-se amigo deles, pois, à noite, em torno do jardim central, onde existia uma grande piscina de água doce, com pássaros canoros, peixes coloridos e animais domésticos, tal como o gato, que ficava em sua volta, o rei contava as lendas dos antigos, sempre com o intuito de formar na mente dos convidados o conceito de um grande povo, uma grande nação.

Aos poucos, os resultados foram surgindo. Móveis rústicos eram produzidos imitando os originais que estavam na casa real de Osíris; o povo tornava-se mais limpo e asseado, usava roupas mais limpas e procurava comer comidas mais adequadas, evitando as estragadas. O gato, em correlação ao gato de Osíris, tornou-se um animal doméstico e, com isso, os ratos rarearam, diminuindo a incidência da peste bubônica, da leptospirose e de outras doenças provocadas por esses roedores. Os detritos e o lixo eram queimados diariamente para não atraírem ratos, chacais e outros animais pestilentos.

Osíris tornara-se um mestre da promoção política, só encontrando um rival, quatro mil anos mais tarde, em Luís XIV, rei de França. Osíris era amado pelos pobres e humildes e, gradativamente, ia criando uma consciência nacional e uma cultura muito própria e imperecível no Kemet.

Capítulo 8

A teoria dos mortos, do mundo dos falecidos, de renascimentos e de espíritos, escrita pelo deus Khnum, foi sendo encaminhada até os tempos de Osíris, que resolvera difundi-la, alterando algumas das lendas e estabelecendo uma doutrina positiva para os homens. Com o decorrer dos tempos, o fato de Osíris ter defendido essa doutrina o levaria a ser o deus do outro mundo, além de ser, também, uma divindade agrária. Essa doutrina era simples e objetiva; tratava da existência terrena, tornando-se um guia e um lenitivo para os homens.

A teoria de Osíris afirmava que havia somente um grande Deus, no que a maioria dos habitantes do Iterou acreditava, mas achava tão distante dos homens que tanto fazia que Ele existisse ou não. Osíris dizia que os homens tinham almas que sobreviviam à morte, podendo renascer em outros corpos. Explicava que um homem nascia sempre homem e não podia retroceder, renascendo como animal. Com o tempo, essa ideia evoluiu para uma distorção típica dos capelinos, segundo a qual os homens evoluíam de acordo com a posição social: primeiro, os felás; depois, os sacerdotes e guerreiros; finalmente, os nobres e o rei. Um rei não poderia voltar a ser felá, assim como um sacerdote ou guerreiro não retrocedia a posições subalternas em futuras existências. Essa distorção foi responsável pelos abusos e sandices que os kemetenses passaram a cometer a partir da terceira dinastia.

Osíris chamava os sacerdotes de todos os lugares para participarem de festas e banquetes; por intermédio deles, ensinava a teoria espiritual e apresentava um esboço do código de leis e de certos costumes que desejava solidificar. A limpeza em geral era seu grande tema, pois intuía que o Kemet, para tornar-se poderoso e não correr o risco de sofrer ataques externos, precisava de uma população grande. Para tal, era necessário que não houvesse pragas, pestes e epidemias que dizimassem enorme contingente de pessoas.

Djhowtey fizera um censo geral que tomou dois anos, apresentando muitos erros e falhas, e demonstrou um quadro negro da situação kemetense. Havia perto de cento e sessenta mil habitantes do Iterou, sendo cento e vinte mil com menos de quinze anos. Somente vinte e dois mil comiam regularmente; o restante não comia mais do que quatro vezes por semana, indo dormir de barriga vazia quase todas as noites. Os ricos e poderosos somavam pouco mais de doze mil pessoas; portanto, existia uma classe média composta de sacerdotes, guerreiros e artesãos especializados que chegava a pouco mais de dez mil pessoas. Entre pobres, os felás, que tinham um pedaço mínimo de terra ou trabalhavam para os senhores da terra, e, entre os miseráveis completos, uma perigosa massa de cento e trinta mil pessoas, dos quais pouco mais de cem mil viviam no baixo Kemet, ou seja, no delta do Iterou.

Osíris sabia que precisava aumentar a população e também dar-lhe condições de existência digna. Até Osíris, o mundo tivera reis e chefes, especialmente guerreiros sanguinários, mas nunca tivera um estadista. Esta era a grande diferença entre Osíris e os demais reis da Terra. Era, portanto, naquela época, o espírito renascido mais evoluído do planeta.

Os meses correram lentamente enquanto terminavam os levantamentos que Djhowtey fizera. O templo de Djedu recebia grandes quantidades de novos artesãos que vinham apresentar novidades, assim como novos escribas que aprendiam facilmente a ler e escrever. Djhowtey desenvolvera dois tipos de escrita: o primeiro era detalhado e cheio de símbolos que seriam usados pelos sacerdotes em seus monumentos hieráticos e, por isso, chamar-se-iam hieróglifos; o segundo, mais fácil, Djhowtey viria a desenvolver em comum com outros capelinos, tornando-se a escrita popular, que ficaria sendo conhecida, no futuro, como copta – uma corruptela de Hikuptah, o nome do templo de Ptah em Mêmphis. Os gregos iriam associar este nome – Hikuptah – com ekuptas, depois com aegiptas e finalmente com aegiptus. Derivando daí o nome de Egito.

Em Gubal, Ísis relacionava-se formalmente com o rei Melkhart, descendente do rei que ajudara Shagengur e seus amigos sumérios. O monarca era um espírito terrestre, embora existissem vários capelinos entre os muitos descendentes dos sumérios que haviam permanecido em Gubal. O rei não era, portanto, um homem sagaz e alerta quanto às selvagerias do mundo; pelo contrário, era simples, cauteloso e supersticioso.

Ísis, muito cuidadosa, dissera-lhe que era a mulher de um grande e poderoso rei. Para não suscitar cobiça ou eventuais ataques traiçoeiros, não revelou a verdadeira natureza de sua visita assim como a quantidade de ouro que transportava.

– Meu marido e rei, o grande Osíris das Terras Altas, enviou-me para conhecer os reinos que estão próximos de nós.

O rei esforçou-se para entender uma língua que era muito parecida com a sua própria e que apresentava outro sotaque e uma forma de construção gramatical levemente diferente. Essa dificuldade inicial foi excelente, pois impediu profundos interrogatórios, não colocando Ísis e sua guarda em risco.

O rei destinou-lhe duas casas próximas de sua própria casa. Com exceção de Uruck, onde alguns palácios reais eram construídos pelos descendentes de Nimrud, nem no Kemet nem no Gubal existiam ainda palácios, na acepção da palavra. Em Gubal, o rei tinha uma casa grande o suficiente para abrigar sua família composta de oito mulheres e inumeráveis filhos.

Ísis e sua *entourage* de mulheres ficaram numa casa simpática, pequena e bem suja. Rapidamente suas damas de companhia, que não passavam de criadas mais categorizadas, trataram de limpar a casa, tornando-a habitável. Foi nesta época que Ísis notou que estava grávida de Osíris.

Após duas semanas, Ísis aprendeu suficiente cananeu para conversar com o rei. Eles faziam as principais refeições juntos e, com isso, tornavam-se mais íntimos e amigos. O rei estava fascinado pela beleza diferente de Ísis, que abusava de seu charme, enchendo o rei de sorrisos e amabilidades. Sempre que o rei avançava em sua direção, esquivava-se com um sorriso maroto, dando a desculpa de que era casada e esperava um filho do marido. O rei era um homem que sabia respeitar uma mulher grávida.

Ísis não perdia tempo, descobrindo os melhores grãos, assim como a magnífica madeira do futuro Líbano, o cedro. No entanto, tinha receio de adquirir os grãos e não poder tirá-los de Gubal. Mulher experiente e inteligente que era, refletiu sobre sua situação. Estava com três meses de gravidez. Os melhores grãos seriam colhidos dentro de três meses, quando estaria com seis meses de gravidez. Deveria, pois, adquirir as sementes logo após sua colheita e viajar de volta ao Kemet.

Sabia que precisaria comprar grandes quantidades de grãos e transportá-los e, sem a ajuda do rei, não conseguiria levar a quantidade que queria. Ísis, inteligente e astuta, estudou seu oponente durante meses, observando que a sua grande fraqueza era a atração sexual por ela. Para conseguir algo, teria que dormir com ele, o que lhe era repugnante. Era preciso encontrar uma outra solução.

Os meses arrastaram-se até que, numa madrugada, pouco antes de o sol nascer, Ísis foi acordada com um alarido. Levou poucos segundos para descobrir que estavam sendo atacados. Um grupo de bandidos, vindo do deserto vizinho, tinha entrado pelas falhas da paliçada, insuficiente para atranqueirar o ataque inimigo, e dirigiu-se para as casas reais, esperando encontrar riqueza, mulheres e objetos de valor.

Os guerreiros kemetenses foram os primeiros a dar o alarme. Desde o início da estada dos visitantes, os soldados de Osíris revezavam-se em contínuas vigílias, especialmente noturnas, pois não confiavam nos habitantes de Gubal. Por sua vez, os soldados giblitas eram descuidados, muitos dormindo durante o turno de guarda. Gubal era mal cercada, e passar pelas áreas que não tinham muralha era trabalho fácil. Os atacantes, protegidos pelo véu da noite, chegaram às casas reais sem ser detectados por ninguém. A guarda kemetense agiu rapidamente, entrando em feroz combate com os atacantes. A gritaria do combate atraiu defensores do rei, que, junto com os habitantes do Iterou, puseram em fuga os bandidos, após deixarem estendida no chão uma dúzia deles. Dois deles tinham sido capturados vivos e seriam destinados ao grande deus Baal.

O rei ficou satisfeito com os kemetenses e ofertou presentes aos que se notabilizaram durante a refrega. Ísis viu que aquela era a oportunidade que esperava para obter favores do rei.

O rei de Gubal resolveu, então, sacrificar a Baal os bandidos que tinham sido capturados pelos habitantes do Iterou. A cerimônia revestiu-se de pompa. O sumo sacerdote e o rei atearam fogo às piras que consumiram os bandidos. Se tivessem olhos espirituais para ver o espetáculo, sairiam correndo espavoridos. Enquanto o fogo consumia os corpos, entre os gritos de dor e pavor dos supliciados, os espíritos tenebrosos 'aspiravam' os fluidos semimateriais que exalavam dos corpos calcinados. Esses fluidos vitais eram assimilados por esses demônios ensandecidos e atuavam sobre seus sistemas mentais como se fossem um alucinógeno poderoso. Não é preciso muito para entender que esses espíritos trevosos ansiavam muito por esses fluidos que os embriagavam e os energizavam.

Ísis atendeu ao convite do rei para assistir ao sacrifício e, reunindo todas as suas forças, ficou impassível vendo o holocausto. Procurou pensar em coisas agradáveis e não permitir que aquelas cenas macabras se fixassem em sua retina. Olhava sem ver, ouvia sem escutar e estava ausente, estando presente, imaginando-se nos braços de seu adorável Osíris. O rei Melkhart ficou impressionado com a frieza de Ísis, mal sabendo que o seu corpo estava presente, mas sua mente estava distante.

Ao final da grande festa, ao ar livre, foi oferecido um banquete, um lauto festim. Ísis mal tocou na carne de carneiro. Após dois copázios de um vinho forte, o rei demonstrava um humor favorável às necessidades de Ísis. O rei, por sua vez, faria de tudo para retardar a partida de Ísis. Agora, após a decisiva contribuição kemetense na defesa da cidade, ela esperava ter melhor sucesso em partir de Gubal com sua preciosa carga de grãos e madeiras.

– Amigo Melkhart, estou quase tendo meu filho e gostaria de tê-lo perto do meu marido.

O rei era uma pessoa simples. Emocionou-se com a situação de uma mãe tendo filho longe de sua casa.

– Grande Ísis, você não é minha prisioneira. Pode partir quando quiser.

Ísis estava sentada ao seu lado, numa bela mesa de cedro – os giblitas usaram mesas muito antes dos habitantes do Iterou – e, tocando em seu braço, disse-lhe baixinho:

– Você sempre foi um grande homem, poderoso e corajoso, e agora demonstra ser generoso e bom. Não sei como lhe agradecer.

O rei estufou o peito inflado pela lisonja de Ísis e disse-lhe:

– Eu bem sei como. Contudo, o destino e o poderoso El não permitiram que fosse minha mulher. Para quando é o nascimento do herdeiro?

– Creio que para daqui a uns dias. Uns quinze, acho eu.

– E deseja viajar assim? É uma loucura, minha cara. Permita que lhe faça outra proposta.

Ísis, antecipando o que Melkhart iria propor, disse-lhe:

– É fundamental que o herdeiro do Kemet nasça em sua terra. Não posso delongar-me mais sob o risco de ter que me explicar ao meu marido, que é um homem destemperado e violento.

Osíris era de longe o homem mais calmo que Ísis conhecia, só que não custava nada amedrontar Melkhart, de forma a obter seu consentimento o mais breve possível. Além disso, havia a colheita e a compra dos grãos, que tinham sido efetuadas, precisando ser despachadas rapidamente para o Kemet; do contrário, seriam comidas pelos ratos ou apodreceriam em Gubal.

– Sim, já ouvi seus comentários sobre seu marido. Não devemos importuná-lo com atrasos imprevisíveis. Entretanto, não posso mandá-la atravessar sozinha o deserto do Sur. Se me permite, mandarei meus soldados e todas as carroças que precisar acompanhá-la até o seu reino.

– O grande rei Melkhart sempre foi generoso.

O sorriso de Ísis era deslumbrante. O rei não cabia de contentamento, mesmo sem saber por quê, já que iria perder definitivamente a bela deusa. Ísis, aproveitando o momento, perguntou ao encantado Melkhart:

– Tenho aqui comigo uma certa quantia de ouro que dá para pagar muitas coisas. Contudo, gostaria de comprar mais, muito mais; para isso seria necessário que tivesse confiança em mim. Já que seus soldados e carroças vão até minha terra, poderão retornar de lá com o ouro que lhe pagarei.

Crédito – palavra-chave do comércio – era o que Ísis desejava. O rei podia ser lerdo, levemente poltrão e, até mesmo, lascivo, só que para os negócios era inteligente e sagaz, característica que faria dos giblitas uma raça de mercadores. Pensou um pouco e disse-lhe:

– Não há garantias nesse negócio. Minha tropa pode ser dizimada ao chegar lá, assim como o seu marido, terrível como disse ser, pode recusar-se a pagar. Preciso de uma garantia segura. Façamos o seguinte. Eu libero toda a mercadoria que desejar, e você fica como uma espécie de garantia de que o pagamento será efetuado. Que tal?

Ísis pensou um pouco e lhe veio à mente a solução para o impasse. Lembrou-se de que o rei também era louco de amor por uma das suas damas de companhia, que tinha a tez marrom bem escura, sendo descendente da bela raça negra africana que povoara primitivamente o vale do Iterou.

Asherah era uma bela mestiça que apresentava características que deixavam o rei completamente fora de si. Além disso, Asherah, mesmo sendo virgem, com quatorze anos, era de uma sensualidade natural, que poucas mulheres eram capazes de demonstrar.

– Tenho uma solução paliativa que irá agradá-lo muito. De minha parte não posso ficar; o meu marido e amo ficaria furioso em saber que fui retida por causa de alguns míseros quilos de ouro, e nunca se sabe de sua disposição para a batalha... No entanto, posso deixar-lhe uma das minhas damas de companhia, Asherah, que, neste ínterim, lhe será particularmente devotada, podendo esquentar-lhe o leito, enquanto seus soldados voltam com o prometido ouro.

A lascívia subia à cabeça do monarca. Sempre cumprindo o ritual das negociações, disse-lhe:

– Compreendo sua necessidade em partir, mas Asherah, mesmo sendo linda e digna de ser uma rainha, não é garantia de que seu digno marido venha a pagar. Afinal das contas, uma serva não vale tanto assim. Uma criada não pode valer o peso de uma rainha.

Assim falando, o galante rei beijou a mão de Ísis, que teve ímpetos de retirá-la, desgostosa. Ainda assim sorriu de volta. Era preciso pensar rápido. O rei estava levando vantagem naquela negociação.

– Tenho uma outra ideia. Asherah ficará aqui e irei de barco até o Kemet. O ouro será carregado a bordo e somente depois descerei em terra firme. Se algo acontecer, poderá dar ordens de cortar minha garganta. Tenho certeza de que meu marido não irá se arriscar por um punhado de ouro.

O monarca acabou por se resignar. Sentiu que jamais poderia ter aquela mulher linda, de cabelos castanhos e olhos azuis. Ficaria, então, com o ouro do marido e com a bela mestiça. Sua mente vagou imediatamente para Asherah: seu lindo quadril, sua cintura fina, seus cabelos negros encaracolados e sua cor morena. Melkhart rendeu-se, soltando um longo suspiro.

– Não mandarei matá-la se seu marido não pagar. Seria um lastimável desperdício. Mandarei que a tragam de volta e me casarei com você.

O rei pilheriava. No fundo, pretendia fazer isso mesmo.

– Ficarei com a morena Asherah e, para lhe mostrar que não a tratarei como uma qualquer, a farei concubina principal de minha casa.

Era, sem dúvida, uma grande honra para uma simples serva kemetense. A concubina principal era a segunda mulher após a esposa. Em futuro breve, a esposa legítima significaria um arranjo matrimonial apenas para consolidar alianças e forjar dominantes impérios.

– Só podia imaginar isso do magnânimo Melkhart.

Cinco dias depois dessa conversa, Ísis partia de Gubal. Iam em dois grupos; o primeiro, a pé; e o segundo, de barco. Os soldados vindos do Iterou – a maioria capelina – tinham horror ao mar. Em Ahtilantê, os mares eram pouco explorados e apresentavam real perigo, devido à baixa gravidade – por consequência, baixa densidade dos mares –, facilitando o afogamento.

Aliados aos soldados que marchavam, vinham quarenta e duas carroças puxadas por bois, dezoito mulas e treze burricos, todos carregados com víveres, grãos, água e armas. Com os trinta e cinco guerreiros kemetenses, vinham cento e vinte e dois soldados e servidores giblitas. Não havia antagonismo entre kemetenses e giblitas, porém os soldados de Osíris eram mais jocosos, brincalhões e extrovertidos. Os giblitas ainda não tinham sido impregnados do espírito capelino, sendo mais inocentes, ingênuos e isentos de malícia. Em breve, os espíritos capelinos mergulhariam, mais assiduamente, na carne giblita, levando-os a grandes realizações e também a crimes hediondos e repletos de sordidez. Com o ingresso de capelinos, mesclados com os espíritos terrestres que não tinham medo do mar, os giblitas lançar-se-iam em aventuras inauditas e temerárias.

No mar, o grupo era formado de três embarcações giblitas, muito mais fortes do que as kemetenses, que estavam carregadas de grãos, transbordando de madeiras finas do Líbano – o precioso cedro – e de uma espécie de carneiro proveniente da longínqua Ásia Menor, que seria cruzado com as raças kemetenses, vindo a dar excelentes espécimens. Ísis e suas damas de companhia estavam no terceiro navio, um pouco menor do que os demais, mas oferecia muito mais conforto.

Asherah recebera muito mal a notícia de que teria que ficar morando em Gubal, tornando-se concubina de Melkhart. Ísis explicou-lhe que estava sacrificando-se pela felicidade do Kemet; mesmo assim, a mocinha estava correta em suas queixas. Ninguém a consultara, tendo sido decidida unilateralmente sua vida.

Melkhart era um homem de trinta e poucos anos, alto, com a barba negra bem aparada e um pendor para as artes. Tornara-se rei por força da tradição, que fazia com que os descendentes masculinos dos reis se tornassem monarcas. Tinha uma bela voz de tenor e gostava de cantar acompanhado de uma espécie de lira, inventada por capelinos na Suméria e trazida por imigrantes até Gubal.

A primeira noite do rei com Asherah foi de suma importância, pois a moça soube cativá-lo integralmente. Asherah começou a exercer, paulatinamente, uma influência cada vez maior sobre Melkhart. Melkhart, como todo o homem de sua época, achava as mulheres vaniloquentes e fúteis, tentando falar com a jovem o máximo possível sem nada dizer. Asherah era um espírito capelino, exilado de Ahtilantê, portanto, inteligente e sagaz o suficiente para controlar uma alma ainda primitiva como o terrestre Melkhart. Assim que notou a força sexual que tinha sobre o amante, foi, cuidadosa e dissimuladamente, obtendo do marido uma série de regalias e vantagens sobre as demais.

Iniciou obtendo a permissão para distribuir, entre os seus chefes e amigos, as demais concubinas. Após obter sucesso em seu intento, a astuciosa kemetense conseguiu do marido que sua esposa fosse convenientemente enviada de volta para sua família sob a verdadeira alegação de ser estéril. Dessa forma, um ano depois, Asherah era a única esposa e amante do marido.

Ela não o amava, todavia encontrava prazer em seus braços. Asherah era uma daquelas mulheres que amam a si próprias em excesso, o que as impede de dedicar algum sentimento mais afetivo a outrem. A casa do rei não era nenhum palácio e a bela Asherah não ficaria satisfeita em ter nada menos do que um castelo para governar, com muitos empregados e servos. Ao dar à luz o príncipe herdeiro, conseguiu do marido embevecido a promessa, que, aliás, cumpriu, de construir um novo palácio. Além disso, Asherah conseguiu muitas outras coisas, e o que a notabilizou foi seu tino de comerciante que, sob o reinado de Melkhart, expandiu-se de forma notável.

Conseguiu que Gubal ampliasse suas rotas comerciais para outros lugares. Pode-se dizer que a exploração da maioria dos lugares no Mediterrâneo e nas costas norte-africanas ocorreu durante o reinado de Melkhart. A sua mulher, dominadora e dissimulada, num reino de homens, conseguira fazer, por razões transversas, de Gubal uma potência econômica. Uma parte dessa vontade de ampliar suas conquistas econômicas era puramente capricho de mulher bonita que sabe que traz o marido na coleira. Mas, no fundo de sua alma ainda turva, havia a vontade de dominar, de ter o poder, de exercê-lo sem questionamentos ou dúvidas. Melkhart tornar-se-ia imensamente rico e, sob a orientação segura de sua mulher, fez alguns de seus comparsas homens extremamente ricos.

Uma das características dos capelinos era o fascínio por grandes monumentos, majestosos, imponentes e soberbos. No mundo antigo, haveria uma série deles que sobreviveria até nossos dias. Na região vizinha a Gubal, Asherah conseguira do marido que construísse um templo monumental denominado de Baalat Gubal, também conhecido como Baalat Gebel. Tratava-se de um complexo gigantesco com áreas destinadas às preces dos fiéis, facilidades para os sacerdotes, escolas onde ministravam-se cursos para formação de monges, abrigos para pessoas inválidas, setores de apoio, como cozinhas, estoques e dispensas. O templo não teve a projeção mundial que merecia por ter sido parcialmente destruído, alguns séculos depois de terminarem suas obras; mas, na época, fora a maior construção existente no mundo. Asherah foi diretamente responsável por essa colossal edificação, não só por sua determinação em fazer algo grandioso, como também pelas orientações arquitetônicas que foram decisivas na construção do gigantesco complexo.

Ísis estava indo para o Kemet encontrar-se com seu amado Osíris. O mar estava calmo, e seu coração estava agitado. Nenhum capelino gostava do mar. No segundo dia, Ísis sentiu uma dor aguda no baixo ventre que repercutia até o ânus. A dor ia e vinha como uma gangorra, aumentando aos poucos e tornando-se mais ritmada. O primeiro filho sempre é mais complicado. O parto foi longo e cansativo, esgotando as forças da mãe. Nasceu um menino forte e aparentemente saudável. O pequeno varão berrou com todas as forças e, ao ser levado ao peito, sugou-o com força. Ísis imaginara que seria uma menina, em parte pelo receio de não servir a seu amo e senhor. O rei precisava de um varão para sucedê-lo. Os tempos de rainhas que mandassem em seus reinos ficaria para um futuro distante. Os tempos eram duros, exigindo a rudeza masculina temperada pela sensibilidade feminina que, às escondidas, incógnita e reservada, ajudava os homens a superarem as agruras da existência.

Os navios levaram alguns dias para chegar em Djedu, onde somente uma das três embarcações atracou. Desceram um kemetense e dois giblitas que foram levados à presença de Osíris, sendo imediatamente recebidos. O kemetense explicou ao rei com toda riqueza de detalhes a mensagem que Ísis lhe enviara. Osíris, feliz como uma criança, mandou providenciar imediatamente o ouro que faltava. Os dois giblitas foram recebidos com abraços efusivos e premiados com uma joia cada. O monarca correu como um jovem garoto à procura de Ísis, cujo barco levou mais algum tempo para atracar.

Osíris subiu a bordo e deparou-se com uma cena que lhe turvou a vista. Ísis segurava um recém-nascido no colo. Seria seu filho? Não sabia que estivera grávida. A desconfiança não encontrou abrigo no coração compassivo de Osíris, assim que viu o sorriso radiante de Ísis. Os abraços foram feitos sem pejo na frente da soldadesca e dos marinheiros, que não deixaram de se comover com o amor dos dois monarcas. Ísis apresentou seu filho com a pompa que a circunstância pública exigia:

— Osíris, meu rei e senhor, veja teu filho. Ele não tem nome ainda, pois cabe somente a ti denominá-lo.

Osíris olhou para o rostinho que se sobressaía entre tecidos e mantas. Os olhinhos ainda fechados e o rosto inchado pelo esforço de nascer. Lindo bebê! O soberano pensara muito no nome do seu primogênito, desejando-o, ansiando por sua chegada. Hórus, o velho, era uma escolha sábia. Era um dos nomes pelos quais o Inefável era conhecido, assim como "Onkh". Hórus era um deus do Kemet, cultuado tanto no Norte como no Sul, aceito de bom grado pelos imigrantes sumérios por representar o Deus Supremo. Seria Hórus, portanto.

Osíris, pegando a criança, suspendeu-a e proclamou bem alto, para que todos os presentes vissem que reconhecia seu filho e que o nomeava seu sucessor legítimo.

— Rejubilem-se, habitantes do Kemet; é nascido Hórus, o príncipe de Iterou!

Ísis assentiu, satisfeita. Hórus era um nome forte.

Naquela noite, na casa real de Osíris, houve festas e risos até altas horas da noite. Conversaram longamente sobre tudo o que aconteceu em Gubal e sobre os planos que Osíris e Djhowtey fizeram em sua ausência.

Ísis falou de Asherah, explicando o que fizera, sendo gentilmente admoestada pelo marido, que lhe explicou que não deveria decidir o destino dos outros sem antes discutir com o interessado. Ísis concordou, fazendo um muxoxo de desgosto, logo esquecendo as reprimendas para jogar-se no colo do marido e cobri-lo de beijos.

Nos dias que se seguiram à chegada de Ísis, houve uma desvairada atividade para descarregarem os grãos e estocá-los nos grandes armazéns que Djhowtey e Osíris mandaram construir para tal finalidade. Os homens trabalharam incansavelmente no calor do dia, enquanto diversos arautos do rei e do tati corriam para chamar os inscritos num programa de reforma agrária. Nas semanas que se seguiram, a atividade de Osíris e Djhowtey foi admirável.

Fora feita uma distribuição de terras no baixo Kemet, adquiridas por Osíris de grandes proprietários a preços de ouro. O monarca sabia que estava sendo achacado, mas, por outro lado, vendera os móveis e os objetos por uma quantia de ouro que deixara Djhowtey, seu meio-irmão Khons e ele próprio milionários. Os terrenos foram vendidos aos felás por um preço fixo que incluía arados, carroças, animais de carga e os excelentes grãos vindos de Gubal. Como os infelizes não tinham dinheiro para pagar, ficavam devendo os valores acordados, tendo que pagar em até três anos, com o recolhimento anual de determinado número de sacos de grãos.

Djhowtey estabelecera um grupo de duzentos oficiais administrativos e técnicos que deveriam visitar periodicamente as propriedades, ensinando aos felás as novas técnicas de irrigação e plantio. Deveriam também ministrar princípios de higiene geral e pessoal, evitando as graves pestes decorrentes da insalubridade que grassava, vez por outra, no Kemet. Por outro lado, os guerreiros vigiavam de perto os terrenos cedidos, para evitar invasões dos outros felás, assim como guarneciam os depósitos para evitar que houvesse furtos.

A enorme operação envolveu, em dois anos, vinte e cinco mil famílias, sendo vinte mil no delta e o restante, no Sul, perto de Sheresy, Khmounou e Sounou. A princípio, os mais poderosos não se importaram com a pretensa reforma agrária de Osíris. Eles sabiam que os felás, simples e ignorantes, jamais teriam cabeça para articular corretamente o plantio, as técnicas necessárias para se obter produtividade e administrar a compra e venda de safras e demais detalhes burocráticos. Afinal de contas, desde a implantação dos heseps por Aha e sua sombra, Amon, o Kemet se modernizara, entrando numa época de melhor tecnologia agrícola e mais desenvolvimento cultural. Os felás tinham ficado para trás, por serem primitivos e pouco afetos a mudanças sociais.

Osíris sabia que, se fizesse a sua revolução agrária apenas com boa vontade e senso de justiça social, estaria fadado ao insucesso. Realmente, a maioria dos espíritos terrestres ainda renascia entre os felás; quando algum capelino nascia entre essa classe social, rapidamente se esquivava do trabalho duro do campo, procurando oportunidades entre os guerreiros, sacerdotes e escribas, sendo, na maioria das vezes, aproveitado devido a sua superior inteligência e argúcia. Osíris inferia, intuitivamente, que precisava de uma revolução cultural – grandes mudanças na tradição popular –, e ela não podia ser realizada sem alterações na religião e na filosofia que, naquela época, andavam de braços dados.

Seus oficiais administrativos, mesmo tendo sido treinados à exaustão por Djhowtey, eram incapazes, por si sós, de modificar grandemente a mentalidade dos felás. Introduziam as técnicas de irrigação extremamente simples e rudimentares, assim como explicavam inúmeras vezes como as sementes deveriam ser tratadas. Muitos felás, esfomeados, comiam as sementes ao invés de plantá-las ou escolhiam as menores, alimentando-se das maiores – uma estupidez que os oficiais administrativos constataram depois do fato consumado e as sementes, consumidas.

Osíris ficou preocupado com a falta de cultura e de motivação dos felás. Dedicou, portanto, um largo tempo ao estudo da pobreza e de suas causas, assunto sobre o qual ele e Djhowtey trocaram impressões a fim de modificar essa mentalidade tacanha generalizada. Após esse período, ele definiu uma estratégia para atingir os kemetenses em geral e modificá-los.

Capítulo 9

Os meses foram passando e, aos poucos, a notícia foi correndo; Osíris estava construindo um grande mausoléu. Ao invés de construir uma mastaba, mandou construir quatorze. Para o povo de cada uma das quatorze regiões, aquela era a única, devendo ser honrado o local como o escolhido por Osíris, o poderoso, para ser sua última morada.

Cada uma das mastabas era encravada na rocha sólida e os construtores repetiam a arenga de que aquele local devia ser grande para que Osíris pudesse levar para o outro mundo parte de sua riqueza, dos bens materiais que possuía. Os kemetenses mais atrasados passaram a acreditar que, literalmente, podia-se levar para o outro mundo os bens adquiridos no mundo físico. Os arautos explicavam que os deuses precisavam ser conquistados com presentes caros no outro mundo para permitir que as almas dos mortos pudessem entrar nos lugares privilegiados.

Em três anos, Osíris conseguiu passar a ideia de que o que se faz aqui na terra é levado para o outro lado. Seus sacerdotes e os de outros cultos começavam a acreditar que o coração dos homens seria pesado na outra vida. Estranha mensagem! Ao invés de falar de pobreza e de morte, Osíris preferiu exemplificar aquilo em que aparentemente acreditava. Sempre que podia, reunia os felás e contava-lhes de histórias do outro mundo. Narrava por parábolas e lendas para que os seus ensinamentos fossem assimilados por aqueles parvos que tanto amava.

– Houve um grande proprietário de terras que estava agonizando e não tinha ninguém para herdar suas riquezas. Chamou, então, seu capataz, um dos servos que lhe era mais fiel e um escravo. Libertou o escravo e colocou-os todos no mesmo ponto de igualdade, dividindo a terra entre eles e, feito isso, morreu.

O público constituído de muitos felás e alguns proprietários de terras ouvia a palavra do grande rei.

– Os anos passaram e eles, por sua vez, vieram a falecer. Cada um que morria era recebido pelo antigo senhor e dois deuses. Um era Kebehet, que representava a alma dos justos que iriam para o Duat; e o outro, a cadela Amaít, que simbolizava a alma dos impuros, que seriam condenados a sofrer e depois renascer.

"E cada um, assustado, respondia, de acordo com o uso que fizera da terra recebida.

"O primeiro a morrer foi o escravo que foi logo visitado pelo senhor e os dois deuses do além. O senhor dadivoso perguntava a cada um deles:

"– O que fizeste com o pedaço de terra que te dei?

"– Nada fiz. Estava cansado de trabalhar para os outros e aproveitei para descansar.

"O senhor soltou fogo pelas ventas, queimando o infeliz, e disse-lhe com sua voz tonitruante:

"– Foste escravo e continuaste escravo. Tua mente é quem te escravizou. Quando tiveste a oportunidade de te tornar senhor, agiste como um escravo. Não quiseste trabalhar nem para ti próprio. Amaít te levará para as mais profundas das trevas para ver se, na escuridão, tu serás capaz de ver tua alma."

A plateia, composta de mais de sessenta pessoas em pé, escutando a história contada por Osíris, vibrou com o desfecho inicial da lenda. O rei, levantando o braço, pediu um instante de silêncio e continuou:

– Quando o servo morreu, o mesmo aconteceu com ele. O senhor estava a esperá-lo com Kebehet e Amaít.

"– O que fizeste com o pedaço de terra que te dei?

"– Grande senhor, plantei em uma grande parte, de forma a nunca passar fome, nem eu nem meus familiares. E assim, cuidei adequadamente do que vós me destes.

"– Cuidou de forma miserável. Apenas tirou o suficiente para não morrer de fome. E para os outros que passam fome, o que fizeste? Criaste por acaso novas oportunidades de riqueza? Ficaste mais rico com o que te dei? Não, tua mentalidade é de pobre servo e este mundo é dos vitoriosos e não dos sobreviventes. Terás que voltar para aprender a vencer teus medos e tua falta de iniciativa. Amaít te levará para as sombras, onde tu poderás te conhecer melhor e usar de toda a tua força para progredires e fazer os outros prosperarem."

Um silêncio incômodo tomou conta da plateia. Esperavam um melhor destino para o infeliz. Agora, Osíris, usando de seu poder de comunicação, prosseguiu. Todos sentiam que era o desfecho. O que aconteceria com o capataz? Muitos apostavam na pior sorte possível, enquanto outros anteviam a vitória triunfal. Como poderia o capataz triunfar?

– E chegou a vez do capataz.

Um frêmito correu os presentes. Um murmúrio de vozes fazia-se ouvir.

– Ele também morreu e foi ter com o senhor, que o esperava com Kebehet e Amaít.

"– O que fizeste com o pedaço de terra que te dei?

"O capataz, aterrorizado, ajoelhou-se perante o seu senhor e disse-lhe com voz chorosa:

"– Não sei se agi corretamente. Plantei toda a terra que me deste. Usei de todas as técnicas possíveis para melhorar a produtividade. Com isso, consegui grandes quantidades de produtos que vendi e, com o dinheiro, comprei mais terras."

A plateia estava calada. Ninguém piscava um olho sequer. Não queria perder o final da história de Osíris.

"– E o que mais fizeste? – perguntou o senhor ao antigo capataz.

"– Bem, meu senhor, espero não ser punido. Comprei mais terras e cada vez fui me tornando mais rico. Arrendei mais terras, fazendo sociedades com outros capatazes e assim ampliando ainda mais a riqueza. Além disso, muitos outros homens foram se beneficiando do meu trabalho e de minha atividade, pois empregávamos cada vez mais pessoas, ensinando-lhes um ofício, possibilitando que alimentassem seus filhos e que bendissessem o vosso nome, pois fostes vós quem possibilitou isso tudo.

"Neste instante, o grande senhor olhou para Kebehet e lhe disse:

"– Finalmente, você tem alguém para levar para o Duat, o reino de glória e luzes. Leve este homem que soube multiplicar riquezas, somar esforços, dividir tarefas e subtrair sofrimento superlativo a muitos. Pois é assim que um verdadeiro homem deve agir. Não como um escravo que vê o trabalho como uma degradação. Não como um servo que vê o trabalho como uma servidão. E, sim, como um capataz que orienta, estimula e propõe riquezas a todos os seus ajudantes, homens capazes como ele o é."

A plateia estava aturdida com o desfecho. Então, aquele que espalha oportunidades era o eleito dos deuses?! Osíris terminava sua história sempre com uma advertência.

– Vão e façam como o capataz. Trabalhem e beneficiem muitos. Abram oportunidades e enriqueçam. Lembrem-se de que há três tipos de homens: os escravos, os servos e os capatazes. Não importa sua função, pois um proprietário de terras pode ter a mentalidade de um escravo, achando que o trabalho é cansativo e denigre a figura humana. Um escravo pode sê-lo hoje por força de circunstâncias fortuitas, mas, se for um capataz em seu íntimo, em breve o será por força de suas ações inspiradas em sua atitude. Não percam as oportunidades que lhes são dadas, senão terão que repeti-las amanhã, quem sabe em piores situações.

Osíris, aos poucos, usando os escribas, os sacerdotes e os oficiais administrativos foi moldando o pensamento kemetense. Os resultados mais esperados foram acréscimos enormes da colheita, uma queda vertiginosa dos preços dos grãos e uma situação de quase conflito. A queda dos preços não agradou os grandes proprietários que sempre tinham especulado com esse mercado, auferindo grandes somas de ouro, prata e moedas, além de outros objetos valiosos. Com a queda, os preços tornaram-se mais equilibrados, possibilitando que uma enorme massa de trabalhadores, servos e escravos pudesse ser alimentada convenientemente.

Com o acréscimo da colheita, melhores condições sanitárias e uma alimentação mais saudável, houve um acelerado crescimento populacional que, aliás, beneficiou enormemente o renascimento de grandes contingentes de espíritos terrestres e, mormente, capelinos. O reingresso de almas exiladas de Capela, se por um lado beneficiou o Kemet em termos de cultura, sociedade e artes, maculou-o com perfídias, insidiosas traições e esdrúxulas crenças.

Quanto à situação de crise, era natural que isso fosse acontecer. Osíris fizera uma reforma agrária que alterara o equilíbrio econômico entre os pobres – miseráveis felás – e os ricos proprietários de terras – os barões dos mercados de grãos e de carne. Trouxe inicialmente uma certa igualdade entre ricos e pobres, o que era absolutamente intolerável para a classe dominante.

No entanto, alguns homens mais ricos e mais desembaraçados logo viram que podiam ganhar dinheiro com outras atividades. Alguns montaram verdadeiras casas bancárias que emprestavam aos felás recém-enriquecidos, os novos ricos da época, de tal forma que podiam comprar móveis, a coqueluche do momento, o que enriquecia ainda mais Osíris e Khons. Outros passaram a se dedicar ao comércio, negociando com Gubal, que agora mantinha estreito comércio graças à esperteza de Asherah, a nova rainha dos giblitas. Muitos antigos proprietários descobriram que podiam ganhar muito mais com o comércio, as finanças e a nascente indústria kemetense do que sendo apenas donos de terras.

O tempo passava lentamente ditado pelas cheias do Iterou. Osíris reinava há vinte e cinco anos, e seu filho Hórus tinha alcançado as vinte primaveras. Fora um garoto estranho, dado a terrores noturnos, tendo acessos de tosse e asma, que eram a preocupação de Ísis. Quanto a outros filhos, o casal não os possuía. Os céus tinham lhes negado outro rebento para popular a casa. Osíris não sentia falta de outros filhos, mas temia pela saúde aparentemente frágil do herdeiro.

Afora essas contrariedades, o jovem tornara-se forte, demonstrando um caráter iracundo, voluntarioso e indócil. Amava a mãe à loucura, no que era correspondido à altura. Tolerava o pai, mostrando-se cortês, e aos vinte anos discordava dos métodos paternos. Achava que os homens deveriam ser tratados a chibatadas, especialmente os que lhe eram inferiores. Em parte, esse procedimento provinha de seu caráter resoluto; por outra parte, dos ensinamentos maternos.

Ísis continuava a amar Osíris de forma completa. Sua atração por aquele homem não fenecera, no entanto questionava os seus métodos calmos e dignos. Será que não seria melhor passar os dissidentes na espada do que chamá-los para longas conversas, cansativas e desgastantes?

– Passe todos na espada, meu rei; caso contrário, eles o farão.

– Ísis, meu amor, não podemos resolver todos os problemas com o uso da força. Se eu destruir os que me combatem, amanhã terei que matar os que me apoiam. O medo de serem os próximos fará dos meus amigos os meus inimigos, até mais perigosos que os estranhos, pois estarão abrigados no recesso do meu lar.

– Tenho certeza de que perde seu tempo com essas víboras, tentando explicar-lhes o seu novo sistema de sociedade. Eles riem às suas costas. Chamam-no de nomes inconfessáveis. Meu coração se entristece por vê-lo ser insultado, logo você, o homem que mais fez por esta desgraçada terra.

– Sei de tudo de que me chamam e os motivos. Se fizesse tudo o que me pedem, aí sim, seria, para eles, o rei ideal. Como recuso suas ideias, dando prioridade ao combate à miséria, iluminando as almas com as escritas de Djhowtey e espalhando minhas benesses, sou insultado. Em que os chistes, os apelidos jocosos e provocativos e os ultrajes irão mudar minha postura?

– Minha vida, tome cuidado com os homens. Julga-os como a si próprio. Só porque é incapaz de matar um ser vivente, acha que todos são iguais. Não o são, meu amor, minha vida. Esses homens são cruéis. Têm a mente pervertida e desejam seu fim, assim como o meu e o de nosso filho Hórus.

– Conheço os dissidentes e tenho conversado longamente com eles.

– E lhe respondem com promessas quebradas, juramentos infiéis e palavras tortuosas. Não se fie neles. São víboras que deveriam ser esmagadas.

Osíris sorriu e lhe disse:

– Vamos imaginar o contrário, que existe um rei e que sou apenas seu vassalo. Por alguma razão, discordo de suas diretivas e vou ao seu palácio para contestá-lo, com todo o respeito que o meu monarca merece. Eis que me recebe mal, não me escuta e manda matar-me. Como você reagiria? Que tipo de déspota seria esse crápula?

Ísis ficou quieta. Osíris marcara um tento.

Todavia, durante toda a sua vida, a mulher não perderia as oportunidades para alertar o marido contra os insidiosos ardis que seus inimigos lhe armavam.

Osíris era muito bem informado dos movimentos de seus inimigos. Podia parecer ingênuo à primeira vista, mas não o era. Intuitivamente, sabia que tratava com animais piores e mais perigosos do que os crocodilos do Iterou. Mantinha vigilância, usando os servos dos poderosos e homens libertos da escravidão, muitos comprados com o seu dinheiro. Tomava redobrados cuidados, quando visitava os sítios dos seus desafetos, sempre cercando-se de forte guarda armada. Por outro lado, sabia que os seus inimigos tinham conseguido introduzir espiões entre sua gente e os usava para levar falsas informações aos seus rivais.

Hórus crescera até atingir a altura do bisavô Aha, dois metros e cinco centímetros, quase quinze centímetros acima de Osíris. Tinha a pele morena levemente alourada, cabelos castanhos profusos e anelados; era imberbe e sem pelos no corpo. Hórus era belicoso por natureza. Osíris conhecia suas aptidões e as julgava perigosas para um monarca. Durante sua adolescência, Osíris conseguira influenciar bastante o filho, ensinando-lhe as artes do governo, as divisões em heseps, mostrando quem era fidedigno e os traiçoeiros. Procurava principalmente infundir no jovem Hórus a importância da força da atitude e de uma mentalidade positiva para o progresso do país e que tal comportamento deveria estar impregnado no mais rico de seus vassalos até o mais humilde dos seus felás.

Osíris passou a apresentar Hórus para todos os que vinham visitá-lo, no entanto o moço conseguia antipatizar com a maioria. O seu tamanho descomunal aliado a uma carantonha de meter medo não o transformava num ídolo de simpatia. Muitos começaram a temê-lo até mesmo antes de vê-lo no trono. Esse homem não teria a paciência do pai. Provavelmente, seria um grande rival, mandando matar os desafetos, triturando-os com prazer.

Hórus, filho de Osíris com Ísis, era um espírito egresso de Capela. O que o destino escondia de todos era que Hórus tinha sido o médico, amante de Servignia, nome de Ísis em Ahtilantê. Antes de renascer como Hórus, o ex-suicida renascera duas vezes no Kemet. Na primeira existência física terrestre, na época do dilúvio kemetense, apresentara tantos defeitos físicos, produtos de sua mente ainda desarranjada em função do suicídio, que morrera prematuramente. Na segunda vez, nascera quando Osíris ainda era um menino de colo, vindo a morrer com cinco anos de idade, com um tumor no cérebro, ainda resultado de seu ato de desatino em Ahtilantê. Renasceria quinze anos depois como Hórus, filho de Osíris e Ísis.

A Providência Divina não descura de nenhum dos seus filhos e, agora, após quase cem anos, unia novamente os dois espíritos num amor, desta vez, legítimo e poderoso, como mãe e filho. Osíris, o antigo Ken-Tê-Tamkess de Ahtilantê, que fora um inocente espectador, envolvido no drama de Servignia com o médico, agora era o elo que os unia num amor sublime, sem choques e desesperanças. Servignia, a atual Ísis, que fora, de certa forma, culpada pela morte de um ser, dava-lhe novamente a vida com a sagrada maternidade.

Osíris estava governando o Kemet desde os vinte e dois anos e alcançara a idade de quarenta e sete. Hórus casara-se com uma bela morena mestiça, filha de nobres de Perouadjet, e já tinha um filho, também chamado Hórus. Nos últimos vinte anos, houve uma onda de prosperidade como nunca se vira. A agricultura fora a alavanca para levantar a economia kemetense. A reforma agrária aumentara a área plantada, propiciando excedentes agrícolas que obtinham um preço bem razoável no mercado interno, que quase triplicara, alcançando as trezentas mil pessoas. Desde que Osíris tornara-se rei, a população aumentara de cem mil para quase trezentas mil almas. Representava uma excelente taxa de crescimento demográfico devido às melhores condições de alimentação e higiene, a um aumento da longevidade, fruto do aprimoramento do trabalho no campo com o arado, a irrigação, e à expansão das áreas protoindustriais – um certo artesanato sistematizado que fabricava tecidos magníficos, móveis magistrais e utensílios de cobre, ouro e pedras preciosas –, assim como de uma certa atividade voltada aos serviços.

Assim como o bem é uma atividade permanente, exigindo esforço constante e que o velador esteja sempre alerta, o mal – sua ausência – também está sempre em ação. O que é o mal senão a ausência da virtude? Não é uma característica absoluta de ninguém. Não existe um ser que seja tão absolutamente mau, pois sempre existirá alguém mais perverso. Já o bem encontra em Deus a sua figura suprema. Mykael tinha avisado a Ken-Tê-Tamkess que os alambaques estavam em constante atividade. Tinham se localizado em toda a região de Canaã, Gubal, Suméria, Acad, Assyria, além de muitos terem se espalhado pelo globo e, agora, pequenos grupos estavam atuando no Kemet.

O cupim é um inseto pequeno, muitas vezes imperceptível, que faz seu trabalho de devastação na madeira sem ser notado, até que seja muito tarde. O mesmo acontece com os obsessores que insidiosamente atuam em nível mental, não sendo detectados, induzindo as pessoas a atuarem de forma a que eles, os dragões, atinjam os seus objetivos.

Um poderoso alambaque chamado Garusthê-Etak chegara à cidade de Nubt, poucos anos antes do nascimento de Osíris, logo assentando-se no astral inferior próximo à cidade. Ele viera acompanhando o grupo de sumérios que fora conduzido por um alambaque fiel a Mykael. Aos poucos foi induzindo alguns habitantes a beberem além da conta, algumas mulheres a se prostituírem – uma novidade na época – e outros a roubarem e matarem os caravaneiros que cruzavam o vale do Iterou, trazendo seus bens do Norte e de muitos outros lugares. O vilarejo foi se transformando numa cidade de quinze mil habitantes em virtude do comércio com terras distantes. Os homens ricos da cidade prosperavam cada vez mais, enquanto que o chefe dos alambaques e sua diminuta tropa de vinte e poucos capelinos insinuavam-se em suas mentes e corações.

Havia uma espécie perigosa de dragão derivada da mais pura e profunda esquizofrenia, e este era o caso de Garusthê-Etak, um alucinado que se viciara por fluidos vitais humanos ou animais. Um dos seus grandes vícios era assistir ao sacrifício de animais para consumo próprio do homem, quando, então, sugava com sofreguidão as energias vitais. Era um vampiro espiritual. Em sua insanidade, o dragão começou a vislumbrar melhores formas de se locupletar, pois a energia vital de animais pequenos era sempre insuficiente.

Num determinado momento, um homem foi morto e, Garusthê-Etak, próximo, aproveitou para sugar, de forma grotesca, as energias vitais que emanavam do infeliz. Com sua mente desvairada e uma visão distorcida da realidade, a fera espiritual, a partir daquele instante, passou a somente desejar locupletar-se dos fluidos que emanam dos homens, assim como os viciados em drogas só pensam em ingerir a substância e sentir seu mórbido efeito, mesmo que, no instante da ingestão, a sensação possa ser a mais inebriante possível.

Seth era filho de Gueb com Ghazzira, sendo, portanto, meio-irmão de Osíris. Fora o mais abandonado dos filhos. Quando os irmãos morreram e a mãe caiu doente, Seth tinha apenas dois anos. Quando completou três anos de idade, Ghazzira morreu, deixando-o a cargo de uma das muitas camareiras do palácio. O pai pouco ou nada o via. Seus outros irmãos eram bem mais velhos e não lhe davam a menor importância devido à diferença de idade. Osíris estava sempre metido com Djhowtey, e Neftis, sua bela meia-irmã, irmã de Osíris, nem o olhava, considerando-o filho menor de uma concubina.

Quando Gueb morreu e Osíris subiu ao poder com vinte e dois anos, Seth tinha quatorze anos. Djhowtey era aprendiz de tati com o tio Pepi e só tinha quinze anos. Seth foi se tornando cada vez mais taciturno e melancólico. Era apenas um apêndice no palácio do rei, algo sem importância. Continuou crescendo dessa forma, circunspecto, grave e pouco dado a manifestações afetivas.

Osíris o notou quando Seth fizera trinta anos. Durante todo esse tempo, ele e outros irmãos menos importantes viviam bem, sem grandes rancores e discussões. Neftis havia casado com o filho de um nobre de Perouadjet, e o jovem morrera num acidente de caça. Passado o luto, Seth pediu que Osíris o recebesse em particular, no que foi atendido. Naquela noite, pediu a meia-irmã em casamento já que o período de luto havia passado. Osíris ficou de lhe dar uma resposta posteriormente, já que queria falar com Neftis antes.

Neftis estranhou o pedido, mas, após refletir um pouco, acabou aceitando; sua condição de viúva de um nobre dificultava contrair novas núpcias. Um pouco enfadada, Neftis desposou Seth. Descobriu, logo na primeira noite, que cometera um grave erro, pois Seth era brutal, desprovido de qualquer carinho, possuindo-a como se fosse um animal. Machucou-a, ferindo-a por diversas vezes. Neftis passou a fugir dele, evitando-o ao máximo. Passados alguns meses, Neftis foi se queixar ao irmão e a Ísis, relatando-lhe a rispidez com que era tratada, a forma brusca e insidiosa como era sexualmente possuída e o desdém que Seth demonstrava-lhe em público. Pleiteava que o casamento fosse desfeito e o marido enviado para longe. Osíris mostrou-lhe que o casamento só poderia ser invalidado se Seth quisesse, porquanto ele era um príncipe e tinha preponderância sobre a vontade da esposa. O máximo que poderia fazer seria enviá-lo em alguma missão distante no reino, o que o afastaria dela por algum tempo.

Osíris conversou com Djhowtey e, juntos, decidiram enviar Seth até Nubt, um hesep mais ao Sul, onde poderia resolver alguns problemas que estavam surgindo naquela localidade. Já havia alguns meses que uns bandidos estavam atacando a região e o administrador local simplesmente era incapaz de resolver assuntos policialescos. O monarca conhecia seu irmão, sabendo de seus pendores para a violência, o desatino, a bebedeira e a licenciosidade desenfreada. E mais, sabia que tinha uma preferência por homossexuais.

Chegara aos ouvidos reais que Seth, seu meio-irmão, não só mantivera conjunções carnais com vários e notórios rapazes efeminados, como inclusive surrara vários deles após praticar o ato. Mesmo assim, os moços adamados de Djedu o adoravam por razões desconhecidas. Alguns diziam que era muito viril, podendo satisfazer um grande número de rapazes numa noite.

Seth recebeu a incumbência de se desembaraçar dos bandidos que infestavam Nubt. Foi-lhe dada uma tropa esmerada, acompanhada de um lugar-tenente que já se notabilizara em ferozes combates com líbios. Aker, o lugar-tenente de Seth, era um homem baixo, atarracado, com um olhar gélido como o vento do Norte e de poucas palavras. Sua estatura reduzida era compensada por uma agilidade muito grande e uma força descomunal. Era hábil com o arco e flecha e sua verdadeira paixão era matar os oponentes em lutas corporais. Esse espírito de origem capelina, de antecedentes obscuros que o trouxeram expurgado de Ahtilantê, logo descobriu que seus pendores de guerreiro e comandante iam lhe trazer mais benefícios do que imaginara.

A campanha de Nubt, como ficaria sendo conhecida, transformou, da noite para o dia, o desconhecido Seth, num neter – o deus de Nubt, sendo conhecido como Nubty. Aker, tão brutal como Seth, descobriu, utilizando-se de tortura, que os bandidos estacionavam perto de um rio. Cercou-os e os dizimou completamente, levando de volta para a cidade as cabeças dos facínoras. A cidade festejou o belo feito e a morte dos bandidos que vinham aterrorizando-a por quase um ano. Seth e o seu lugar-tenente foram convidados a inúmeras festas, e foram se aclimatando com os nobres e ricos da cidade.

Seth passou mais de um ano em orgias e devassidão. Foi nessa época que Garusthê-Etak aproximou-se dele. Vendo em Seth um igual, o alambaque começou a conviver com o príncipe, participando de suas festas, de suas bacanais e de sua voluptuosidade. Havia encontrado não só uma alma afim, como também uma personalidade que obedecia cegamente aos seus impulsos mentais. Seth tornou-se um joguete na mão de Garusthê-Etak.

Seth voltou, quinze meses depois de ter partido de Djedu, e foi recebido com honrarias e presentes de Osíris. Neftis escondeu-se o quanto pôde, mas Seth logo a descobriu, na ala das mulheres, onde rudemente penetrara à procura da esposa. Foi horrorizado que viu a barriga proeminente, demonstrando que estava grávida. No intervalo de tempo em que Seth estava aventurando-se em

Nubt, Neftis manteve um caso extraconjugal com um dos chefes da guarda que acabara por engravidá-la.

Seth espancou a mulher e ameaçou-a de morte se não confessasse quem a possuíra. Neftis, completamente apavorada, desejando proteger o amante, preferiu acusar o irmão, Osíris, de incesto, pois sabia que Seth não poderia fazer nada contra o rei. Seth, absolutamente fora de controle, a espancou no baixo ventre, na esperança de que abortasse. Após deixar Neftis prostrada de dor, Seth abandonou o palácio, revoltado com Osíris.

Ísis acudiu a prima, que lhe contou tudo com detalhes. Condoída, Ísis tomou para si a sua proteção e enviou-a secretamente para outra cidade, onde, incógnita, deu à luz Anúbis.

O menino é saudável e esperto, crescendo em beleza e força, sendo protegido por Ísis, que o educa como se fosse seu próprio filho. Osíris ficou a par de tudo, apoiando a esposa. Para que o irmão não persiga mais Neftis, e especialmente o jovem Anúbis, Osíris destina Seth a Nubt como vice-rei do Sul, estendendo seu poder de Nubt até Sounou, na primeira catarata.

Seth recebe a honraria com altivez, porém, no fundo de sua alma torpe, passa a desejar a morte do irmão. Nubt é pouco para Seth que, instigado por Garusthê-Etak, começa a conspirar para matar o irmão, a prima e o sobrinho Hórus, por quem tem profunda aversão. Durante longos anos, Seth irá remoer seu plano, colocando seu lugar-tenente a par de tudo, conseguindo adendos importantes para aperfeiçoar seu lúgubre intento.

Osíris tem que visitar os heseps anualmente, incluindo Nubt, onde seu irmão reina. Seth articula para atacar Osíris nessa visita. Osíris chegou acompanhado de Hórus, Ísis e Djhowtey, além de sua escolta normal. É recebido com grande pompa; diversas solenidades foram feitas para honrar o grande rei.

Naquela noite, Seth reuniu todos os convidados para um banquete. Toda a sociedade rica de Nubt trouxe presentes para homenagear o grande monarca. Presentearam Osíris com objetos em ouro, prata, marfim e outras raridades como lápis-lázuli do Elam, que viera em caravanas de mercadores. Hórus estava possuído da mais viva impressão, achando que algo estava errado, ou que poderiam atacar seu pai. Desse modo, estava próximo a Osíris, armado com uma adaga, escondida sob suas vestes.

Seth tinha se comportado magnificamente, irreprochável, mantendo a etiqueta, a postura e, até mesmo, um sorriso amigo, cálido e seguro. Osíris tratou-o como a um irmão querido, elogiando-o em público, o que o enaltecia aos olhos de seus concidadãos. Seth, por sua vez, amorosamente o conduzia pela sua casa, mostrando os vários quartos. Deteve-se perante um e disse-lhe baixinho:

– Meu rei, este quarto é somente para seus olhos. Mais tarde, o trarei para ver o que aqui escondo para sua alteza.

Osíris brincou, dizendo-lhe:

– Espero que não seja uma bela donzela, pois teria de recusar.

– Oh não, meu rei. Sei de sua fidelidade absoluta a nossa adorada Ísis.

Chegando mais perto para que ninguém soubesse o que estava cochichando, Seth disse algo ao ouvido de Osíris que aguçou a sua curiosidade. Seth fez um gesto como a dizer "mais tarde, mais tarde", e se afastaram da porta.

Osíris tinha sido fisgado pela sua imensa curiosidade. Seth dissera-lhe que estava naquele quarto um sábio vindo de outras terras e que lhe contaria segredos sobre o passado da Terra e de onde os kemetenses vieram.

Um homem da estirpe de Osíris tinha uma curiosidade intelectual extraordinária. Falar de um sábio que conhecia as origens e, quiçá, o destino dos homens, era uma isca intelectual forte demais para Osíris. Garusthê-Etak soubera conduzir Seth a instigar Osíris numa armadilha que só a sorte poderia evitar.

A festa foi digna de um rei e, após algumas horas de agradável entretenimento, Seth convidou o monarca a acompanhá-lo ao quarto do sábio. Seth passara a noite açulando a curiosidade real, contando fatos a respeito de como o ancião viera fugido de um local distante, carregando consigo rolos e tabuinhas, contendo estranhos símbolos indecifráveis. Osíris já não se mantinha mais calmo, desejando conhecer o homem, imediatamente. Seth lhe fez ver que o ancião não aceitaria responder perguntas a qualquer um, apenas ao rei. Não havia por que desconfiar de um anfitrião tão dedicado como Seth, portanto Osíris assentiu. Iria ver o ancião sozinho.

Osíris seguiu Seth pelo longo corredor que dava para o quarto onde supostamente deveria estar o velho. Seth empurrou a porta e, no fim da sala, estava um vulto, sentado sobre as pernas, ao lado de uma lamparina que ardia, mal iluminando-o. Seth entrou primeiramente, seguido de Osíris, que se dirigiu ao suposto ancião. Osíris deu quatro passos no interior do quarto em penumbra e, subitamente, sentiu uma forte dor na nuca. O quarto mal-iluminado ficou totalmente escuro e Osíris pôde ouvir muito ao longe a voz de Hórus, seu filho.

Hórus, intrigado e desconfiado, observou quando Seth chamou Osíris para acompanhá-lo. Algo em seu íntimo gritou que era uma armadilha. Saiu da mesa em tempo para ver Osíris saindo da sala de festas. Seguiu-o à distância até o final do corredor escuro e viu quando entrou no quarto. Apressou o passo para não perdê-lo de vista, vendo quando um homem saíra de trás da porta e golpeara a cabeça de seu pai com um bordão. Instintivamente, puxou da adaga escondida, engalfinhou-se com o atacante do pai antes que pudesse dar novo golpe e cravou-lhe nas costas o punhal.

Seth aproveitou a ocasião para fugir, enquanto o homem que personificara o suposto ancião também levantava-se para tentar fugir. Hórus cravava pela segunda vez a adaga nas costas do miserável, enquanto gritava freneticamente pelos guardas. Em alguns segundos, a casa estava um rebuliço só. Serventes corriam de um lado para outro, enquanto a guarda acudia Hórus. Seth correra para fora de sua casa, unindo-se a sua tropa de milicianos, que já o aguardava.

Hórus acudiu o pai desfalecido. Notou que um filete de sangue estava saindo de sua nuca, contudo o monarca estava vivo. Desacordado, mas vivo. Hórus chamou um dos seus guardas e disse-lhe:
— Pegue três homens rápidos e corra até onde estão os nossos soldados. Traga-os imediatamente. Faça-os correr; acho que seremos atacados em breve. Vá!

O homem saiu correndo porta afora, seguido de mais três corredores lépidos. Enquanto isso, Hórus, tendo deixado Osíris desacordado no colo de Ísis, que chorava, preocupada com o estado do seu marido, juntou-se à tropa e deu ordens para protegerem o perímetro da casa. Pôde ver que todos os administradores do Norte estavam ausentes. "Ah, os traidores!" – pensou Hórus enfurecido. Os do Sul vieram procurá-lo, querendo saber notícias do rei.

— Está desacordado. Parece que está vivo.
— Quem o atacou?
— Um biltre a mando de Seth.
— Onde está o traidor?
— Fugiu no escuro. E, se muito me engano, deverá voltar com seus milicianos para terminar o trabalho que iniciou.

Realmente, em menos de dez minutos, uma algazarra se fez ouvir no lado de fora da casa. Era Seth com mais de duzentos soldados, lançando-se contra a sua própria casa, sabendo que Hórus e Djhowtey estavam lá. Para ele, Osíris estava morto e, se não estava, deveria ser trucidado junto com Ísis, Hórus e os demais. Agora, era tarde demais para retroceder.

O ataque foi feroz e, em poucos minutos, a pequena tropa de Hórus estava praticamente dizimada. O círculo de defesa havia diminuído a um mínimo. Não restava mais do que meia dúzia dos trinta iniciais. Hórus lutava como um leão. Um ferimento na perna esquerda o incomodava. Colocou-se na grande porta de acesso e, com seu gigantesco porte, barrava as pretensões das forças invasoras.

Seth comandava suas tropas a distância segura. Chamou quatro homens, apontou para Hórus e disse-lhes que daria uma enorme recompensa em ouro se o matassem. Os quatro facínoras saltaram para frente motivados pela cobiça. Um recebeu forte cutilada na têmpora e caiu morto. O segundo foi morto a estocadas por dois lanceiros de Hórus que guardavam o flanco do príncipe. Os outros dois caíram como loucos sobre Hórus que se defendeu como pôde. Quando estava para sucumbir, viu que um dos atacantes abriu a boca desmesuradamente e estufou o peito, enquanto que seu braço parecia querer pegar algo nas suas costas. Tinha sido flechado pela tropa de Hórus que chegava, naquele instante, para salvá-los de um extermínio inevitável. O outro distraiu-se por um segundo, olhando para o companheiro, sem entender o que acontecera, tempo suficiente para Hórus degolá-lo com um golpe certeiro de sua espada.

A guarda real, cerca de cem homens, que estivera acantonada a poucos quilômetros, chegara a tempo para empenhar-se numa cruenta batalha que duraria parte da noite, terminando de madrugada, quando as partes recuaram exaustas para suas posições. Hórus analisou a sua situação e resolveu retirar-se, pois estavam em território estranho, numa cidade hostil e com muitos feridos, inclusive seu pai. Na aurora, a tropa organizou-se e, com os primeiros lampejos do dia, partiram em direção a Djedu.

Seth e seus comparsas enviaram mensageiros para diversas cidades e aldeias do Norte, dizendo que Osíris estava morto e que o baixo Kemet estava se separando do Sul, com capital em Perouadjet. Os estafetas percorreram rapidamente, espalhando as notícias e aliciando toda a turma de desordeiros para ingressar no novo exército do baixo Iterou. Em Djedu, a cidade fundada por Osíris para ser o centro de decisões do Kemet, a notícia caiu como um raio. Os descontentes, que sempre existem, e os vadios, que culpam os outros por seus infortúnios, uniram-se numa baderna colossal.

O palácio foi saqueado, os móveis roubados, os grãos estocados foram distribuídos entre a população. Hórus recebeu notícias do fato e decidiu que rumariam para Téni ao invés de se aventurarem com uma força pequena e ferida até o baixo Iterou. Hórus jurou que voltaria e vingar-se-ia da afronta que sofrera.

Téni, também conhecida como Tinis, era uma cidade dividida em duas porções, cada uma numa das margens do Iterou. A que ficava na margem oriental foi mais tarde chamada de Nekheb em homenagem à deusa Nekhbet, e atualmente chamada de El Kab. Já a sua cidade-irmã, do lado ocidental do Iterou, passou a se chamar Nekhen, sendo que os gregos a rebatizaram de Hieracômpolis e atualmente chama-se Kom el-Ahmar. Esta divisão de Téni foi feita por um faraó da II dinastia que queria diminuir a importância histórica de Téni, fixando a capital de seu reino em outra cidade.

Quatro dias haviam passado quando a tropa com Osíris, Ísis, Djhowtey e outros súditos leais alcançaram Téni. Tinham vindo a pé, fugindo das margens, já que o Norte dominava todas as vias. Seth oferecera recompensas por qualquer informação. Osíris inspirava grandes cuidados, sem apresentar nenhuma melhora. Seu espírito estava preso à carne, dormindo e acordando, tomando mais ou menos consciência do que lhe acontecia. Na carne, contudo, estava imóvel. Ísis refrescava seus lábios com um pano úmido enquanto orava para que recobrasse a consciência.

No dia seguinte ao em que chegaram a Téni, Osíris abriu os olhos. Ficara desacordado por cinco dias, tendo perdido pouco mais de seis quilos. Sentia-se fraco e sua vista estava extremamente turva. Via com dificuldades. Tentou mover a mão. Não conseguiu. Tentou mover o braço. Nada! Um desespero tomou conta do rei que tentou gritar. Um sussurro singelo saiu de seus lábios ressecados, suficientemente alto, todavia, para chamar a atenção de uma serva que estava perto, velando pelo sono do seu senhor.

Ísis foi chamada incontinenti. Chegou lépida e esbaforida. Abraçou-se ao marido, feliz de vê-lo novamente vivo. Imediatamente, estranhou sua imobilidade. Não conseguia falar. Ele chorava baixinho, com lágrimas quentes a rolar pelas faces. Estava imobilizado. Osíris estava estático, inerte. Estava quadriplégico.

Não tinha movimento nenhum do pescoço para baixo. O golpe, que por pouco não o matara, transformara-o num ser totalmente dependente do carinho de Ísis.

Djhowtey, Ísis e Hórus reuniram-se e decidiram que não deveriam divulgar o estado do rei. Não o declarariam morto. Hórus iria montar um exército poderoso e retomar o Norte, enquanto Djhowtey comandaria o Estado. Ísis ficaria como rainha e cuidaria pessoalmente de Osíris.

Hórus levou mais um mês para reunir alguns felás e descer o rio em direção a Nubt. Desejava trucidar Seth. Seus espiões, entretanto, informaram-lhe que o renegado estava em Perouadjet, articulando um governo de coalizão. Estava unindo forças com Zau, Perouadjet e Terenouti, visto que conquistara Djedu. Os administradores dos outros heseps não confiavam em Seth. Garusthê-Etak intuía-o que, para dominar o baixo Kemet, era preciso trucidar, com crueldade, qualquer um que não lhe obedecesse cegamente, para que os demais o temessem e, por causa desse pavor, ninguém tentasse traí-lo.

Seth reuniu-se com seus comparsas e, antes que pudessem reagir, mandou matá-los, cortou as suas cabeças e fincou-as em estacas do lado de fora da casa. Os soldados de Seth assaltaram Perouadjet, passando os familiares dos administradores na espada. Seth tomou as propriedades dos poderosos, tornando-se imensamente rico para os padrões da época. Feliz com sua atitude, ele comemorou com um rio de sangue. Garusthê-Etak, por sua vez, vampirizava as vítimas em busca do precioso fluido vital.

O exército de Hórus penetrou o delta, enquanto os espiões de Seth informavam que o príncipe estava se aproximando. O traidor e quase regicida reuniu sua tropa e partiu para a confrontação com as tropas do Sul. Em breve, teriam que decidir quem ficaria com o rico delta.

Hórus encontrou a tropa de Seth às portas de Perouadjet e lançou-se num arrebatado ataque frontal. Ao longo de duzentos metros, sua tropa correu, gritando e, principalmente, cansando-se à toa. Nos últimos trinta metros uma saraivada de flechas atingiu os atacantes, dizimando um grande número. Os que alcançaram as fileiras inimigas tinham agora de enfrentar as lanças que perfuravam e rasgavam as carnes. Enquanto os homens de Hórus atacavam furiosamente as fileiras de Seth, alguns dos homens da milícia revoltosa, a mando do comandante militar de Seth, flanquearam uma parte da tropa legalista.

Em poucos minutos de feroz combate, Hórus estava derrotado e aprisionado. Foi levado à presença do tio que, impiedosamente, mandou cegá-lo com ferro em brasa e queimar suas mãos, após quebrar todos os seus dedos.

A notícia da revolta em Zau colheu Seth em sua comemoração contra Hórus. Resolveu, então, que iria a Zau acabar com a insurreição. Sagazmente, deu tempo para que os subvertidos matassem o maior número possível da elite, pois, dessa forma, sem resistências, ficaria sendo o grande dono das propriedades.

Seth não queria deixar Hórus vivo. É verdade que o príncipe era um homem derrotado, cego, com as mãos ardendo e num estado febril tão alto que não reconhecia mais ninguém. A natureza é forte e Seth temia que fosse solto por algum simpatizante, se recuperasse e voltasse para vingar-se. Deste modo, na calada da noite, ele, com mais três esbirros, entrou no quarto onde Hórus estava jogado num canto, amarrado fortemente.

Seth deu ordens de amarrá-lo de tal forma que ficasse de barriga para baixo; rasgou suas vestes, expondo suas nádegas nuas. Feito isso deitou-se sobre Hórus e fingiu possuir o desacordado prisioneiro. O que Seth desejava é que todos soubessem que ele possuíra Hórus, dessa forma, humilhando-o. Todos falariam que Hórus havia sido a mulherzinha de Seth.

Terminado o gesto covarde e estúpido, deu ordem a um dos beleguins presentes para matar Hórus. O homem não podia ter sido mais ineficaz. Enfiara a adaga nas costas de Hórus, que sangrou, retorceu-se de dor, saindo de seu estupor e começou a gritar. O assassino acabou dando-lhe vinte e oito estocadas nas costas, no peito, no estômago, no pescoço, nas pernas e nos braços e, mesmo assim, não matou Hórus. O homem urrava de dor e terror, contorcendo-se de forma descomunal, enquanto gritava impropérios e, imediatamente depois, suplicava pela sua vida.

Durante quase dez minutos de puro terror, o esbirro, e depois o outro, esfaqueou, chutou, lancetou com um pequeno cutelo, triturando ossos e juntas do infeliz Hórus. No início, era pura falta de jeito, mas, depois, por ordem de Seth, resolveram matá-lo aos poucos, enquanto riam a não mais poder. Finalmente, Hórus desacordou, expirando alguns instantes depois. O príncipe morria miseravelmente; contudo, o ex-médico reabilitava-se do seu suicídio, passando a dar verdadeiro valor à vida.

Seth saiu de manhã, sem grande pressa, para Zau, para aplacar a revolta e tomar posse de novas terras que pretendia usurpar. Ia junto com seu comandante em chefe dos exércitos, Aker, que se destacara rapidamente na milícia formada por Seth com boas sugestões. Sua excelente tática em Perouadjet lhe rendera uma fazenda nas cercanias da cidade, tirada de um partidário de Osíris e distribuída graciosamente por Seth ao seu lugar-tenente.

Aker, sem princípios morais, maquinou, durante a caminhada de Perouadjet a Zau, uma forma de ser sempre útil a Seth. Onde está a utilidade de um soldado na paz? Na ameaça da guerra! Enquanto essa ameaça existir, é preciso haver soldados. Com isso, será necessário haver comandantes, exercícios para manter as tropas alertas e uma pequena guerra vez por outra para mostrar que o homem é incapaz de viver sem lutar.

Zau estava em completa desordem. A população campesina havia invadido a cidade. Ali e acolá, pequenos incêndios demonstravam que a luta ainda continuava. Seth olhou a aldeia e disse para Aker:

– Seria uma infelicidade se a cidade se incendiasse antes que pudéssemos tirar as suas muitas riquezas.

Aker sorriu. Não seria difícil tocar fogo na cidade após saqueá-la. Entretanto, era preciso, com muito cuidado, selecionar um grupo restrito de homens que faria esse trabalho. A maioria deveria pensar que o exército viera para apartar a luta entre cidadãos, enquanto um grupo seleto se aproveitaria da situação para saquear as casas dos ricos e, depois, num infeliz acidente, tocar fogo na cidade para apagar os vestígios de qualquer roubo, assassinato e perversão que tenham sido perpetrados.

Aker tinha seus sacripantas que executavam com maestria todo tipo de insanidade e perversões. Ele organizou grupos de desordeiros, baderneiros e meliantes que passaram a atacar a maioria das cidades importantes do baixo Kemet, tais como Perouadjet, Djedu, Banebdjedet, Zau, Terenouti e On, no médio Kemet. Cada vez que uma desordem se configurava, o exército de Seth e Aker entrava em ação para apaziguar os ânimos; na verdade, aproveitavam para saquear, roubar, matar e perpetrar os mais hediondos crimes. O baixo Kemet estava totalmente convulsionado, enquanto Seth e Aker se tornavam os homens mais ricos do país.

Por trás de todo esse movimento de crimes, mortes e lutas fratricidas, estava o asqueroso alambaque e sua turba de dementados espirituais. Cada vez mais, o bandido espiritual estava confiante em sua dominação sobre Seth e agora também sobre Aker. Todavia, os abusos são tolerados até um determinado limite e os coordenadores espirituais do Kemet resolveram pôr um fim a esse flagelo que martirizava o Norte. Realmente, toda a maldade está a serviço do bem. Os kemetenses martirizados na guerra civil que se seguiu à derrubada do regime de Osíris eram espíritos capelinos que pagavam por crimes tenebrosos que tinham perpetrado em Ahtilantê.

Kabryel chamou um dos guardiões, responsável pela área do Kemet, e lhe disse:

– É chegada a hora de trazer paz sobre o reino do Kemet. Uma grande leva de espíritos capelinos foi sacrificada sob a sanha assassina dos seus semelhantes e purgaram seus erros passados. Nossos superiores desejam que esse processo seja interrompido antes que a terra do Kemet volte à completa barbárie.

– Para tanto, teremos que parar com a atividade criminosa de Seth, Aker e, principalmente, daquele alambaque que os domina – comentou um dos guardiões presentes.

– Acione os dispositivos que achar adequados para capturar e neutralizar o nosso infeliz irmão. Você sabe que os administradores espirituais não desejam o simples aprisionamento do bandido, e sim a redenção do insurreto. Trabalhe para recuperar nossos três amigos. Prepare um plano e traga-me para que o aprove junto aos superiores.

Alguns dias se passaram e o mesmo coordenador de guardiões aproximou-se de Kabryel e expôs suas ideias. No outro dia, receberia o sinal verde de Kabryel para começar a agir. Ele consultara Mitraton e Mykael, que aprovaram a ação a ser empreendida.

Alguns dias depois, um transportador astral fazia a viagem entre Ahtilantê e a Terra, trazendo uma senhora de uma beleza eterna. Não se poderia precisar a idade, pois seu belo semblante demonstrava ser um espírito do astral superior que baixara seu padrão vibratório para alcançar os níveis onde estavam. Foi recebida por Kabryel, que a cumprimentou, apresentando Vayu, agora cognominado Samael, o guardião-chefe encarregado da missão. A linda dama docemente falou com todos e, após as explicações adicionais que lhe foram dadas por Samael, quis ver o alambaque imediatamente.

Samael, Kabryel e a dama volitaram até uma planície onde estava o exército de Seth e Aker. Ela não parecia estar ressentindo as grandes diferenças entre Ahtilantê e a Terra. Aproximaram-se da tenda de Seth e, do seu interior, um cheiro nauseabundo evolava. Parecia carne podre, longamente deteriorada. Esse odor nauseante não era físico, e sim espiritual.

A dama parou na entrada da tenda e seus olhos esquadrinharam o ambiente até ver a figura grotesca de Garusthê-Etak. Seu aspecto era ainda mais repugnante do que antes, quando começara a dominar espiritualmente Seth. Apresentava uma corcunda ainda maior, com uma pança descomunal. Sua pele tornara-se multicolorida, cheia de pústulas que davam a aparência de serem virulentas. Uma das suas pernas apresentava chagas tão pronunciadas que a encurvara a ponto de obrigá-lo a andar manquitolando de forma burlesca. Seu rosto era de tal forma deformado que só com excesso de amor poder-se-ia antever nele algo de humano. Seu narigão, com duas verrugas escuras a ponteá-lo, era tão adunco, tão curvado, que cobria parte de sua bocarra, cheia de dentes rotos e imundos, pontiagudos, animalescos. Encimando sua cabeça, duas orelhas com lóbulos excessivamente longos. O alambaque, de tanto aspirar os ares deletérios da maldade, transformara-se num ridículo ser. Até mesmo os outros demônios riam-se dele, desprezando-o e também temendo seu formidando poder mental.

Lágrimas suaves rolaram dos meigos olhos da dama. Ao que tinha se reduzido aquele homem que fora o grande amor de sua vida! Fora por este ser que ela abandonara a família, os filhos, um marido amoroso e uma casa segura! Durante esse período, pagara caro por esse amor destemperado até transformar-se num espírito do astral superior. Agora, viera até a Terra, por solicitação dos superiores, para ajudar o homem que, de certa forma, ajudara a se desvirtuar.

Kabryel falou-lhe gentilmente:

— No nível em que estamos, não nos pode ver. Trata-se de um doente espiritual da mais profunda gravidade. A noção da realidade que o cerca é tão diferente da nossa que lhe causaria espécie conhecê-la.

— Como chegou a este estágio?

— A força do pensamento é o maior poder existente no cosmo. Ele constrói universos e destrói vidas. Nosso irmão endureceu-se nas atividades mais animalescas do espírito e externa uma forma híbrida que ele mesmo detesta.

A dama não era versada nesse tipo de problema, pois surpreendeu-se com a afirmação do grande guardião-mor, o coordenador do Kemet, Kabryel.

– Ninguém em sã consciência deseja ser um monstro. Todos querem ser belos e amados. Desejamos ser conhecidos e reconhecidos por nossos semelhantes. Quando não conseguimos ser aquilo que almejamos, fechamo-nos num mundo à parte e nele reinamos na nossa loucura. Foi isso que aconteceu. Para sair é preciso um motivo, algo que seja mais forte do que as monoideias que o agrilhoam. E, sinceramente, esperamos que esta motivação seja o grande amor que teve pela senhora.

– Será que se lembrará de mim?

– Nós a ajudaremos.

A dama demonstrava a melhor das intenções. Era preciso criar as condições adequadas. A tenda de Seth não era o local apropriado. Kabryel olhou para Samael e deu-lhe um comando mental. O guardião adiantou-se e chamou três especialistas que cercaram o alambaque que, por estar em outro plano astral, não podia vê-los. Abriram uma larga rede cobrindo o alambaque, com diminutos aparelhos que traziam na cintura. A malha de luz cercou o alambaque, que não a sentiu, enquanto Samael colocava a destra sobre a fronte do demônio. Em alguns segundos, o monstro desabou sobre si e, devidamente amparado pela rede astral, foi carregado com grande facilidade para fora da tenda, de onde o grupo inteiro volitou para uma instituição socorrista no astral inferior da Terra.

O local já estava devidamente preparado, de tal maneira que proteções adicionais tinham sido instituídas para impedir ataques externos, assim como a cela onde o infeliz irmão seria agrilhoado por uns tempos, de forma a impedir qualquer tentativa de fuga. Acrescido a essas providências, o local era murado eletronicamente para impedir que os pensamentos deletérios, tanto do alambaque aprisionado como dos seus comparsas ainda soltos, pudessem entrar ou sair da cela.

Semanas correram enquanto um tratamento lento e eficaz era propiciado a Garusthê-Etak. Estava em profundo coma provocado pelos remédios espirituais, enquanto se fazia uma catarse no seu inconsciente. Procurava-se por nódulos de energia no seu corpo astral que representavam energia catalisada por profundos complexos de culpa. Cada um desses nós, e eram muitos, representava um grave crime que sua mente críptica registrara.

A ajuda da singela dama foi fundamental. Ela era capaz de, pelo fato de conhecê-lo profundamente, identificar os motivos, as razões mais profundas, aquelas que dão sentido aos atos humanos, mesmo que pareçam loucura ou irracionalidade para os demais.

Aos poucos, muito lentamente, meses a fio, o monstro foi dando lugar ao ser humano. Com a ajuda da bela senhora, o louco foi-se tornando um novo ser. Após longo tratamento psiquiátrico do inconsciente, os médicos resolveram acordá-lo.

Ele abriu os olhos, levando longos minutos para entender onde estava e, aos poucos, inteirou-se de seu estado. Como estava bastante sedado, demonstrava uma calma aparente. Os médicos não se deixavam iludir por essa aparente inércia, sabendo que, por baixo da mansuetude, repousava um vulcão.

A dama foi levada para uma sala contígua, onde foi longamente hipnotizada, sendo induzida a ter o aspecto que tinha quando se apaixonara por Garusthê-Etak. Em alguns minutos, tinha se transformado numa espetacular mulher ahtilante, uma azul belíssima, estonteante para os padrões de beleza feminina daquele planeta. Daquela dama de ar matronal e conspícuo, metamorfoseara-se numa esplêndida criatura capaz de arrastar qualquer homem atlante à insanidade e à paixão avassaladora.

A bela mulher foi levada à presença de um Garusthê-Etak mais humanizado, menos bestializado. O ser olhou-a fixamente, como se procurasse, em sua memória, relembrar de onde conhecia aquela figura. A mulher disse-lhe:

– Meu querido Garusthê-Etak, lembre-se de mim, sua amada Tey-Nuah.

O homem piscou os olhos e só não os esfregou porque tinha as mãos atadas. "Tey-Nuah! Não era possível?!" pensou. É uma ilusão!

Tey-Nuah aproximou-se e, de olhos molhados, abraçou a cabeçorra, ainda distorcida, de Garusthê-Etak. O alambaque sentiu as mãos da mulher amada em volta de seu pescoço e, como se tivesse tomado um choque de alta voltagem, sacudiu-se todo num tremor tipicamente epiléptico. A comoção de ter-se encontrado com o seu grande amor, duzentos e tantos anos depois, quando não passava de uma lembrança quase totalmente esquecida, foi algo inenarrável.

Estrebuchou grotescamente e, subitamente, estancou. Olhou para Tey-Nuah como se estivesse vendo um fantasma e, num ataque súbito, desandou a chorar como se fosse a mais tenra das crianças. Era um choro profundo e complexo. Havia a alegria do reencontro, a tristeza de ter ficado separado por tanto tempo, a vergonha de ter sido quem era e a esperança de dias melhores. Soluçava pesadamente. Quem o visse nessa situação o acharia ridículo. Somente quem passou pelas raias da loucura pode inferir o que é o brutal retorno à realidade.

Os dias viraram meses e os meses transformaram-se em anos. Garusthê-Etak, sob a orientação dos espíritos benfazejos, acompanhado de Tey-Nuah, foi transmudando-se, mostrando uma face mais humana, um rosto mais gentil e uma obediência às determinações dos médicos. Ficava horas em estudos, querendo recuperar o tempo perdido, olhando para Tey-Nuah, a procurar o reconhecimento do esforço.

Tey-Nuah tinha a sua própria existência em Ahtilantê, já que deixara seu trabalho no astral superior para ajudar Garusthê-Etak. Nos últimos tempos, voltara para Capela, fazendo visitas temporárias ao antigo amante que se preparava, jovialmente, para um novo renascimento.

Voltando ao passado, com a retirada de Garusthê-Etak de perto de Seth e Aker, os dois puderam ser mais bem orientados por guias espirituais que aconselharam que os dois se unissem, saíssem do delta e permitissem a reestruturação do baixo Kemet. Após dois anos de guerra civil, provocada pela ambição desmedida de Aker e Seth, os dois uniram-se para dominar o alto Kemet, onde tentariam colocar na cabeça de Seth a coroa vermelha que representaria seu governo na cidade de Téni.

Alguns meses depois, eles iriam guerrear contra Téni, mas, como houve um impasse nos combates, Seth preferiu partir para sua nova capital – optara por On – e descansar, pois já se sentia exausto de tanta violência. A simples retirada de Garusthê-Etak de perto dos dois, trouxera-lhes mais tranquilidade e ficaram menos sanguissedentos.

Enquanto isso, Osíris, deitado no seu leito, era cuidado dia e noite pela amorosa Ísis. Soubera da morte de Hórus e deixara o trono para seu regente Djhowtey, que deveria ensinar o neto Hórus a ser o rei de Téni. O jovem Hórus tinha apenas quatro anos de idade, portanto, ainda era inábil para o trono. Djhowtey, um homem de paz, preferiu montar um sólido exército e vários postos de defesa ao longo do Iterou a aventurar-se numa guerra perigosa contra Seth.

Osíris, por sua vez, passou quatorze meses totalmente imóvel, até morrer nos braços de sua adorada Ísis. Seu espírito foi levado aos mais altos postos espirituais, onde foi louvado, tornando-se efetivamente um deus protetor do Kemet por longos séculos.

Seth teve vida curta. Três anos depois de ter tentado matar Osíris, teve uma apoplexia seguida de uma parada cardíaca, com menos de quarenta anos de idade. Iria morrer alguns meses depois do meio-irmão. Aker, por sua vez, tentou usurpar o trono, e uma nova guerra civil aconteceu, derrubando-o. Foi morto com requintes de crueldade pela soldadesca enfurecida. O hesep de

On foi unido novamente a Téni, sob o comando de um senhor feudal fiel à coroa.

Com a morte de Osíris, Ísis durou poucos anos numa solidão a que se impôs, enclausurando-se, só saindo para ver seu neto Hórus crescer e tornar-se rei de Téni, colocando o cetro sobre sua cabeça. Djhowtey viveu ainda muito tempo. Morreu com setenta e cinco anos, tendo ajudado Hórus a governar progressivamente o alto Kemet. Djhowtey entrou para o panteão dos deuses kemetenses com seu nome grego, Thoth, sendo também conhecido pelos gregos como Hermes Trismegistus, três vezes grande.

Com a queda de Osíris, a morte de Hórus e o declínio de Seth, o Kemet dividiu-se em três reinos, dois no baixo Kemet, com capitais em Perouadjet e Zau; e um no alto Kemet, com capital em Téni. Durante duzentos e cinquenta anos, o Kemet intercalou períodos de relativa paz com alguns épocas de encarniçadas lutas. A interrupção do processo osiriano causou um retrocesso grande na higiene, na cultura, nas invenções e na agricultura; e a miséria, que ainda não tinha sido totalmente debelada, voltou com intensidade alarmante.

Seria preciso que aparecessem outros personagens, em futuro próximo, para unir o Kemet e transformá-lo na potência que se tornaria. Para tal, seria necessário que os capelinos continuassem sua saga pelas terras do Kemet.

Coleção Completa da "Saga dos Capelinos"

Pesquisas históricas demonstram que, num curto período de cinquenta anos, surgiram, numa única região, invenções como o arado, a roda, as embarcações, e ciências, como a matemática, a astronomia, a navegação e a agricultura. Que fatos poderiam explicar tamanho progresso em tão pouco tempo?

Leia
"A Saga dos Capelinos" e conheça a verdadeira história da humanidade.

HERESIS

Esta edição foi impressa em fevereiro de 2016 pela Markpress Brasil Indústria Gráfica Ltda., São Paulo, SP, para o Instituto Lachâtre, sendo tiradas duas mil cópias, todas em formato fechado 155mm x 225mm e com mancha de 115mm x 180mm. Os papéis utilizados foram o Off-set 75g/m^2 para o miolo e o Cartão Supremo Triplex 300g/m^2 para a capa. O texto foi composto em Berkeley LT 12/14,4, os títulos foram compostos em Berkeley 24/28,8. A revisão textual é de Cristina da Costa Pereira e Kátia Leiroz, e a programação visual da capa é de Andrei Polessi.